肃政监察制度
理论与实践

任 巧 著

知识产权出版社
全国百佳图书出版单位
—北京—

图书在版编目（CIP）数据

肃政监察制度理论与实践 / 任巧著 . —北京：知识产权出版社，2024.11
ISBN 978–7–5130–9262–3

Ⅰ.①肃… Ⅱ.①任… Ⅲ.①监察—政治制度史—研究—中国—民国 Ⅳ.①D693.2

中国国家版本馆 CIP 数据核字（2024）第 030440 号

责任编辑：张琪惠 　　　　　　　　责任校对：王　岩
封面设计：宗沅书装 + 李宗燕　　　　责任印制：孙婷婷

肃政监察制度理论与实践
任　巧　著

出版发行：	知识产权出版社 有限责任公司	网　　址：	http：//www.ipph.cn
社　　址：	北京市海淀区气象路 50 号院	邮　　编：	100081
责编电话：	010–82000860 转 8782	责编邮箱：	963810650@qq.com
发行电话：	010–82000860 转 8101/8102	发行传真：	010–82000893/82005070/82000270
印　　刷：	北京建宏印刷有限公司	经　　销：	新华书店、各大网上书店及相关专业书店
开　　本：	720mm×1000mm　1/16	印　　张：	16.25
版　　次：	2024 年 11 月第 1 版	印　　次：	2024 年 11 月第 1 次印刷
字　　数：	240 千字	定　　价：	78.00 元
ISBN 978–7–5130–9262–3			

出版权专有　侵权必究
如有印装质量问题，本社负责调换。

目 录 Contents

引 言　1

　　一、论旨与意义　1
　　二、相关研究的学术史考察　5
　　三、问题与方法　14

第一章　肃政监察制的源起　18

第一节　共和政制与议会弹劾制的确立　18
　　一、民国初年共和政制的创立　18
　　二、议会弹劾制的确立　20

第二节　弹劾风潮的涌起　24
　　一、弹劾中央大员之风　24
　　二、地方议员弹劾要员之风　27
　　三、议会弹劾泛滥后的检讨　32

第三节　共和政制的变异与议会弹劾制的消失　34
　　一、责任内阁制向总统制的突变　34
　　二、议会弹劾制的消亡　37

第四节　肃政监察制的创设　39
　　一、肃政监察制之初设　39
　　二、肃政监察制的规范体系　43

第二章　肃政监察的组织模式　　46

第一节　平政院与肃政厅…………………………………… 46
　　一、平政院的创设………………………………………… 46
　　二、平政院下的肃政厅…………………………………… 51
　　三、肃政厅创立的独特性………………………………… 54
第二节　肃政厅的组织架构…………………………………… 57
　　一、肃政厅的职能组织…………………………………… 57
　　二、肃政厅的事务组织…………………………………… 60
　　三、都肃政史与肃政史…………………………………… 62

第三章　肃政监察权的配置与扩张　　67

第一节　肃政监察权的性质认定与配置……………………… 68
　　一、肃政监察权的性质认定……………………………… 68
　　二、肃政监察权在国家权力体系中的配置……………… 70
第二节　纠弹权………………………………………………… 75
　　一、纠弹之内涵…………………………………………… 75
　　二、肃政厅的纠弹权……………………………………… 76
第三节　肃政厅的行政公诉权………………………………… 83
　　一、行政公诉的主体……………………………………… 83
　　二、行政公诉的受案范围………………………………… 84
　　三、行政公诉的程序……………………………………… 86
　　四、行政公诉权的效力…………………………………… 88
第四节　肃政厅的一般监督权………………………………… 89
　　一、行政裁决执行的监督权……………………………… 89
　　二、选举监督权…………………………………………… 90
第五节　肃政厅在实践中扩张的监察权……………………… 91
　　一、查办与审查权………………………………………… 91

二、对特定经济活动的监督权 ·············· 92
　　三、政治建议权 ························ 94
第六节　肃政监察权的辐射范围 ················ 99
　　一、肃政厅监察权的覆盖面与限度 ·············· 99
　　二、肃政厅监察权与司法权的界限 ············· 100

第四章　肃政监察制的运作机制　　　　106

第一节　肃政监察的纠弹启动机制 ·············· 106
　　一、纠弹的主动启动 ····················· 107
　　二、纠弹的被动启动 ····················· 112
第二节　肃政监察的调查机制 ················· 115
　　一、主动启动式调查 ····················· 116
　　二、被动启动式调查 ····················· 117
第三节　肃政监察的初裁机制 ················· 121
　　一、主动启动式初裁 ····················· 121
　　二、被动启动式初裁 ····················· 122
第四节　与司法对接：肃政监察的移送机制 ········ 124
　　一、纠弹事件的审理 ····················· 124
　　二、纠弹事件的惩戒 ····················· 127

第五章　肃政监察的实绩与局限　　　　131

第一节　肃政厅成立后的纠弹实效 ·············· 131
　　一、肃政史对高官纠弹的业绩 ··············· 132
　　二、肃政史对地方官吏纠弹的业绩 ············ 139
　　三、肃政史为平民洗清冤屈的业绩 ············ 144
第二节　肃政厅对复辟帝制的抵制 ·············· 148
　　一、宋育仁复辟谬说论弹劾案 ··············· 148

3

二、杨度、孙毓筠筹安会弹劾案 ……………………………………… 150

第三节　舆论对肃政厅纠弹行为的反应 ……………………………… 152

　　一、肯定性评价 ………………………………………………………… 152

　　二、质疑性评价 ………………………………………………………… 154

第四节　肃政厅纠弹实践中显现的局限 ……………………………… 157

　　一、人民检举告发的意愿不强烈 ……………………………………… 158

　　二、人民告诉告发程序十分严格 ……………………………………… 158

　　三、肃政监察难以辐射地方 …………………………………………… 159

　　四、调查权受限 ………………………………………………………… 161

第六章　对肃政监察制的重估　　　　　　　　　　　　　　164

第一节　肃政监察："新瓶"还是"旧瓶"？"新酒"还是
　　　　　"旧酒"？ ……………………………………………………… 165

　　一、肃政监察："新瓶"还是"旧瓶"？ ……………………………… 165

　　二、肃政监察："新酒"还是"旧酒"？ ……………………………… 171

第二节　肃政监察制中规范体系的创造 ……………………………… 176

　　一、规范体系的层次结构 ……………………………………………… 176

　　二、规范体系的内容 …………………………………………………… 179

　　三、内部管理规范的特色 ……………………………………………… 181

第三节　对肃政监察制度的检讨 ……………………………………… 182

　　一、"一事能再提"的纠弹权 ………………………………………… 182

　　二、对肃政史的监督缺乏 ……………………………………………… 184

　　三、肃政监察权对总统权力的依附 …………………………………… 185

第四节　肃政监察制在当代的启示与借鉴 …………………………… 189

　　一、监察权中行政公诉权、行政裁决执行监督权的配置 …………… 189

　　二、监察权风险的防范：查处分离 …………………………………… 191

　　三、肃政监察制对我国现代监察制度建设的启示 …………………… 197

参考文献	202

附录一　肃政史履历	213

附录二　肃政监察制度相关条例与规则	217

引 言

一、论旨与意义

2018年以来的中国监察体制改革，开创了中华民族监察史上的一个新时代。在研究领域，当我们积极回应新的监察制度构建和实践场域的问题时，也应当回头重新检视中华民族历史上曾实践过的监察制度。因为历史是一把巨大的标尺，如果我们不能厘清中国历史上的监察制度，就不会知道今天的监察制度在历史进程中所处的"位置"，因而也就不会知道我们探寻的足迹将延伸至何处。据此，本书以民国初年的肃政监察制[1]为研究对象，意欲把监察制度置于一个特定的历史场域进行具体考察，以史期为范围，以制度为骨架，对其展开系统研究。具体而言，即探讨肃政监察制度的渊源、组织模式、运行机制、实践成效与局限等问题，同时在宪制的结构性变迁中对肃政监察的发生和运作进行探讨。

民国初年的肃政监察制正式确认和创设于1914年5月1日公布的《中华民国约法》（以下简称《约法》）[2]，消亡于1916年6月29日《中华民国临时约法》（以下简称《临时约法》）的恢复之日。它的存废表面看来是一般制度

---

[1] 本书采用"肃政监察"之称谓的主要依据是，平政院附设肃政厅负责对政府官员的违宪违法失职行为进行纠弹，其"肃政"的含义就是整饬吏治，意指监察。为了区分其他监察制度，本书将此监察制度以"肃政监察"命名。

[2] 1912年的《中华民国临时约法》规定了平政院为人民对官吏违法的陈诉机关，同时创立了议会弹劾制对行政权力进行监督，但并没有监察制度的安排。1914年的《中华民国约法》在平政院之下设立了肃政厅，标志着肃政监察制度在宪法层面上的创设。据此，可以认定的是，肃政监察制本身就是一种宪制安排，之后大量的组织性和操作性法律法规都是对这一制度的具体贯彻。

的变迁，其实质却是宪制的转变。本书研究民国初年的肃政监察制度，主要旨趣在于：一是试图寻找现代监察制度在中国的起源；二是从监察制度史意义上实现中国古代监察制度、近代监察制度和现代监察制度之间的某种连接；三是揭示不同的监察制度总是构筑在不同的政体或宪制之上，政体或宪制的转变往往会带来监察制度的变革；四是通过对民国初年肃政监察制的分析，形成审视当今监察体制或制度的一个新视角。

广义而言，所有人自出生以来所想的，所做的，连同痕迹，都被纳入历史当中，历史是一种研究人类过去事业的广泛的学问。① 更为重要的是，历史的"容器"中储存的经验和教训可能在现在甚至将来发挥意想不到的作用，当代英国著名历史学家波威克（Sir Maurice Powicke）曾忠告人们："去找寻路途中遗落和丢失的财富，若能寻获，必可丰富我们的文明。"② 因此，本书旨在揭示特定政治背景下肃政监察制度的意图、特色、实践成效及局限。

肃政监察制初见于1914年3月31日中华民国北京政府（又称"北洋政府"）公布的《平政院编制令》③，该令确立了监察的组织架构及监察主体的职权。随后于4月10日，北京政府颁布《纠弹条例》④ 作为监察制运行的法律依据，同年5月1日公布的《约法》正式将其确立为一种宪法制度。

肃政监察制是民国初年共和制向帝制转变的产物，是中国传统的御史制度与现代官制和法治的混合产物。在《约法》时期，它取代了《临时约法》的议会弹劾制，创造了一种新的吏治模式。它虽然以公正严明的面貌出现，也对官吏的贪赃枉法构成了极大的震慑，但由于它生长于帝制的阴影之中，仍被看作帝制的滋生之物。因此，伴随袁世凯帝制的消亡，它也难逃被废止的命运。1916年6月29日，国务总理段祺瑞发布大总统申令称"平政院所

---

① ［美］鲁滨孙. 新史学［M］. 何炳松译. 桂林：广西师范大学出版社，2005：1.
② ［英］迈克尔·斯坦福. 历史研究导论［M］. 刘世安译. 北京：世界图书出版公司，2012：10.
③ 平政院编制令［J］. 内务公报，1914（7）：101-106.
④ 纠弹条例［J］. 政府公报，1914（692）：4-6.

属之肃政厅应即裁撤"①,7月6日,发布大总统申令称"颁爵条例、惩办卖国贼条例、附乱自首特赦令、纠弹法均即废止"②,8月5日,原肃政厅书记官将各项卷宗整理完毕后移交平政院。1916年9月24日,京都市政公所在《政府公报》上刊登的一则通告,证实了历时两年多的肃政厅确被裁撤。通告称:"迳启者本公所于本月二十五日迁至西长安街(原肃政厅署)办公。特此通告。"③

对这段短暂历史中一个并不起眼的制度的探究,可能被人们认为是不屑之事。但是,笔者认为,它是中国监察制度的一段特殊经历,监察演变史上的一个必要环节。从某种意义上讲,它再现了一个特定时期国人的思考和探索。"事实上,我们之所以是我们,乃是由于我们有历史,或者说得更确切些,正如在思想史的领域里,过去的东西只是一方面,所以构成我们现在的,那个有共同性和永久性的成分,与我们的历史性也是不可分离地结合着的。我们在现世界所具有的自觉的理性,并不是一下子得来的,也不只是从现在的基础上生长起来的,而是本质上原来就具有的一种遗产,确切点说,乃是一种工作的成果——人类所有过去各时代工作的成果。"④

探讨民国初年肃政监察制的意义至少有三方面:首先,对民国初年肃政监察制的考察,揭示了对现代监察制度开创的认识。民国初年的监察制度是现代监察制度的开端,不过学界对这一时期的监察制度并未产生足够的兴趣,对这一时期监察制度的研究多散见于对整个中国监察制度的研究中或者对民国时期历史的研究中,一些研究民国时期监督制度以及民国时期监察权流变的少量文章中也有对民国初年监察权的介绍。学界缺乏对民国初年肃政监察模式的系统性研究或者说深入的挖掘,研究该时期的肃政监察模式,是对现代监察制度创立的历史事实,以及从制度设计到实践所积累的经验教训的挖掘,可以丰富对当代中国监察权历史源流的研究。同时,通过对中华民国北

---

① [J]. 政府公报, 1916(258): 18-19.
② 大总统申令(中华民国五年七月六日)[N]. 宪法公言, 1912(2): 231.
③ 督办京都市政公所通告[J]. 政府公报, 1916(260): 31.
④ [德]黑格尔. 哲学史讲演录(第一卷)[M]. 贺麟、王太庆译. 北京: 商务印书馆, 2011: 8.

京政府时期的监察体系进行分析与总结,也能为新时代中国特色社会主义监察权体系的建立提供历史借鉴。

其次,对民国初年肃政监察制的考察,能够展现出现代监察制度在初创中所暴露的中国式问题。民国初年的肃政监察制度是传统御史监察模式向现代监察模式转型的产物,能够反映出当时中国人对于监察的认识,以及暴露出一些具有中国特性的问题,例如监察权的行使限度、监察权与其他权力的界限、监察模式中纠弹权与处分权分离的合理性等。除了挖掘肃政监察制度所暴露的中国式问题,在其创制过程中所体现的中国式思考也是本书意欲探索与揭示的。

最后,对民国初年肃政监察制的考察,能够为我国当代监察体制改革提供制度设计上的灵感与启示。尽管民国初年的肃政监察模式有一定的局限性,但是其相应的制度却很完备。在其监察体系中,除了有明确的组织规则,还有较为完备的操作规则和内部管理规则。在运行制度中,有组织法、监察官(肃政史)规则等,对监察权的配置及运行模式都有详细的规定。而如今我国正处于监察体制改革中,监察体系的制度设计还不尽完善,虽然在此之前的行政监察及党内监督已积累了丰富的经验,但在法律层面还缺乏体系化的立法,相应的实体法、程序法等仍须进一步完善。民国初年的肃政监察模式可以在一定程度上为当代监察体制改革提供一些启示,同时肃政监察模式中对肃政史的任职资格要求也对当代监察官的选拔有一定的启示和借鉴意义。笔者通过梳理肃政监察实践的成效与困境,总结出该模式的利弊,对我国当代的监察制度设计有一定的启示意义。

梳理肃政监察制度固然重要,但更为重要的是,它可能显露出中国法制现代化历程中的某种根基,为法制现代化进程指明方向。"从前和当前有什么关系?为什么要追根求源?答案是,过去是原始的地图,是奠基的图纸,在大厦建造的过程中根基被掩盖了起来。这就是为什么我们要时不时地回头去看一看原始设计的原因。"① 过去中国人在监察领域的经验或教训是我们前行的基础，我们不能忽视。虽然肃政监察制度已经消亡，但其仍然能够在我们今天面临中国式难题时给予莫大的启示。

二、相关研究的学术史考察

（一）民国时期对肃政监察制度的讨论

在民国时期，对肃政监察制度几乎谈不上研究，既无专门的著作，也无专题性的论文，多是在中国监察史的著述中，只言片语地提及此制。尽管不同的著述对肃政厅的权力性质有不同的理解，但都认可肃政厅是独立行使职权的机构。例如，于右任于1935年所著的《监察制度史要》在论及民国初年监察制度时，以《平政院编制令》为依据，分析了平政院与肃政厅的组织和职权问题，区分了两者之间的管辖权以及肃政厅独立行使职权等问题。该著将肃政厅与平政院视为一个整体的监察机关，认为平政院兼有行政诉讼、弹劾官吏的职权，是监察官吏之机关，并未将肃政厅从地位上与平政院独立开来。在权力定性方面，他认为平政院是行政审判机关，肃政厅有提起行政诉讼（作为原告）与纠弹官吏之权，为行政检察机关。最后，于右任还是对该时期的吏治制度予以肯定，他认为虽在军阀混战之时，肃政厅如同虚设，但对其的职权配置仍予以认同："夫肃政史既有提起行政诉讼、举行纠弹之权于裁决之先，又有监督裁决之实行于裁决之后，此于纠察官吏之精神，可以一贯行之而不致中懈，殊可法也。"②

徐式圭先生在其著作《中国监察史略》中，只是简要介绍了中华民国北京政府时期的监察制度。与于右任只将平政院作为监察机关的观点不同，徐式圭认为肃政厅在地位上独立于平政院，各自行使不同的职权，共同作为整顿吏治的监察机关。他通过将监察机关行使监察权的行为过程化，认为当时的"监察设施"有肃政厅、平政院、文官惩戒委员会，并详述了各自的组织

---

① [意] G. 萨托利. 政党与政党体制 [M]. 王明进译. 北京：商务印书馆，2006：51.
② 于右任. 监察制度史要 [M]. 南京：汉文正楷印书局，1935：126-131.

机构与相应职能，其中肃政厅主弹劾、平政院主审理、文官惩戒委员会主处分。他认为肃政史虽受都肃政史垂直领导，但因其提出的弹呈无需都肃政史的署名或他员的联署，故肃政史对外是独立的。此外，根据纠弹事件的性质，他将肃政厅的纠弹分为两类：一类是直呈总统的，为4种法定的官吏违法失职事件；另一类是向平政院提出的，即作为行政诉讼原告与总统特交平政院审理的纠弹事件。即便作者对此时期的监察制度的独立性表示认可，但对肃政厅仍持怀疑态度，认为当时"虽时有纠弹大案，但未有何种结果产生"①。

钱端升先生在《民国政制史》中对平政院的行政诉讼制度与肃政厅的纠弹制度的叙述，较之上述两者更为详细，同时一如他在增订版序中所言，"只客观地叙述变迁经过，不参以赞否之意见"，该书更多的是介绍制度本身。他认为："肃政厅一方固为平政院之一机关，他方亦复独立行使其职权，平政院具法院之性质，肃政厅则具检察官之性质。"② 在该书中，钱端升对平政院与肃政厅分章详述，首先肯定了肃政厅独立于平政院的地位，并独立行使纠弹职权，其次详述了纠弹制度。该书在叙述民国政治制度变迁的同时将整个民国时期监察制度的变迁也展示出来，为后续的研究提供了有效参考。

（二）新中国时期对肃政监察制度的研究考察

新中国成立以来，大多数学者忽视对民国初年肃政监察制度的研究，似乎它在中国监察制度史上可以忽略不计。如陶百川认为："民国肇建，袁世凯时代曾设肃政厅，它的肃政史在法制上也掌有对国务院官员的弹劾权，但为时很短，乏善可言。"③ 因民国初年的肃政监察制度存续时间较短，以及时人与后世对袁世凯复辟帝制的厌恶，学界对该时期监察制度的关注并不多。近30年来，学界逐渐开始关注民国的肃政监察制度，但对肃政监察

---

① 徐式圭. 中国监察史略 [M]. 上海：中华书局，1937：121-124.
② 钱端升. 民国政制史 [M]. 重庆：商务印书馆，1946：93-98.
③ 陶百川. 比较监察制度 [M]. 台北：三民书局，1978：26.

制度的创设缘由、肃政监察权的具体内容、肃政监察机制的运作、肃政监察规范的体系化、肃政监察制度的实效与困境等缺乏系统性的研究。作为独立行使肃政监察权的肃政厅,在早期的研究中,更是被直接视为平政院的附属机构,仅在对平政院进行研究时会被粗略提及。可喜的是,在最近十几年的研究中,肃政厅的监察制度已引起了学界注意。

近年来,学界对肃政厅或肃政监察的研究,主要集中于机构创立、组织规则等方面,而后逐步细化到对肃政厅纠弹个案的研究,但相关成果仍然寥寥无几,没有以肃政监察作为研究对象,也没有从宪制与监察的角度对民国初年的肃政监察制度进行系统研究。截至2020年年底,就在中国知网搜索到的数据而言,研究平政院的构成及其行政诉讼制度的相关文章有124篇,而以肃政厅为研究对象的相关文章仅有7篇,但在对平政院进行研究的相关文章中都或多或少涉及对肃政厅的描述。虽然以民国时期监察制度为研究对象的文章有30篇,但仅在梳理民国时期监察制度的源流时,会涉及对肃政监察制度的叙述。总体而言,涉及民国初年肃政监察制度的研究成果并不多,仅为一般性的概述。

目前,我国专门论及民国初年肃政监察制度的学术成果很少,因此只能根据提及肃政监察制度的详略程度,将相关成果分为介绍式、叙述式、研讨式。其中,介绍式的成果主要是研究民国时期政治、法律制度的著作,这些著作只会附带提及监察制度或监察机关,将肃政监察作为一个要素加以陈述。叙述式的成果则主要是研究中国监察制度以及比较监察制度的著作,其中会有部分内容涉及肃政监察制度。而研讨式的成果主要是学术论文,其中硕士、博士论文占很大的比重,这些论文虽然不是直接以肃政监察制度为研究对象,但都有一定的关联性,如对平政院的研究、对肃政厅的研究、对肃政厅纠弹个案的研究,以及对民国时期监察制度的研究,等等。

1. 介绍式

在研究民国时期政治、法律制度的著作中,很多都论及监察制度或监察机关。① 但这些著作的研究重心不在监察制度，仅从宏观视角对其进行简略的介绍，或进行线索式的勾勒。

值得一提的是，一些著作的概括式介绍能够为肃政监察制度的创设提供一种合理性解释，而对民国时期监察制度的宏观勾勒可以梳理出该时期监察制度不断变化的内在路径与继承因素。例如，通过纵向研究民国初年政治、法律、经济的演变，勾勒出各个时期监察制度应时而生、因势而衰的整个历程：从南京临时政府最初对议会监察制度的选择与期待，到政治制度变革后，北京政府弃议会监察制而选择创立"肃清吏治"的肃政监察制度，再到袁世凯倒台后恢复最初的议会监察制度，及至广州和武汉国民政府时期的以五权分立为依据建立的监察院制度，最后到南京国民政府训政时期的监察院制度。

在这些勾勒式的论述中，我们发现，肃政监察制度中用以防范监察权风险的"查处分离"模式（将纠弹权与惩戒权分离，分别赋予不同的机关），不仅在议会监察制度中适用，在以孙中山"五权宪法"思想为基础创立的监察院制度中也适用，并一直沿用至民国后期。同时，通过相关著作中对监察制度的简要评论，我们还能看到，从西方移植的议会监察制度在当时缺乏良好的生存环境。肃政监察制度是政治体制变革的"治官"产物，纵观整个民

---

① 其中专注于北京政府时期的著作有谷钟秀的《中华民国开国史》，辑刊《北洋军阀史料选辑》，白蕉的《袁世凯与中华民国》，钱实甫的《北洋政府时期的政治制度》，唐德刚的《袁氏当国》，韩信夫、姜克夫的《中华民国大事记》，张宪文、薛恒等的《共和肇始：南京临时政府研究》，等等，以及以整个民国时期历史为研究对象的著作，如谢振民的《中华民国立法史》，费正清、费维恺的《剑桥中华民国史》，等等。法律著作包括石柏林的《旧中国宪法五十年——国家权力配置研究》，赖骏楠的《宪制道路与中国命运：中国近代宪法文献选编》，等等。参见谷钟秀.中华民国开国史[M].台北：文海出版社，1971；杜春和，林斌生，丘权政.北洋军阀史料选辑[M].北京：中国社会科学出版社，1981；白蕉.袁世凯与中华民国[M].北京：中华书局，2007；钱实甫.北洋政府时期的政治制度[M].北京：中华书局，1984；唐德刚.袁氏当国[M].桂林：广西师范大学出版社，2004；韩信夫，姜克夫.中华民国大事记[M].北京：中国文史出版社，1997；张宪文，薛恒等.共和肇始：南京临时政府研究[M].南京：南京大学出版社，2012；谢振民.中华民国立法史[M].北京：中国政法大学出版社，1999；[美]费正清，费维恺.剑桥中华民国史[M].刘敬坤译.北京：中国社会科学出版社，2006；石柏林.旧中国宪法五十年——国家权力配置研究[M].长沙：湖南大学出版社，2008；赖骏楠.宪制道路与中国命运：中国近代宪法文献选编[M].北京：中央编译出版社，2017.

国时期，这种存在于袁世凯威权政治下的监察制度，虽不能说是一种最好的监察制度，但在当时的社会环境下是最行之有效的一种监察制度。

2. 叙述式

叙述式的成果主要以监察制度创设和制度本身的客观描述为主，其大多存在于对中国监察制度以及比较监察制度的研究著作中。但此类著作的研究范围较广，其仅对民国初年的肃政监察制度进行一般性叙述，且在这类著作中，作者往往简单地对民国初年肃政监察的法律规定、机构组织等进行陈述。

相较于民国时期对民国初年肃政监察制度的考察，当代的研究中，大都将审计院归为肃政监察制度的监察机关。这些著作在进行叙述时，会因各自切入与侧重的角度不同，而对民国初年肃政监察制度作出褒贬不一的评价，但也都认为该时期的监察制度对整个中国监察制度的发展而言是不可或缺的。[①] 这些著作中的有些评价略失公允，如皮纯协等编著的《中外监察制度简史》[②]，在评论广州、武汉、南京国民政府时期的监察院制度时，认为其纠弹与惩戒分离的模式是近代监察制度逐步完善的一大标志，但实际上纠弹与惩戒分离的模式延续于肃政监察制度，或者说是由肃政监察制度衍生出的，但研究者大多忽略了而已。

3. 研讨式

与民国初年肃政监察相关的研讨式成果，虽不一定是对肃政监察制度的专题性研究，但它们注重探索和分析。值得一提的是赵勇博士近年出版的一

---

① 这些叙述式的著作如石俊超、刘彦伟编著的《比较监察制度》对北洋政府时期的监察制度进行了简单的梳理和评价，中肯地认为北洋政府时期的监察机构与监察法规虽与古代封建时期的不同，具有现代意义，但其发挥的作用十分有限。石俊超，刘彦伟. 比较监察制度 [M]. 北京：中州古籍出版社，1991. 关文发、于波主编的《中国监察制度研究》从民国时期监察机构的变革、监察立法的演变、监察思想的发展等角度进行了简单论述，是现有相关著作中分类叙述得比较全面的。但作者对北洋政府时期的监察制度是持否定态度的，认为当时的议会监督是无用的，且北洋政府设立平政院是为了欺骗人民，因此在论述中并未深挖民初监察制度的意义。参见关文发，于波. 中国监察制度研究 [M]. 北京：中国社会科学出版社，1998.

② 皮纯协等. 中外监察制度简史 [M]. 郑州：中州古籍出版社，1991.

本以民国北京政府行政诉讼制度为研究对象的著作。① 虽然该著作不是对肃政监察制度的专门研究，但是其中的一些章节对监察制的内容进行了梳理。例如，在对平政院创建史的研究中，清晰地呈现了肃政监察机关名称的演变和监察权的变迁。笔者认为，作者的最大贡献在于通过对几个时期平政院编制草案的发掘，再现了监察制设立过程的思考。②

在涉及民国初年肃政监察制度的相关论文中，也存在一些研讨式的成果。据笔者搜索，早期一篇以《民国初年的监察制度述论》为题的硕士论文③具有一定的代表性。该文侧重于对"国会""平政院（含肃政厅）""文官惩戒委员会""审计院"这4个具有监察职能之机构的功能介绍，将平政院作为一个具有监察职能的主体进行讨论，未将肃政厅从中分离出来，同时该文缺乏对民国初年肃政监察制度有效运行、监察制度法律体系的研究，以及当监察权与司法权产生冲突时应当如何解决的研究，等等。

其他将具有监察职能的审计院、文官惩戒委员会等作为主要研究对象的学术论文，则以整个民国时期作为研究维度，侧重单一机构的职能在不同时期的比较，这类论文的引证资料仅可以为民国初年肃政监察制度的研究提供部分参考。

除此之外，其余相关的学术论文则主要侧重于对平政院及行政诉讼的研究，但不可避免地会提及肃政厅及肃政监察制度。归纳上述论文以及专门针对肃政厅的论文，能够将关于肃政厅的研究成果大致分为以下几类：一是对肃政厅历史沿革的研究；二是对肃政厅组织机构与功能的研究；三是对肃政厅纠弹个案的研究；四是对肃政厅与平政院关系的研究。

（1）肃政厅的历史沿革几乎是每一篇研究肃政厅的文章都会涉及的问题，因为每一位研究者的研究旨趣不同，所以其对肃政厅历史沿革的研究也

---

① 赵勇. 民国北京政府行政诉讼制度研究——基于平政院裁决书的分析［M］. 北京：中国政法大学出版社，2017.

② 赵勇，王学辉.《平政院编制令》草案与正式文本的比较探析［J］. 河北法学，2015（8）：58－66.

③ 黄泽南. 民国初年的监察制度述论［D］. 南昌：江西师范大学，2002.

有详略之分，研究角度同样也有差异。大家对肃政厅的历史沿革各执一词，有作者认为肃政厅是以古代监察制度为蓝本再融合西方法律思想而形成的，具有一定的现代意义①；也有作者认为肃政厅是清末法制改革的遗留物，是袁世凯的复辟工具②；还有作者认为肃政厅既有别于传统的御史台，亦有别于西方单独的监察机关，是一种特殊的监察机关，不能对其进行笼统的评价③。相较而言，根据肃政厅的实践，肃政史的一些职能确实沿袭了古代监察御史的职能，如参与祀天、祀孔纠仪，巡查各省政务，向总统条陈建议，等等，但也融合了西方独立监察机关的特点，如法律法规体系化、管理规则制度化、弹劾与惩戒分离等，肃政厅不只是一个简单的中西合璧的监察机关。

（2）肃政厅的组织机构与功能是现有肃政厅研究的一个重点。现有研究主要是根据《平政院编制令》《行政诉讼法》《纠弹法》等规定，介绍肃政厅的法定职责：行政监察、行政公诉、监督行政裁决的执行等。根据《平政院编制令》《行政诉讼条例》《行政诉讼法》《纠弹法》《纠弹事件审理执行令》《诉愿条例》确立了肃政厅的基本组织机构，将肃政厅分为领导层、业务层与庶务层。又通过《肃政厅处务规则》《肃政厅书记处办事细则》《肃政厅肃政史办事细则》等，对肃政厅的工作开展作出详细规定。通过上述法律法规，确定了肃政厅的例会制度、纠弹程序、行政公诉程序、监督行政裁决执行的程序。

---

① 参见李唯一的《民初平政院行使行政监察职能的制度尝试论》，他认为平政院（含肃政厅）是一个中西合璧的组织，尽管肃政厅独立于平政院，但从该机关的组织法看，肃政厅和3个审判庭因各自对大总统负责而丧失独立性，使肃政厅对3个审判庭的相对独立失去意义，也使平政院整体如同大总统的御用机关。平政院对行政权进行监督又对最高行政首长负责的观念直接源于中国固有传统，而监督形式在一定程度上参照了西方制度。李唯一. 民初平政院行使行政监察职能的制度尝试论 [J]. 郑州大学学报（哲学社会科学版），2006（3）.

② 参见方辉的硕士论文《北洋政府初期肃政厅研究》，该文依据史料比较详细地介绍了肃政厅的创立过程及其职能，并且对中国历史上有监察职能的机构进行了简单梳理，但他认为肃政厅这一机构仅是袁世凯用于控制政府的工具，与复辟有关，这一先入为主的观念失之偏颇，带有个人倾向。方辉. 北洋政府初期肃政厅研究 [D]. 郑州：河南大学，2009.

③ 李琦认为，肃政厅是清末监察制度改革的继续，肃政厅的职能类似于改革后的都察院，而不同于行政监察机构的是肃政厅增加了一条关于行政公诉职能的规定，这一职能与清末法制改革中审判模式的转变有关。李琦. 北洋政府时期肃政厅研究 [D]. 北京：中央民族大学，2016.

此种类型的研究相对较多，如李琦的《北洋政府时期肃政厅研究》[①]、方辉的《北洋政府初期肃政厅研究》[②]、于硕的《北洋政府时期平政院制度研究》[③]、李松杰的《民初政争夹缝中的肃政厅——以八厘公债案为个案分析》[④] 等论文都涉及对肃政厅组织机构的详尽介绍与分析。

(3) 对肃政厅纠弹个案进行研究，能够再现民国初年肃政监察制度在实践中所遇到的难题。现有的论文大都选取了相当具有代表性或轰动一时的案件，此类学术论文能够通过案例分析直观地呈现出肃政厅在行使监察权的过程中遇到的壁垒，以及肃政厅的困境。如李松杰通过民国时期的"八厘公债案"来探讨当时平政院、肃政厅及大理院这三者之间的关系，并且通过这个案件来分析当时错综复杂的局面，反映出当时政局动荡以及各部门之间的博弈，尤其是大理院与平政院之间有关裁决权归属的争议，更能看出平政院和肃政厅的处境。[⑤] 李唯一的《民国初年平政院制度研究（1914—1916）》[⑥] 则是对肃政厅处理的一些典型案例进行了介绍，如对于没有管辖权的告发，肃政厅都会进行回复并说明。杨泉的《平政院纠弹案例研究》[⑦] 一文则是通过梳理对纠弹事件的处理、肃政厅的职能以及对平政院纠弹制度的评析来分析肃政厅监察权的运行模式。文中不涉及对个案的具体分析，而是着重论述整个纠弹过程中，平政院对纠弹事件的审理以及审前准备等。

(4) 早期对肃政厅与平政院关系的研究认为，肃政厅是平政院的一个下属机构，平政院享有行政监察权与行政审判权，肃政厅不单独享有监察权。[⑧] 而后期的研究则认同肃政厅的独立地位，认为肃政厅具有独立的财政、独立

---

① 李琦. 北洋政府时期肃政厅研究 [D]. 北京：中央民族大学，2016.
② 方辉. 北洋政府初期肃政厅研究 [D]. 郑州：河南大学，2009.
③ 于硕. 北洋政府时期平政院制度研究 [D]. 济南：山东大学，2011.
④ 李松杰. 民初政争夹缝中的肃政厅——以八厘公债案为个案分析 [D]. 武汉：华中师范大学，2008.
⑤ 李松杰. 民初政争夹缝中的肃政厅——以八厘公债案为个案分析 [D]. 武汉：华中师范大学，2008.
⑥ 李唯一. 民国初年平政院制度研究（1914—1916）[D]. 北京：中国政法大学，2007.
⑦ 杨泉. 平政院纠弹案例研究 [D]. 南昌：江西师范大学，2017.
⑧ 黄泽南. 民国初年的监察制度述论 [D]. 南昌：江西师范大学，2002.

的人员任职制度、独立的处务规则、独立的纠弹程序等，且直隶于大总统，与平政院并立，具有当然的独立性。

但两者存在治理权能方面的区别，在治理秩序转型的视野中，平政院不仅是一个中立的官民纠纷裁判者、纠弹事件审理者，亦被期待能够"平政爱民"。肃政厅则不仅是一个对行政权过界的救济机构，保护人民权利免受官吏违法渎职肆意践踏的监察机构，更被期待能够"肃清吏治"。平政院承担着审判纠弹事件的职能，在对肃政监察制度的研究中，更应辨析清楚两者之间的关系。

综上所述，学界对民国初年的监察制度有一定的研究，但更侧重于平政院及行政诉讼，对肃政厅的监察权也有涉及，但具有一定的局限性，而这些不足之处也将是本书的研究重点：

（1）缺乏对民国初期肃政监察模式的系统性研究，已有的相关论题更侧重研究肃政厅创立之缘由、内部组织机构设置、肃政厅之纠弹事件，没有从肃政监察模式的内部组织与外部运行之间的关联着手，缺乏对监察权的行使限度、监察权与其他权力的界限，以及纠弹与惩戒分离这一模式的分析。

（2）综观已有的研究成果，多数学者认为肃政厅是清末司法改革后都察院的一个改型版本，忽略了民国初年议会监督时期，弹劾之风的泛滥与后来肃政厅的设立之间的内在逻辑联系，没有从宪制角度对肃政监察制度进行成因分析。

（3）就平政院与肃政厅的关系而言，现有研究虽然大都分析了平政院与肃政厅的特殊关系，以及肃政厅的独立地位，但对于肃政厅监察权的性质，民国初年设立平政院与肃政厅时产生的争议与舆论及其对肃政厅创立的影响，较少涉及，并且缺乏对肃政厅命名之意涵的深度挖掘。

（4）关于肃政厅的职能定性以及肃政监察权在国家权力体系中的地位，现有的研究很少涉及。同时，肃政厅除法定职权外还在实践中扩展了一定的监察权，现有的研究主要针对肃政厅的法定纠弹权，忽略了对肃政厅其他权力的探讨，而这些权力在吏治中与纠弹权相辅相成、不可或缺，这在肃政厅的实践案例中都有所体现,但现有的研究缺乏对这方面的探索与挖掘。

三、问题与方法

本书从历史与宪制的角度对民国初年肃政监察制度进行研究。通过挖掘史料重构肃政监察制度,研究这一制度的产生、发展、实效,在实践中所面临的难题与困境,以及解决方法,等等,从宪制的角度揭示民国初年肃政监察制度的创设与命运,特别是探讨该制度的安排和实践问题。

（一）问 题

如果我们不是站在现代人的立场,仅仅以一个评判者的角色来看待民国初年的肃政监察制度,那么,我们的研究对象就不仅是手段,还是研究目的本身。这一目的是探索这样的问题,即真正明晰肃政监察是一种什么性质的制度,以及为何和如何创建、实施这一制度。研究这些问题包括两个方面:一是制度方面,二是实践方面。

制度方面的问题涉及制度创设和制度规范,其中主要包括肃政监察制度的缘起、肃政监察的组织模式、监察权的配置、肃政监察的规范体系、监察权与司法权的界限等。实践方面的问题包括肃政监察制度是如何构造出来的？在实践中肃政监察制度是如何运行的？"查处分离"的监察模式能否对监察权进行有效的风险控制？具体内容包括肃政史如何提起纠弹,纠弹提起后的处理方式,纠弹事件审理后的执行,以及在肃政监察制度的实践中所产生的实效,对后来监察制度的发展所产生的影响,等等。

（二）方 法

由于上述要研讨的问题被置于特定的历史场域,这就决定了本书主要以历史事实为依据,针对问题展开探索和解析,并把作为核心的历史研究法和其他具体方法进行有机结合。具体而言,主要包括以下4种方法：历史研究法、历史社会学研究法、结构功能分析法和文本分析法。

1. 历史研究法的运用

就广义而言,历史是过去发生的事情。一切历史性的研究都旨在告诉人们在过去到底发生了什么。因此，历史态度和方法是实现这一意旨的基础。研究任何过去的政治法律制度，都必须明白它为何发生和如何发生。

本书研究的肃政监察制度是特定政治传统的产物，因此在研究中首先需要采用历史研究法重构这一制度的历史事实。这些事实包括肃政监察制度本身的情况，以及为何创立、如何创立的事实性根据。这里所说的"重构"，不是用现代人们的观念去建构，而是用历史遗留下来的记载或文献去建构。基于这些记载或文献建构起来的制度事实，可能构成我们的一种特有理解。因为"历史研究不是说明的工作，不是解说前事如何决定后事；不是把现象放在定律中，解说它的必然性；也不是把后来发生的事仅仅视为前事的结果及发展"[①]。

历史研究法的运用旨在揭示肃政监察制度的真实面貌，文献检索、整合和分析是历史研究法中一些常用的技巧。通过发掘大量的历史文献，找出该制度的本源问题，同时通过分析文献，对事实性问题进行梳理，并为所研究的问题提供答案。这是历史性题材研究重返历史场域的基本路径。这一路径的优势在于，不是完全让历史回答我们的问题，而是首先弄清问题所在。阿兰·布鲁姆（Allan Bloom）要求历史思想研究必须回到传统中，即历史中的问题应当回到当时的情境中。阿兰·布鲁姆曾告诫研究者："我们必须回到伟大的传统中，但是如果说他们还不为我们所熟知，如果说他们是传递未知世界消息的先知，那么我们就必须克服自我去聆听他们，而不是强迫他们接受我们的质询。因而，我们必须将我们的问题放在一边，去试图发现什么是他们所提出的问题。"[②]

2. 历史社会学研究法的运用

本书除了对民国初年的监察制度进行分析，还希望能提供一种合理的解释，这必须运用历史社会学研究法，即把这种制度置于时代或社会场域中进

---

① [德] 德罗伊森. 历史知识理论 [M]. 胡昌智译. 北京：北京大学出版社，2006：29.
② [美] 阿兰·布鲁姆. 文本的研习 [M]. 丁耘. 什么是思想史. 上海：上海人民出版社，2006：51.

行考察，用社会学的理论去分析或解释历史现象。因为民国初年的肃政监察制度不仅是时人的一种理想，也是一种实在的社会现实。因此，它有产生的社会背景和因果机制。这样，我们必须解释肃政监察制度创立的政治社会背景和动因。在共和制改变之时，袁世凯建立肃政监察制度是否为攻击政敌的政治手段？或是通过弹劾表达其政治愿景？抑或单纯就事论事的反腐？这一系列问题的回答，都不能建立在推测之上，只能立足于当时的政治情境。此外，研究肃政监察制度的实效及在实践中遇到的困境，亦需要历史社会学研究法予以支撑。

3. 结构功能分析法的运用

结构功能分析法强调分析每一个特定系统中结构和功能的相互关系，并且假定，如果一个系统是持续存在的或得到了适当维护，那么它就能实现一些必要的功能。结构功能分析法最初是由社会学家塔尔科特·帕森斯（Talcott Parsons）提出来的，他关于社会系统功能需要的说明影响了后来的理论建设。其中，社会系统的功能需要包括：控制紧张局势和保持社会规范（模式之保持）；完成系统目标（目标之实现）；系统对环境的适应以及协调系统各部分间的关系（一体化）。[1] 本书运用结构功能分析法，将肃政监察制度作为系统，研究其功能（监察职能）及实现这些功能所必需的结构（组织机构、行为规范）。肃政监察制度为完成其目标（肃清吏治），会在社会环境的正向反馈中不断地协调该制度中各结构或者说各组织间的关系，以形成一体化。因该制度中结构和功能的相互依赖关系，本书主要通过这种方法，研究构成"结构"的各个组织及其具体规则，以及在这种意义上，系统的"功能"即肃政监察的职能与组织的关系。

4. 文本分析法的运用

从静态意义上说，制度存在于文本之中。因此，任何制度研究都不能离开文本分析。本书拟通过对文本的分析来还原民国初年肃政监察制度的全貌。

---

[1] ［美］杰克·普拉诺等. 政治学分析辞典［M］. 胡杰译. 北京：中国社会科学出版社，1986：173.

在文本分析中，用类型学的方法，首先把各种法律或规范文本区分为外部职能法律文本和内部事务管理规范文本，提炼出职能规范和管理规则，旨在揭示制度的规范体系。其次把各种文本分为组织性文本和实践性文本，提炼出组织形态和运作机制。最后把实践性文本分为实体性文本和程序性文本，旨在揭示制度运行的基本要素。

此外，本书对肃政监察的研究是建立在大量史料的基础上，需要对史料呈现的事实进行客观处理，因而需要将历史研究法与作为技巧的其他具体方法结合起来。历史研究讲求客观性，因此本书的一些论述与观点多引用当时人们的评价，并在此基础上延展。同时，在案例分析中也会采用计量学的方式，对案例进行综合整理并归类统计。此外，在对舆论评价的分析中，也会采用社会心理学的方式，对群体行为进行研究，分析舆论对肃政监察制度的影响。

第一章

肃政监察制的源起

第一节　共和政制与议会弹劾制的确立

一、民国初年共和政制的创立

1912年元旦，中华民国临时政府宣告成立，也宣告了一度让某些国人寄予厚望的君主立宪制的"流产"。临时政府抛弃了君主立宪制，代之以西方式的共和政制。民国初年的共和政制聚焦于国家权力的重新配置，并着力于权力的控制。长期饱受专制主义压迫的国民意识到，远离专制主义不是消灭权力，而是削弱权力，并形成牵制。因为"权力本身承载着堕落成权力欲的种子"，"真正的罪恶是不受控制的权力"。① 因此，民国初年沿用经过西方实践检验有效的三权分立体制。

民国共和政制奠基于《中华民国临时政府组织大纲》（以下简称《临时政府组织大纲》），最终确立于《临时约法》。《临时政府组织大纲》构建了民国三权分立的政制框架，但从配置来看，三权并不平衡，不难看出总统的权力过大，很难受到立法权、司法权的制约。《临时政府组织大纲》第一章第2条规定"临时大总统有统治全国之权"；第4条规定"临时大总统得参议院之同意，有宣战、媾和及缔结条约之权"；第5条规定临时大总统有人事任免权；第6条规定"临时大总统得参议院之同意，有设立临时中央审判所

---

① ［美］卡尔·罗文斯坦. 现代宪法论［M］. 王锴、姚凤梅译. 北京：清华大学出版社，2017：6.

之权"。据此，可以说在名义上，临时大总统拥有行政权与部分司法权。《临时政府组织大纲》第二章第13条和第14条规定，对于参议院议决之事，由临时大总统加盖印章方能发交行政各部执行，而临时大总统对于参议院议决的事件持有不同意见，须声明理由并交由参议院复议，复议时，须由到场参议员2/3以上同意才能通过第一次的决议。由于参议院内阵营不同，如此一来只要总统能够操纵1/3的参议员，由参议院议决的事件在复议时就很难通过，这样总统的意愿就更容易实现。由此可见，立法权也可操纵于临时大总统之手。同时，在《临时政府组织大纲》之中，并未规定参议院对临时大总统及行政各部部长有弹劾权。立法权无法制衡行政权，行政权处于核心地位，权力配置处于失衡状态。

《临时约法》试图对共和政制作出修正。在该约法制定之时，尽管以《临时政府组织大纲》为基础，但参议院并未完全采纳其中的制度安排，而在权力的配置中削弱了总统的权力。《临时约法》和《临时政府组织大纲》在国家权力配置上最大的差别在于，《临时约法》将国家的政治体制由总统制改为内阁制，或者严格意义上来讲是改为内阁制与总统制的混合体制。在当时或后来学界与舆论的普遍看法中，这种权力配置的改变是出于对袁世凯任临时大总统的不信任。但这种普遍的看法并无实据，因为深受集权体制之害的多数参议院议员认为，把权力集中在多人手中比放在一个人手中更为可靠。随后，不少国民也支持责任内阁制，该制意指"国会完全操有进退内阁之权"，"内阁恒对于下院负责任，即议会为不信任投票之时，内阁即应辞职。虽内阁有解散议会之权，然召集不得逾期，其权力所属之机关固自若也"。[1]

《临时约法》采用的是内阁制，[2] 即将行政权赋予临时大总统与国务员，立法权赋予参议院，但在具体的权力配置上，又有别于英法的内阁制，即临时大总统拥有实际的行政权，但行政权的行使受到诸多限制。《临时约法》

---

[1] 内阁制度论[J]. 民国汇报，1913（3）：8.
[2] 1912年2月9日下午，临时参议院开会续议"临时约法草案"。据记载："讨论结果，主席请赞成增设责任内阁者起立表决，多数可决。"张国福. 参议院议事录 参议院议决案汇编[M]. 北京：北京大学出版社，1989：32.

在一定程度上模仿了法国宪法关于政体的设计，但又有许多与内阁制不一致的地方：(1) 国会弹劾内阁成员不是仿照法国的简单多数，而是以绝对多数为准（第19条第12项），且总统对弹劾案有提请复议权（第47条）；(2) 当立法权与行政权冲突时，没有采用内阁制的倒阁与解散议会的规定，而是采用了总统制的对国会立法行使否决权，即规定了临时大总统有复议否决权，但如果复议后，参议院仍然同意之前的决议，则按照之前的决议执行（第23条）；(3) 国务员的任免由临时大总统提出，而不是由参议院议员兼任（第34条），这与内阁制有出入；(4) 设置了副总统一职，如果是虚位的国家元首，则根本就没有设置副总统的必要。

《临时约法》赋予临时大总统行政权，但有诸多限制：(1) 临时大总统由参议院以绝对多数选举产生，而非由选民直接选举产生（第29条）；(2) 临时大总统统率全国海陆军队，但是在制定官制、官规以及任免国务员和外交大使上，须经参议院同意，临时大总统只有提案权，没有决定权（第32—34条）；(3) 临时大总统没有紧急命令权，当出现紧急情况时，须经参议院同意才能采取行动；(4) 临时大总统在提出法律案以及发布命令时，须由国务员副署，但并未明确规定未经副署的文件无效（第45条），在美国的总统制下，总统发布的命令或者文件，在法律上和习惯上均不需要内阁成员副署；(5) 临时大总统没有解散国会的权力，当行政权与立法权冲突时，很容易形成僵局。

《临时约法》在立法权与行政权的制约设计上，并未采取对立法权的审慎态度，而是坚持以立法权至上为原则。立法权对行政权的制约除了体现在参议院的议决预算权上，还体现在参议院的同意权和弹劾权上。

二、议会弹劾制的确立

在《临时政府组织大纲》中，参议院的弹劾权并未确立，但是弹劾事件已经发生，这在一定程度上促进了《临时约法》的制定，特别是弹劾制度的确立。

1. 议会弹劾案的肇始

南京临时政府成立月余，弹劾制度雏形未定之际，便开始有弹劾官员事件。这时弹劾并非以法律为依据，而是完全依赖一种革命或共和情结而发动。因为民国刚刚建立，国民并不知晓弹劾为何物，认为对官员的不当言行皆可进行监督。如当时人们认为："今者民国新定，为官吏者，满清旧吏居多。在专制时代为贪赃枉法之辈，在共和时代能遽改而为良吏乎！彼等之不能为恶者，有吾民所定之法律在耳。虽然法律者，无形之物，不能拒官吏之为恶，故吾民当随法律之后，以保护法律，以监督官吏，则吾民应尽之责任也。"[①]

民国初年的第一件弹劾案是 1912 年 2 月的"参议院弹劾司法部次长吕志伊案"。在此案中，司法部次长吕志伊认为，参议院议员刘成禺在议会中发言称"前朝"如何，"本朝"如何，属于违背共和或宪法的言论，应予逮捕，并将此事函告鄂军政务部长且转呈黎元洪副总统决定。参议院针对此行为，指出该次长的违法之处并进行当众公决："一是议员在议会上的言论不对外负责，而该次长对议员院内之言横加干涉；二是对于议会议员，除因现行犯及内乱外患罪，不得逮捕，而该次长欲因议员的发言而逮捕之，是蔑视议会蹂躏民权；三是参议院议员是代表全国而不是地方，大总统没有惩治议员的权限，而该次长函告鄂军政务部长并请示副总统，是欲紊乱权限。"[②] 孙中山对此事的回复是，吕志伊函告鄂军政务部长的文件属于私人书信，不发生法律效力，并且参议员刘成禺现仍然在参议院中自由发声，也并未被限制人身自由，由此不能断定吕志伊有不法干涉的行为，所以参议院提出的吕志伊蹂躏民权的事实是不成立的，参议院不能因个人私函的意思表示而提出对行政官员的弹劾。[③] 孙中山虽不满吕志伊的行为，但最终也选择息事宁人的做法。

从法律依据来看，《临时政府组织大纲》规定的参议院的职权并不包括弹劾权，并且参议院并未制定有关弹劾的法律，该弹劾案的提出实属没有法

---

① 楣梁. 敬告国民敬告官吏 [J]. 共和言论报, 1912 (1): 1.
② 参议院弹劾司法部次长吕志伊违法咨大总统请核办文 [J]. 临时政府公报, 1912 (28): 2-3.
③ 大总统咨复参议院弹劾司法部次长吕志伊违法文 [J]. 临时政府公报, 1912 (28): 3-4.

律依据。从弹劾事实来看，司法部次长的函告行为属于私人行为还是公务行为，双方各执一词。该案在当时引起了广泛的关注，但议论的焦点并非对弹劾行为的定性，而是参议院此举何意，如果按照总统制下议会弹劾的惯例，应由参议院的专门机关负责审查，或者交由司法机关审查，并没有直接交由总统决定的先例。孙中山在对该弹劾案的回复中并未提及参议院没有弹劾权，而是默认参议院行使了弹劾权，并且只对弹劾的事由进行了解释，侧面肯定了参议院关于议员言论自由的说法，尽管该弹劾案最终没有下文，但参议院的目的达到了。参议院的诉求一是让总统肯定其弹劾权，二是要求立法机关绝对独立，不受行政机关干涉，盖因《临时政府组织大纲》所确立的总统行政权过于广泛，致使立法机关警惕行政权的越界与渗透。

议会弹劾权的本意是监督行政权的运用是否在其法定范围内，并审查官吏有无滥用职权、危害人民权利的行为，但民国初年的议会更倾向于将弹劾权当作政治工具来使用。

在中央发生了弹劾案后，地方议会也开始效仿。省议会弹劾官员的第一案是由赣省议会提出的，弹劾对象是鄂省政事部长贺赞元。贺赞元曾于1912年1月阻挠赣省临时省议会的成立，"该会议员激愤异常，必须推翻贺之政事部长"[①]。1912年1月底，赣省临时省议会提出对贺赞元的弹劾，在通过全员议决后交由都督查办，但被赣省的马都督——驳斥。反对马都督的参谋部长刘麒邀请军界长官多人于2月初参加议会，再次提出对贺赞元的弹劾，但马都督并未批复临时省议会的咨文。1912年3月，赣省临时省议会"以达到治罪为目的"，列出罪状6条以弹劾政事部长贺赞元，议会议决了此弹劾案，并要求在3日内出台办法。[②] 因省议会议决的官制与马都督所期望的总揽全省行政相悖，而贺赞元与马都督私交甚好，并位居政事部长，贺赞元案最终不了了之。

---

① 赣省临时省议会与政事部长之冲突 [N]. 时报, 1912-01-22.
② 弹劾要闻 [N]. 时报, 1912-03-09.

2. 弹劾制度的初创

弹劾事件的发生,似乎暴露了共和政制最初设计上的缺陷,一是如何监督政府的问题,二是监督的依据问题。因而议会弹劾制也自然伴随责任内阁的建立被确定下来。

民国初年的责任内阁制由《临时约法》确立,其最重要的特点是政府向议会负责,议会拥有监督制约政府的广泛权力。《临时约法》作为维系共和制的宪法纲领,采纳了西方的弹劾制度用以制约行政官吏,参议院拥有弹劾政府官员的权力。参议院基于《临时约法》第19条规定,对临时大总统、国务员的违法或失职行为,应当行使弹劾权。

《临时约法》中的弹劾制度分直接和间接两种。直接弹劾,即由参议院直接启动弹劾,其对象分为两类,一是临时大总统,二是国务员。"参议院对于临时大总统认为有谋叛行为时,得以总员五分四以上之出席,出席员四分三以上之可决弹劾之。"(《临时约法》第19条第11项)"参议院对于国务员认为失职或违法时,得以总员四分三以上之出席,出席员三分二以上之可决弹劾之。"(《临时约法》第19条第12项)间接纠弹,即参议院提出弹劾意见,咨请政府处置,其对象为一般官吏,规定参议院"得咨请临时政府查办官吏纳贿违法事件"(《临时约法》第19条第10项)。

随后,弹劾制度在《中华民国参议院法》和《中华民国国会组织法》(以下简称《国会组织法》)中被重申和具体化。《中华民国参议院法》第八章第59—61条规定了弹劾临时大总统以及国务员的办法[1],《国会组织法》第14条规定了在国会成立后,弹劾权由两院共同行使,建议查办权由两院分别行使,即弹劾临时大总统或国务员需要由两院一致同意,而提出查办一般官员的建议则由一院同意即可[2]。

---

[1] 参议院议决参议院法公布[J]. 社会世界,1912(1):37–43.
[2] 国会组织法[N]. 时报,1912–07–19.

第二节 弹劾风潮的涌起

在宪法性法律确立议会弹劾制之后,不仅使弹劾实践有据,而且在很大程度上是对弹劾行为的一种激励,由此助长了弹劾事件的发生。之后,弹劾事件在全国暴增,形成一种风潮,似乎成为民国初年共和政制表现出来的最吸引眼球的"风景线"。

一、弹劾中央大员之风

自议会弹劾制确立后,前参议院和后来的国会便以此为据,掀起了一阵弹劾之风。在临时参议院执事时期,较大的弹劾案主要针对临时副总统、总长、国务员等。

1912年5月,参议院议员联名弹劾熊总长借款失权,后经国民党议员调和而作罢。① 1912年7月28日,统一共和党议员谷钟秀提出对陆总理的弹劾,在提案中称:陆总理就职后20余日不能组织政府;到参议会第一日不能发表政见;任军人蒋作宝为工商总长;用军警干涉参议院会议。② 该案在7月29日以及30日因出席人数未达3/4而未能付议,且袁世凯明确表示不愿国务总理被弹劾而使得政局不稳,后在多方调停下,将弹劾改为质询,请陆总理到院出席答复。③ 1912年9月,参议院共和党员因张振武被捕杀之事,提出对中央政府的弹劾案,同时提出对黎元洪的查办案,但因出席人数未达总数的3/4而未能付议。④ 1912年12月,因民法、民事诉讼法、刑事诉讼法各草案的提出问题,参议院欲对司法总长以违法侵权为由提出弹劾案,参议院认为法典关系全国人民的生命财产,应当交由参议院仔细审查,由司法部

---

① 参议院同盟派议员联名弹劾熊总长 [N]. 时报, 1912-05-27.
② 统一共和党议员谷钟秀提出弹劾陆总理案 [N]. 时报, 1912-07-29.
③ 反对陆总理之风潮似已消灭 [N]. 时报, 1912-08-01.
④ 参议院提议弹劾查办 [N]. 新闻报, 1912-09-05.

提出则"实为蔑视参议院议决制官制",最终该案未被议决。①

自1913年4月8日中华民国第一届国会召开以来,弹劾之风更为猛烈。正如当时报界所述:"自国会开幕,党见纷歧,众议芜杂,从未有人心一致如此番弹劾案之提出者也。虽全体一部,主张未必从同,而认现政府为违法溺职,则莫不异口同声。"② 在众多的弹劾案中,较著名或影响较大的是两院议员提出的五大弹劾案,掀起了政界风潮。

1. 议员张华澜等弹劾政府违法案③

该议案提出政府最显著的两宗违宪之罪:一是"预算案不交议会议决",二是"私借外债不经议会通过"。其弹劾状义正词严,指出议会是监督财政的机关,政府的预算、决算必须提交议会议决,这是《临时约法》第19条第2项的明文规定。但在1913年6月以前,政府的预算始终未向参议院提交。"至本院成立数月,时期已过,乃为事后之交出,以欺骗国民,愚弄议会,此其违背约法之大罪。"④ 同时指出,"今奥国借款三百二十万磅,政府不交本院议决",严重违背《临时约法》第19条"国库有负担之契约,由议会议决"的明令,"此其为违背约法之大罪"。据此,以《临时约法》第19条为依据提出弹劾国务员全体案。

2. 议员何雯等为奥款弹劾周学熙案⑤

该弹劾案中,参议院议员认为财政总长周学熙有违宪与失职行为:一是"擅借外债未经议院通过",即擅自以政府名义向瑞记洋行借款,取定抵押品及历年偿还之期,且"签字后又不交院认"。二是周学熙"请假两月不亲部务,一任次长梁士诒弄权违法,不能抑制,有失职之咎"。财政次长梁士诒在到院答复有关该借款的质询时,种种支吾,一说合同尚在磋商,一说合同业已签字,前后矛盾,显不能胜任该职。该弹劾案中称,周学熙的借款合同

---

① 司法部将受弹劾 [N]. 新闻报,1912-12-16.
② 为弹劾案告众议员 [J]. 宪法新闻,1913 (13):7.
③ 议员张华澜等弹劾政府违法案 [J]. 宪法新闻,1913 (12):31-33.
④ 议员张华澜等弹劾政府违法案 [J]. 宪法新闻,1913 (12):31-33.
⑤ 议员何雯等为奥款弹劾周学熙案 [J]. 宪法新闻,1913 (12):33-34.

是对国库有负担的契约,根据《临时约法》第19条参议院之职权第4项,周学熙擅自借款的行为违背约法的规定,并依据该条第12项、《国会组织法》第14条,在"认为国务员有失职或违法时"应提出弹劾。遂提出弹劾案,请大总统从速将周学熙免官以明责任。

3. 众议院议员李国珍等以擅借奥款弹劾国务总理赵秉钧、财政总长周学熙案①

该弹劾案亦是关于周学熙擅自借款的,弹劾案中指出周学熙以契税抵押的方式与瑞记洋行签订的借款合同,属于对国库有负担的契约,应当交由参议院议决,而"法当交议之契约,秘而不宣,立宪政体之下,庸可恕乎"②。弹劾案中称,周学熙在参议院关于借款的质询中狡辩道,抵押的六厘公债的契税是经前参议院议决通过的,持此公债抵借奥款,则无须再经议会通过。参议院承认前参议院议决的公债募集无违法可言,但以此为抵押进行对国库有负担的借款行为则属于违法行为。据此,以国务总理赵秉钧、财政总长周学熙"擅为影射,不先将奥款合同交院议决,遽于四月初十日签字,显背约法,莫可解免"③,依照《临时约法》具文弹劾,请大总统免其职,以谢全国国民。

4. 议员黄懋鑫为奥款弹劾赵秉钧、周学熙案④

议员黄懋鑫在弹劾案中指出政府的"五罪":一是政府预算案一再推迟交议,财政收支失衡,"一年之计(预算案),一误再误,国何以堪";二是政府借款太多太频繁,导致"金融无活泼之希望";三是此次借款用途未经预算议决,"以不正当之用途,妄加国民负担";四是故意混淆公债与外债的性质,"有意牵引附会,不交议会议决,蔑视约法";五是政府任意削夺参议院职权,"以行政权限蹂躏立法机关"。同时依《临时约法》第19条对国务总理赵秉钧、财政总长周学熙提起弹劾,请求大总统将其免职,以明责任。

---

① 众议员李国珍等为奥款弹劾赵秉钧、周学熙案 [J]. 宪法新闻, 1913 (12): 35 - 36.
② 众议员李国珍等为奥款弹劾赵秉钧、周学熙案 [J]. 宪法新闻, 1913 (12): 35 - 36.
③ 众议员李国珍等为奥款弹劾赵秉钧、周学熙案 [J]. 宪法新闻, 1913 (12): 35 - 36.
④ 议员黄懋鑫为奥款弹劾赵秉钧、周学熙案 [J]. 宪法新闻, 1913 (12): 36 - 38.

5. 众议院议员邹鲁等弹劾国务员全体失职违法案①

国民党议员邹鲁联名众议院 110 人，提出对全体国务员失职违法的弹劾案，称国务总理赵秉钧组织的内阁在政事上无所建树，政府的各种行事更是蹂躏人权，在大借款一事上，本应按照约法由国会议决对公债的募集，但政府未经国会同意径直以未来税收为抵押向奥地利及五国银行进行借款，在国会质问后亦久不回复。② 但该弹劾案并未通过议决，随后众议院便分别对国务员提起弹劾。

在第一期常会时期，众议院先后对国务总理、财政总长、海军总长、工商总长等提出 9 项弹劾案，但提案在第 26、27、28、29 次会议上因参会议员未达法定出席人数而作罢。后在 1913 年 7 月 14 日众议院第 30 次会议上，出席议员超过总员的 3/4 达到弹劾案通过标准，大会便对针对国务总理和财政总长等的 6 项弹劾案进行表决，并全部付审查会审查。③ 但内阁重组后，交付审查的案件便无下文了。

二、地方议员弹劾要员之风

在临时参议会议员或国会议员对中央政府官员提出弹劾之时，各省议员也提出对地方政府要员的弹劾。各省议会对地方官员的弹劾以省议会的正式成立为分界，在南京临时政府成立以后，各省实行自治，各省临时议会相继成立。而各省临时议会的议政能力参差不齐，并且因其成立的合法性问题，与地方政府之间摩擦甚多，是以在正式省议会成立之前，各省临时议会弹劾地方官员的案件并不多。直到 1912 年 9 月《省议会议员选举法》通过以后，各省便依照该法选举省议员，组织省议会。1913 年 4 月通过《省议会暂行法》后，各省议会的职能与议事规则有明确的法律依据，省议会弹劾官员之风便盛行起来。

---

① 众议员邹鲁等弹劾国务员全体失职违法案［J］. 宪法新闻，1913（12）：39 - 45.
② 弹劾国务员全体失职违法案［J］. 协和报，1913（41）：16 - 17.
③ 薛恒. 民国议会制度研究（1911—1924）［M］. 北京：中国社会科学出版社，2008：233.

肃政监察制度理论与实践

1. 省临时议会的弹劾

省临时议会的组织十分复杂，主要是辛亥革命时期，一些独立的省份根据军政府组织法而成立。有些议会实质是由前清咨议局易名而成，如苏省临时议会，其保留了部分议员，并增加了许多革命党人。① 在议会中，不管是前咨议局议员，还是新入会的议员，他们都是当时较为激进的一个群体，并且是社会各界的代表，如粤省临时议会便是在胡汉民担任广东都督之际，临时从学界、女学界、商界、军团协会、报界、同盟会公举若干人，并由各县选乡绅名流一至二人组成的。他们在当地具有威信，但其立法与议政能力并不能与其职权相匹配。②

在鄂省，临时议会弹劾内务司一案影响较大。1912年5月，鄂省临时议会弹劾内务司，起因是湖北省孝感县知事与县议会因诉讼案件发生冲突，孝感县知事电告内务司要求解散该县议会，内务司随即电令解散该县议会。又汉川县知事因"把持行政与县议会纠葛"禀明内务司，内务司电令解散该县议会，随后两县议会便将情况上报给鄂省临时议会。③ 鄂省临时议会根据本省议会章程第16条第9项"弹劾本省行政官违法及失职之权"，在议会上弹劾孝感县知事以及内务司违法，议会提出：该孝感县知事确有违法之事由，而内务司在处理纠纷时，径行解散县议会，是"目无民权"的行为；并且根据大总统令"各地方议会既已成立，非按照法定手续不能取消"，内务司并无解散县议会之权力。④ 最终，鄂省临时议会通过此弹劾案，并咨请军政府惩办内务司长。

在粤省，弹劾都督一案曾名噪一时。1912年6月，粤省临时议会弹劾广东省都督胡汉民"厉行军政、蹂躏法权，对于省会通过各案多不执行，省定约法久不公布"，并函告大总统。粤省临时议会在函件中同时提出：胡汉民认为省临时议会等同于前清咨议局，只是辅助机关而非立法机关，没有代表

---

① 苏省临时议会之发生[N].申报，1911-11-14.
② 近棋.论粤议会之弹劾胡汉民（续）[N].时报，1912-07-12.
③ 鄂议会弹劾内务司长[N].新闻报，1912-05-21.
④ 鄂议会弹劾内务司违法咨军政府文[N].时报，1912-06-05.

人民的资格，并且想要推倒省议会施行专制，因此特请求大总统与参议院解决省议会是否有立法监督权的问题。① 粤省临时议会在该案中，与其说是弹劾一省行政长官的不作为，不如说是借此使中央政府或者参议院承认其合法地位，因为这根本就是一个不可能得到结果的弹劾案。首先，在咨请的对象上，参议院与大总统都无权处理该弹劾案。《临时约法》规定参议院的职权是受理人民的请愿以及咨请政府查办官吏违法、纳贿，并没有裁判各省都督的权力。参议院虽有弹劾由总统任免的国务员的权力，但各省都督并不在总统的任免范围内，总统亦无权处理针对都督的弹劾案。其次，在弹劾的内容上，粤省临时议会更像是请求参议院进行调停，但参议院并不是前清的资政院，能够处理咨议局与督抚之间的争议，所以这次弹劾也根本没有得到回应。

对于弹劾案，胡汉民进行了侧面回应。他与程德全、李烈钧共同发文表示反对议会有弹劾省长的权力。他认为现今参议院有弹劾省长的权力，而没有相对应的解散议会的权力。如果议会拥有弹劾省长的权力，那么中央政府就应当有解散议会的权力，两权力才能"始得其平"。如今偏重弹劾权，省长既服从中央惩戒，又服从行政裁判，还要受到议会弹劾。议会对省长的弹劾，一方面使得一省的政治无法贯彻施行，另一方面对于违法事件尚且有法律的规定，但"失政"全然由议会认定，并没有范围限制。如果一省的行政都在议会操纵之下，那么将导致地方纷扰、议会专制，最终产生各省瓦解之忧。此外，他认为其他各国都没有地方议会弹劾地方长官的规定，就法理而言，省议会对省长应当只有纠举权而无弹劾权，并且在军民分治的情况下，将来的省长应当由一省的都督兼任，如果其随意被弹劾，则会使军界动摇，产生更大的危机。如果采用议会弹劾制，那么应当有解散权与之平衡。②

1912年6月，闽省临时议会以《闽省临时议会法》第41条"议会得咨请本省都督查办官吏违法纳贿事件，并要求其报告查办之结果"，提出弹劾

---

① 粤省议会弹劾胡汉民电 [J]. 大同报，1912 (17)：38.
② 反对议会弹劾省长 [N]. 新纪元星期报，1912 (2)：65–66.

警务司长翁浩违法案,并由议会议决通过。① 同年6月,粤省临时议会弹劾警察厅厅长陈景华"违法滥杀、请予撤任",都督胡汉民以省议会并无弹劾权,以及案件证据不充分为由,言明本案不能确立,并在回复咨文中提及"民生凋敝,势不能不以刑乱用重之意,使警察厅执行此,固不得已之苦衷,亦无如何之办法也","省议会为人代表,自应审查时势,严定专章,以保公安,而维粤垣大局"②,前后颇有矛盾之处。同年8月,直省议会秘密议决对该省都督张锡銮"侵权违法、纵容脏吏、任用败类、昏聩废弛"的弹劾案,并咨呈大总统处理,袁世凯随后派人约见提出弹劾案的同盟会会员进行调停。③

还有一些并未议决的弹劾事项,如西北五省联合会议中,陕西参议员赵世钰提出海兰铁路的前任督办舞弊以及侵吞公款,其他各省议员附议,并提出先上书袁总统、国务员、交通部,如果无效,则由五省参议员提出弹劾案。④ 这些议会对官员的弹劾,是立法机关与行政机关之间的交锋,从结果上来看,这些弹劾案并未有实质性的处置,但反映出两方面的问题:第一,议会可以通过提出弹劾案的方式,实现对地方行政权的牵制,树立地方议会的权威;第二,议会对官员的弹劾内容从"违法纳贿"扩展到"失政",如果没有相应的对议会弹劾制度的规定,将会引发弹劾泛滥的问题。

2.《省议会暂行法》时期的弹劾

1913年4月初,临时参议院通过了《省议会暂行法》,此法确定了地方议会的弹劾制。该法第17条规定,省议会认为本省行政长官有违法行为时,得以出席议员的2/3以上同意提出弹劾案;弹劾案直接向国务院提出,经内务总长提交国务会议惩办。除规定对本省行政长官提出弹劾案外,该法还确立议会对其他行政官吏违法提出惩办的请求权,即认为本省行政官吏有违法纳贿行为,可以向行政长官提出,咨请行政长官查办(第18条)。⑤ 该法虽

---

① 福建省议会弹劾警务司之颠末 [N].时报,1912-07-13.
② 粤省议会弹劾警厅结果 [N].新闻报,1912-06-08.
③ 直省议会弹劾都督详情 [N].新闻报,1912-08-20.
④ 西北五省协会提出弹劾案 [J].大同报,1912 (18):37.
⑤ 省议会暂行法 [J].政府公报,1913 (326):7-9.

然对议会弹劾有明确、统一的规定，解决了各省自订的议会法中关于弹劾行政官吏的规定模糊的问题，在一定程度上抑制了弹劾乱象，但是，地方弹劾之风仍然盛行。

在《省议会暂行法》制定时期，鄂省临时议会就提出多项弹劾案。例如：弹劾司法司长张知本滥用私人袒庇不法案；弹劾外交司长胡朝宗种种不法以及外交失败溺职误国案；弹劾黎元洪案，即重用饶汉祥蔑视民权，使军权民权混合为一①；弹劾内务司长饶汉祥越权违法案②；弹劾师长黎本唐无视司法权，擅自处决刑事犯案③。全国统一的议会法出台后，弹劾地方官吏之风依然盛行。例如，有弹劾官钱局前总理吕逵先侵款舞弊案，弹劾前鄂省财政司长潘祖裕侵吞公款案。④ 这些弹劾案均通过议会议决。

在直隶，直省议会提出的两项弹劾案影响极大。一是弹劾顺天府尹张广建"滥用私亲、改组舞弊、袒护污吏、草菅人命、侵蚀巨款"⑤；二是弹劾教育司长蔡儒楷"品行卑污、办事敷衍、破坏学务、虚糜公款、滥用偏私"⑥。

其他各省均有议会弹劾案不断提出。如云南省议会弹劾云南国税厅筹备处处长熊范舆挪用公款⑦，甘肃省议会弹劾都督赵惟熙"妄调军队、纵容贪吏、滥用款项、摧残议会"⑧。各地的弹劾案在此不一一列举。

综观各省实行自治时期，各省议会对官员的弹劾，从前期的审慎试探，至后来的风靡，省议会对议员提出的弹劾案几乎是一经提出即通过，但弹劾案最终的处理结果大多都不了了之。如省议会对都督的弹劾，都是总统未同

---

① 鄂省议会末日之大弹劾[N].时报,1913-01-24.
② 议会认为：饶汉祥身兼军政府都督之职与内务司长之职，在处理前汉口禁烟局总理傅立相一案中，因禁烟属于民政事项，应由民政长查办，但饶汉祥以都督的命令拿问并执行，有越权之嫌。参见鄂省议会弹劾饶汉祥[N].新闻报,1913-01-21.
③ 师长黎本唐在捉拿匪徒后擅自令执法官坐堂讯问，处决首犯并拟定从犯罪名径自呈报军政府。鄂省议会以"法治国家，司法最为尊重，军官无杀办普通刑事犯之权"为由，弹劾师长黎本唐越权违法，并咨军政两政府核办。参见鄂省议会弹劾蹂躏国法人权之师长[N].时报,1913-01-17.
④ 鄂省会弹劾之近状[N].新闻报,1913-06-16.
⑤ 直省会提议弹劾案[N].新闻报,1913-04-23.
⑥ 直省会弹劾教育司长[N].新闻报,1913-05-05.
⑦ 云南省议会再咨请据实弹劾熊范舆文[J].参议院公报,1913（第一期国会第5册）：159-161.
⑧ 甘肃省议会列款弹劾都督赵惟熙文[J].参议院公报,1913（第一期国会第7册）：129-131.

意查办而最终调停。对一般政府官员的弹劾,要么由都督驳斥弹劾咨文,言明不能立案,要么交付查办后敷衍了事。如云南省议会弹劾熊范舆案,在第一次弹劾后,云南省都督与财政长奉大总统令共同查办该案,但查办结果是两者皆为其开脱,云南省议会不满查办结果,在陈述清楚熊范舆的违法事实后,再次于议会上议决对熊范舆的弹劾,并提交参议院转咨大总统查办,但最终也未能对熊范舆进行惩戒,得出使省议会满意的结果。①

三、议会弹劾泛滥后的检讨

在同时期实行议会制的西方国家中,议会弹劾权的使用是审慎的。民国初年北京政府对议会弹劾权的任意使用引人深思,究竟是何原因导致弹劾泛滥?

1. 弹劾审判程序缺失

在弹劾之风盛行后,有论者首先反思议会弹劾制度的不足之处:一是副总统不在可受弹劾之列;二是国务员受到弹劾之后未指明由何种机关审判,而是直接要求由总统免职,"而此所谓免职者即谓之定罪乎";三是针对国务员受到弹劾后的复议,是"即以代正式之审判使原告问官混乎一体乎"。② 对国务员而言,由于约法规定的概括性,以及弹劾审判程序的缺失,议会弹劾成为一种未经审判即能定罪的权力,这一违背基本法律正义的权力,在行使时极易因不受约束而被滥用。一如上文所列举的泛滥的弹劾案,其在提出与通过议决上相对容易,而审判程序的缺失导致弹劾案最终需要由政府查办,议会弹劾权最终成为"纠举权"。

弹劾制度的简易性导致弹劾权的使用具有随意性,综观议会弹劾权在各国的历史实践,由于缺乏经验,即使是西方发达民主国家,在其早期民主化阶段,也有弹劾权被轻易使用的现象。③ 在民国初期,人们习惯地认为议会

---

① 云南省议会再咨请据实弹劾熊范舆文 [J]. 参议院公报,1913(第一期国会第5册):159-161.
② 王旭. 论弹劾权 [J]. 国民(上海1913),1913(2):15-16.
③ 严泉. 历史变迁的制度透视 [M]. 北京:新星出版社,2014:230-131.

弹劾是一种非常具有权威的制度，是用以制约政府的利器，似乎一经使用就能产生立竿见影的效果，但弹劾权与审查权的分离，使弹劾的实际效果并不佳。

2. 弹劾权与不信任投票权混用

参议院、国会以及各省议会，都存在着将弹劾权与不信任投票权（倒阁权）混用的现象，这也是民国初年弹劾泛滥的一个重要推动因素。民国初年最早评论参议院弹劾权的《弹劾发微》一文便指出："今之误解弹劾二字者多矣"，"不信任者，政治问题，弹劾者，法律问题"，但议会在使用弹劾权上，常常将政府的施政问题也列入弹劾范围，将不信任投票的意义归于弹劾之内，最终"致政治上与法律上观念樊然淆乱，而政海屡生无谓之风潮，未使非弹劾与不信任两性未明之咎也"。① 在议会弹劾的实践中，谷钟秀针对陆总理提出的弹劾皆是针对其个人的"失政"，粤省临时议会弹劾都督胡汉民的政治不作为等都是不信任投票权与弹劾权的混用，而国会弹劾全体国务员更是对不信任投票权的行使。

3. 弹劾与党争

北京政府时期，政党已经作为一股新的力量参与到民国初年的政治中。参议院后期，政党之间常常处于对立状态，特别是在省官制案的讨论以及地方议会请求查办案等问题上，而在弹劾案的问题上，更有议员称"诸君龂龂于弹劾一举，非为全国之幸福计，实为利己耳"②。

第一届国会时期，党争不只体现在政见分歧上，更体现在弹劾案中，其中旷日持久的争论便是国会时期对政府的弹劾案，在有关"全部弹劾"与"一部弹劾"的问题上僵持不下，并且以不参会的消极态度表示不赞同，议会时常因人数达不到法定要求而无法议决弹劾案。③

不少人认为，议会弹劾的不足之处将在《天坛宪法草案》中得到修改与

---

① 秋桐. 弹劾发微 [J]. 独立周报，1912（13）：16 - 17.
② 参议院讨论弹劾问题 [N]. 时报，1912 - 08 - 30.
③ 全部弹劾与一部弹劾 [N]. 新闻报，1913 - 07 - 03.

完善，虽然《天坛宪法草案》增加了参议院审判被弹劾的大总统、副总统及国务员的权力，但放宽了提出以及议决弹劾案的标准，大大方便了议会对国务员行使弹劾权，而关于弹劾审判程序的规定仍是空白。在弹劾权与不信任投票权混用的弹劾实践中，在党争日益严重的情况下，很难确保议会弹劾权的公正有效行使。

第三节　共和政制的变异与议会弹劾制的消失

一、责任内阁制向总统制的突变

1. 《天坛宪法草案》与国会的解散

1913年10月4日，国会公布了《大总统选举法》，并于10月6日完成了总统的选举程序，袁世凯于10月10日正式就任，之后国会加紧制定正式宪法。1913年10月31日，国会三读通过了《天坛宪法草案》。在《天坛宪法草案》的创制中，国会试图建立一个"立法至上"以及"弱势总统"的权力框架，即国会的权力远超《临时约法》规定的参议院权力。与《临时约法》相比，该宪法草案增加了国会的权力，例如不信任投票权、设立常设委员会权与宪法解释权。设立常设委员会权与宪法解释权是当时其他民主国家的立法机关不曾拥有的权力，国会的40人常设委员会在国会闭会期间行使国会的所有权力，这种制度设计对袁氏政府而言，是无法忍受的。

宪法草案保留了议会弹劾制。较之《临时约法》，宪法草案在弹劾权方面的规定使弹劾总统与国务员更为容易：一是出席与表决的人数标准放宽，取消了出席标准；二是赋予了国会审判权，"参议院审判被弹劾之大总统、副总统及国务员……非以列席员三分二以上之同意，不得判决为有罪或违法。判决大总统、副总统有罪时，应黜其职，其罪之处刑，由最高法院定之。判决国务员违法时，应黜其职，并夺其公权"①。由参议院对国务员的违法行为进行审判并剥夺其公权的行为，是效仿总统制，但美国宪法只规定了对国务员的叛国罪能够剥夺其公权，并非一切违法行为。此外，宪法草案在对总统的约束上，更是将"虚君"原则贯彻到底，总统所有的人事任免权、赦免权以及宪法修正案的提出权等都受到了极大的约束，可以说《天坛宪法草案》所设计的是一个超议会制的宪法制度，这也预示着它被袁氏政府所废弃的命运。

袁世凯在正式就任大总统后，向众议院提出增修约法案：一是大总统制定官制官规无须参议院议决；二是大总统能够自主任免文武职员，包括国务员及外交大使；三是大总统对宣战、媾和以及缔结条约等事项能够自主决定；四是增加大总统在国会闭会期间有制定法律权，以及在紧急时期有财政处分权。② 国会并未采纳上述提案。此外，各省都督及民政长对宪法草案也持反对态度，认为"综其流弊，将使行政一部仅为国会附属品"，更有电请解散国民党的言论，称"关于宪法草案，该党主张奇谬，破坏三权鼎立之原则……非将该党从速禁除，无以定国本之动摇，餍人民之心理"③。可见，政府与议会的矛盾无法调和。在民国初年民主法治起步阶段，政坛的较量最终还是落脚于军权的较量，《天坛宪法草案》通过后仅3日，袁世凯便以强硬的态度下令解散国民党，并取消了国民党议员的资格，致使参议院与众议院因人数达不到法定要求而无法召开会议。政府组织的政治会议于1914年1月10日议决由黎元洪等联名电请遣散国会残留议员的提案，袁世凯于当日下令停止国会残留议员的职务，国会遂完全解散，宪法草案亦随之废止。

2.《约法》中的超总统制

袁世凯在下令解散国会后不久，便以大总统令，将内阁召集的行政会议改为政治会议，其成员包括各省委员、各部总长以及总统与国务总理所派委

---

① 天坛宪法草案 [J]. 中华法学杂志, 1947 (9/10)：17-25.
② 陈茹玄. 民国宪法及政治史 [M]. 上海：上海书报流通社, 1928：53-54.
③ 陈茹玄. 民国宪法及政治史 [M]. 上海：上海书报流通社, 1928：55.

员。政治会议议决了多数法案，其中最重要的是1914年1月26日议定的《约法会议组织条例》，由袁世凯以教令发布。① 根据该条例产生的约法会议，旨在修改《临时约法》。该条例规定的选举议会议员的方式，虽略具选举形式，但实则无异于指派，其所产生的议员也只是依附于政府的工具。约法会议于3月18日开会，袁世凯提出7项增修约法的大纲，不久约法会议便议决通过了《约法》，并于5月1日由总统公布。该约法名义上是对《临时约法》的修改，而实质是重新制定了一部与《临时约法》性质不同的约法。

在政制上，如果说《临时约法》采用的是内阁制，《天坛宪法草案》采用的是"超内阁制"，那么《约法》采用的是"超总统制"。首先，在政治体制的改变上，《约法》采用总统制，设置了受命于总统的立法院与参政院。在行政权与立法权的制衡上，立法机关的独立性被严重削弱，最为明显的就是总统拥有对立法院的集会、开会、停会、闭会权以及解散权，同时立法院的同意权被取消，并且最重要的议会弹劾权被分割，即对总统的弹劾权依然保留在立法院，在总统被弹劾后则交由大理院审理，而对除总统外的其他官员的弹劾权则属于肃政厅。从本质上看，总统拥有对立法机关的控制权。其次，总统的权力极度扩张并且不受限制，总统拥有解散立法院权、公布法律权、命令权、制定法律权②、制定官制官规权、财政处分权、人事任免权、军事权、外交权、戒严权、荣赏权、赦免权等。③ 这些权力不受立法机关的约束与限制，其中重要的权力是制定官制官规权及人事任免权。此外，相比其他国家的总统制，该约法规定下的总统在财政上极度自由，拥有紧急处分权以及特定处分权。在外交上，无须立法院同意，即可缔结条约、宣战、媾和等。可以说，这种超越总统制的政治制度，实为"一人政治"的集权制度。

---

① 约法会议组织条例 [J]. 内务公报, 1914 (5): 73-76.
② 该项权力由提案权与复议权构成，提案权由《约法》第18条规定，复议权由《约法》第34条规定，当总统反对立法院之法律案时，可交立法院复议，如立法院出席议员的三分之一支持总统，那么该项法律案可以不公布，所以总统实际上拥有制定法律权。参见钱端升等. 民国政制史（上）[M]. 上海：上海人民出版社, 2008: 80.
③ 中华民国约法 [J]. 浙江公报, 1914 (800): 2-7.

《约法》以总统为中心，设置了一套新的机构系统，主要有总统府、参政院、立法院、审计院、平政院等权力机关，以及将军府、蒙藏院、法律编查会、币制局等其他机关。但这些机关几乎都依附于总统，要么以服务总统职权为要旨，要么以总统咨询为职任。总统府下设政务机关与军务机关，政务机关为政事堂，前身为国务院，各部呈报的事务都交由政事堂处理，军务机关为陆海军大元帅统率办事处。参政院为咨询机关，应大总统要求审议重要政务。立法院为《约法》规定的立法机关，但及至《约法》被废止，都未成立，其权力一直由参政院代行。审计院从原有的审计处独立而来，兼审计与监督财政之责。平政院主管行政诉讼以及纠弹事件的审理，平政院下设肃政厅，主要负责对吏治进行监察。审计院与平政院、肃政厅都是小而精致的机构，直接隶属于总统，有利于总统对国家权力的控制。

　　在行政制度上，《约法》对各部官制进行了改革，将行政权力集中于总统手中。在临时约法时期，各部总长为国务员，由其组成的国务院负实际政治责任，而在约法时期，各部直隶于大总统，各部总长的地位随之降低，并且重要事项须向大总统请示，使得在事实上，各部总长已成为总统行使统治权的代表人，失去了独立地位。①

二、议会弹劾制的消亡

　　在《约法》构建的体制中，表面看来，临时约法中的参议院被参政院取代，但实质是参议院消失了。这两个名称只差一字的机关的职权在本质上不同。参政院失去了它独立的立法权，也失去了它制约政府的弹劾权。《约法》中，立法院名为立法机关，由大总统召集，但大总统可以解散立法院。立法院对政府无弹劾权，如对政府行为有疑义时，可以要求大总统答复，而大总统认为属于秘密事项时，可以不答复。如果立法院坚持要大总统答复，必须经 2/3 以上的议员同意，但总统经参政院的同意，可以不公布答复。如果大

---

① 钱端升等. 民国政制史（上）[M]. 上海：上海人民出版社，2008：84-85.

总统涉嫌谋叛行为，立法院可向大理院提起弹劾诉讼。可见，立法院只有立法一项职权，其监督职权已被剥夺殆尽，这与当时实行总统制的国家完全不同。① 原参议院的部分立法权被立法院取代（立法院的立法权并非独立行使），但它的议员弹劾权却无任何新的机构取代，这标志着运行短短两年的弹劾制度被彻底废止。

1. 议会弹劾的批评或质疑之声

议会弹劾制度被废止，从根本上说，是共和政制向集权政制转型的结果，但并非没有舆论基础。从很大程度上讲，政府利用了当时一种强烈的反对议会弹劾的舆论，从而轻松地将其抛弃。议会的弹劾权是三权分立政治框架下，用以平衡行政权与立法权的有效手段。民国初年的议会弹劾也曾发挥过对高官的监督作用，但在没有形成议会政治的情形下，议会的弹劾无法对行政产生实质影响，由此导致议会频繁弹劾，反而暴露出议会弹劾制度的不足之处。

对议会的弹劾，国人多表示反感，他们并不反对这种制度，只是对中国式的议会弹劾极度不满。"计开院以来，提起弹劾案已二次，皆以议员不及额，而未成立。吾人熟考各国内阁责任思潮之变迁，不能不叹《临时约法》法理根据之陈腐，而参议院之不学无术，轻于尝试，徒坠议院之声价，启政府侮玩之心，并此笨伯之弹劾权，亦几于不能行使，实不足代表吾民之真意，而尽其监督政府之机能也。"②

2. 议会弹劾制度被抛弃的主因

议会弹劾制度未被《约法》沿用有两方面的原因。第一，在政治上，袁世凯想要建立中央集权的政治制度，实现"超总统制"，由此必须保障行政权不受立法权制约。议会对总统以及国务员等的弹劾会使行政权力的行使不稳定，在这种情况下，袁氏政府不允许存在能够有效制约行政系统的权力，即议会弹劾权。尽管《约法》在形式上仍然承认立法院拥有对总统的弹劾

---

① 新约法与旧约法之比较 [J]. 夏星, 1914 (1): 5.
② 临时约法上之弹劾问题 [J]. 宪法新闻, 1913 (2): 1.

权，总统的行政权仍然会受到约束，但在实践中，议会很难实现对总统的制约监督。第二，议会弹劾制度本身具有缺陷。首先，不论在中央议会还是地方议会的弹劾案中，都能发现弹劾权与不信任投票权混用的情况，但由于《临时约法》并未规定议会拥有对内阁的不信任投票权，致使议会只能频繁使用弹劾权，因此议会弹劾的权威性受到质疑。其次，议会弹劾缺乏审判程序，它既不同于美国的总统制，亦不同于英法的内阁制，而是更接近于中国古代的纠举制。在弹劾案中，议会提出对官吏的弹劾，随即咨请政府查办，在议会缺乏主导权的情况下，多数弹劾案并未对当事人产生实际影响，亦未进入审判程序。地方议会的多数弹劾案是针对官吏的违法、纳贿行为，但在缺乏程序法的情况下，弹劾案最终流于形式。

综上，在袁世凯意图实现中央集权和肃清吏治的愿景下，议会弹劾未被纳入《约法》成为必然。

第四节　肃政监察制的创设

按照《临时约法》的设计，民国的吏治主要有两种机制：一是权力之间的制约机制，即议会对政府违法失职行为的弹劾；二是权利对权力的监督机制，即平政院对人民告诉告发的官吏违法侵权行为提出控告。但议会制度被废止之后，吏治中的权力制约机制也随之消失。为了弥补这一缺失，1914年约法会议按照总统袁世凯的意愿，创设了一个具有复古意味的监察机关，即肃政厅。

一、肃政监察制之初设

肃政监察制初创于1914年3月31日公布的《平政院编制令》。但在此前，特别是国会"瘫痪"之后，就有人主张此制。1914年前，有人曾向政府提议设立一个类似于传统御史台的机构，以监察官吏。最初政府很以为然，后来此议作罢。1914年1月29日，总统府军事顾问徐绍桢向政府提出建议，请求设立御史台，规复御史台旧制，其理由是"议会既已停滞，政府设施漫无稽核，殊非所宜"①。徐绍桢的条陈受到袁世凯的首肯，袁世凯曾说过："今日又无都察院，官场利弊无人举发。"② 所以对于徐绍桢的呈请，袁世凯是"已确有允行意"，仅仅是考虑机构或官职名称，以及拟任官员人选。③ 1914年2月，袁氏政府在重新起草平政院编制条例时，采纳了设立监察机关的建议，拟设置专门监督官吏之职。该机关的性质与御史台相仿，即在院中设监察官，其职权包括：一是"大总统特交平政院查办之官吏违法事件，应按实查，呈复大总统核夺"；二是"监察官自行发现之官吏违法事件，应一面具呈大总统纠弹，一面报告平政院"；三是"人民向平政院陈诉之官吏违法事件，应斟酌情形轻重或向大总统纠弹，或径向平政院纠弹，或批斥不允"。④ 3月末公布的《平政院编制令》将流传于社会的监察制度予以落实。4月2日，大总统袁世凯在"总统令"中强调：

  迨改革以来，秩序未复，贪猥杂进，纲纪荡然。当局者恒滥用威权，同列者辄扶同徇隐。用人以爱憎为取舍，而公论不彰，判事以喜怒为是非，而真情益失。甚至管榷者从事侵渔，典军者寖多骄蹇。流弊所趋，成为风气，法令所布，视等弁髦。中央勤求民隐，岂能一体周知，小民徒报烦冤几至无从呼吁。本大总统有拯溺救焚之愿，而莫收扬清激浊之功，窃甚愧之。推原其故，固由于官规之弛靡，流品之溷淆，抑亦由行政诉讼未经专设机关，贤者或蔽于见闻，不肖者尤便于回护，将欲惩奸剔蠹，宜先救弊补偏。……亟应将平政院从速议置，并参酌旧制，体察国情，于该院设置肃政厅，俾于行政审判之外兼有纠弹官吏之权，期挽颓风而臻上理。⑤

---

① 请规复御史台旧制 [N]. 申报, 1914-01-30 (0006).
② 北京电 [N]. 申报, 1914-02-16 (0002).
③ 北京电 [N]. 申报, 1914-02-16 (0002).
④ 监察官代行御史台之职权 [J]. 大同报, 1914 (10): 51.
⑤ 大总统令 [J]. 政府公报, 1914 (684): 8-9.

其实，在最初的平政院草案中，并无监察制度的设想。据考证，平政院之设源于1912年3月11日颁布的《临时约法》，其中有"人民对于官吏违法损害权利之行为，有陈诉于平政院之权"的规定。根据此规定，法制局便开始起草有关平政院设立和运作的法规。直至1912年9月起草出《行政审判法草案》，其中第一章"行政审判之编制"，实际就是关于平政院编制的设立。① 后因政制的变革，此草案被废止。1913年12月重新起草的《平政院编制条例》，不知何故又被废弃。1914年2月又重新起草《平政院编制令草案》②，这才是后来公布的《平政院编制令》的最终版草案。在1912年的草案中，平政院只是一个行政裁判机关，并无肃政监察之设。1913年的草案开始创设肃政监察制。从篇章布局来看，该草案较为重视肃政监察制的设立，四编都涉及有关肃政厅的规定，如第一编为"平政院及监察厅"，第二编为"平政院及监察厅之官吏"，第三编为"平政院及监察厅事务之处理"，第四编为"平政院及监察厅行政之监督"。而1914年的草案共23条，未细分章节，其内容与后来公布的《平政院编制令》最为接近。

在前两个草案中，监察机关皆被命名为"监察厅"，即均在第6条规定"平政院设置监察厅"。1913年草案第12条规定："监察厅之管辖区域与其所附设之平政院同。"同时规定："监察厅置监察官，其职权如左：（一）就于行政事件之单纯违法者，依告发或以职权提起诉讼；（二）就于行政事件之违法并侵害权利者，依告诉或以职权提起诉讼；（三）就于行政事件之单纯侵害权利者，依告诉（或以职权）提起诉讼；（四）监视裁决之执行。"第13条规定："监察厅对于平政院独立行其职务。"

1914年草案第8条规定："平政院监察官之职权如左：（一）大总统特交平政院查办之官吏违法事件，应按实查，呈覆大总统核夺；（二）平政院监察官自行发现之官吏违法事件，应一面具呈向大总统纠弹，一面报告平政院；（三）人民向平政院陈诉之官吏违法事件，应斟酌情形轻重或呈向大总统纠

---

① 蔡鸿源．民国法规集成（第15册）[C]．安徽：黄山书社，1999：285-319．
② 平政院编制令草案[N]．盛京时报，1914-02-26、1914-02-27．

弹，或呈向平政院纠弹，或批斥不允，但下二项须汇呈大总统鉴核；（四）遇有情节重大关系治未便泄露者，准密呈大总统核夺。"第9条规定："监察厅对于平政院独立行其职务。"第17条规定："监察厅不得干涉审判或兼掌审判事务。"

正式的《平政院编制令》于1914年3月31日公布，与之前的草案相比，其保留了监察机关独立履行职务的规定，正式的编制令第12条规定："肃政厅对于平政院，独立行其职务。"第10条规定："平政院之裁决，由肃政史监视执行。"第20条规定："平政院肃政史，不得干涉审理或兼审理事务。"其他规定与草案有许多不同之处：首先是监察机关的称谓，由草案中的"监察厅"改为"肃政厅"，"监察官"则改为"肃政史"。其次是提起纠弹的方式，正式的编制令中并未涉及肃政史提起纠弹的方式与纠弹对象，这些都由《纠弹法》另行规定，在《纠弹法》中，肃政史依旧是依告诉或依职权提起纠弹，但仅向总统报告，删去了1913年草案中向平政院报告的规定。再次规定了纠弹范围，即"平政院肃政史依纠弹条例，纠弹行政官吏之违反宪法、行贿受贿、滥用威权、玩视民瘼事件"（第9条）。最后规定了肃政史的任职资格、任命与选拔方式、禁止从业范围等。

1914年5月1日，肃政监察制度被写入《约法》，正好与确立了总统集权制的《约法》相符。《约法》确立了监察权与国家的其他权力平行，并一起依附于总统职权的配置，但监察权专注于对政府官员的违法失职行为进行管控。《约法》第43条规定，国务卿、各部总长有违法行为时，受肃政厅之纠弹及平政院之审理。

肃政监察制的创立有两方面的原因：一是民国初年政治腐败，迫切需要"肃清吏治"，建立有效的监督机制；二是在民国初年的大环境下，肃政监察制度较议会监察制度而言，更适合当时的政治环境。从制度的设计到监察后的惩戒，肃政监察都优于议会监察。这不是说议会监察制度不好，而是它并不适合民国初年的大环境，肃政监察制度更容易落到实处。在《临时约法》施行时期，议会以及各省的弹劾泛滥之风佐证了民国初年的政治腐败，虽然其中部分是对"失政"等政治原因的弹劾,但对官员违法纳贿事项的弹劾也并不少,因此建立一项监督官吏合法合理行政的制度是确有必要的,特别是在民国初年百废待兴时期,更需要政治上的清明。在《约法》施行时期,议会失去对官吏的弹劾权,但这并不意味着放弃对官吏行政的监督,只是由外部立法权监督转变为肃政监察。

在《约法》确立的威权政治下,肃政监察的权威性来源于总统,且肃政监察权的有效行使会受制于总统。肃政监察权与孙中山提出的"五权宪法"中的监察权地位类似,与立法权和司法权并立,但权力的来源并不相同,以至于监察权的效力与公信力不同。肃政监察制度并非对传统御史监察制度的沿袭,传统皇权下的御史监察制度,其监察权力来源于皇权,对皇权下的行政与司法进行从上而下的监督,在司法行政合一的中国古代,御史监察制度可以被称作行政系统的内部监督。而肃政监察制度是西方法治思想与中国传统御史监察制度结合的产物,借鉴了西方监察制度中有关专门的监察机关独立行使监察权的做法。

肃政监察制度与审计制度、文官惩戒制度、刑事审判制度形成有机联系,一个监察案件往往依赖其他制度的衔接,使肃政监察职能得到充分的体现。在肃政监察制度中,肃政厅不仅承担着纠弹职能,亦承担着行政公诉、行政裁决执行的监督职能,这与中国古代和西方国家的监察制度有着明显的区别。

二、肃政监察制的规范体系

肃政监察制不是一般的政治制度,而是重要的法律制度,这是此制区别于古代监察制的重点。其主要表现是,该制是伴随着一系列法律、法规、规章的制定建立起来的。

1914年4月中旬,国务院内设立了临时筹备机构,着手筹备平政院与肃政厅的建立。有关肃政厅职权行使的法令《纠弹条例》亦先行出台,各地有权密荐平政院评事与肃政厅肃政史的主体也在积极推荐中,至4月

20日,肃政史的密荐人数已超过定额的3倍多。5月7日,16位肃政史的人选最终由大总统确定,并发布任命。5月26日—28日,各肃政史正式到京就职。

在肃政厅组织机构筹备完毕后,相应的配套法令亦逐步完善。1914年7月20日,政府以法律的形式颁布了《纠弹法》,代替了之前适用的《纠弹条例》。《纠弹法》与《纠弹条例》相比,内容更加完善,其中最大的区别是前者在肃政史依职权纠弹的内容以及有关回避制度的规定上均有不同。在《纠弹条例》中,肃政史纠弹的内容为官吏的违反宪法事件、行贿受贿事件、滥用威权事件、玩视民瘼事件,其中第二、三项可以归为职务违法与犯罪行为,第四项可以归为行政不作为。《纠弹法》第1条将纠弹的对象分为两类,一类是国务卿及各部总长,另一类是一般官员。肃政史针对前一类人员的纠弹内容为违法行为,针对后一类人员的纠弹内容为违宪违法事件、行贿受贿事件、营私舞弊事件、溺职殃民事件。在对纠弹内容的规定上,正式的《纠弹法》将一般违法行为也纳入对官员的纠弹内容中,除此之外,"溺职殃民"的表述较"玩视民瘼"更为准确,现代将其归为玩忽职守罪以及行政不作为,民国时期将其称为"执行职务上的违法行为"[1]。回避制度针对的是总统特交查办的案件以及人民告诉告发查办的案件。

《平政院编制令》确定了肃政厅的性质与地位,《纠弹法》与《纠弹事件审理执行令》《肃政厅询问当事人及证人规则》则进一步规定了肃政史行使职权的对象与内容以及行使职权的方式。随后颁发的《肃政厅处务规则》《肃政厅肃政史办事细则》《肃政厅收发专则》等规定了肃政厅的内部管理规则。与肃政监察相关的法令如表1所示。

---

[1] 杜师业.《约法》第四十三条与纠弹条例之解释问题[J].中华杂志,1914(3):1-6.

表 1　肃政监察相关法令①

序号	法令名称	颁发或批准时间
1	平政院编制令（教令第39号）	1914年3月31日
2	纠弹条例（教令第48号）	1914年4月10日
3	行政诉讼条例（教令第68号）	1914年5月17日
4	纠弹法（法律第4号）	1914年7月20日
5	诉愿法（法律第5号）	1914年7月20日
6	纠弹事件审理执行令（教令第170号）	1914年7月20日
7	行政诉讼法（法律第3号）	1914年7月20日
8	官吏犯罪特别管辖令（教令第180号）	1914年7月20日
9	肃政厅处务规则（教令第115号）	1914年8月10日
10	肃政厅书记处办事细则（肃政厅饬11号）	1914年8月14日
11	肃政厅收发专则（肃政厅饬12号）	1914年8月14日
12	肃政厅保管案卷专则（肃政厅饬13号）	1914年8月14日
13	肃政厅收案及售状专则（肃政厅饬14号）	1914年8月14日
14	肃政厅总会议规则（肃政厅饬）	1914年8月
15	肃政厅询问当事人及证人规则（肃政厅饬）	1914年8月
16	官吏违例惩罚令（教令第119号）	1914年8月19日
17	肃政厅肃政史办事细则（肃政厅通告）	1914年9月
18	肃政厅告诉告发章程（肃政厅通告）	1914年9月
19	修正官吏犯罪特别管辖令（教令第138号）	1914年11月11日
20	平政院肃政厅行政权限管理办法（肃政厅通告）	1916年3月

这些法律法规和内部管理规范的陆续出台，标志着一个相对完整的监察制度已经成型，并具有可操作性。

---

① 笔者根据1914年《政府公报》、《司法公报》以及《时报》等报纸上登载的相关法令制成该表。

第二章

肃政监察的组织模式

第一节 平政院与肃政厅

民国初年肃政监察制的组织名称为肃政厅,而肃政厅又设置于平政院之下,因而从形式上讲,平政院应为肃政厅的上级组织机构,所以在讨论肃政监察的组织模式时,应当从平政院的设置开始。

一、平政院的创设

政府设立平政院,以此创立行政裁判之制,其本意较为单纯,即比照立宪国家的体制特点,创设整饬吏治的新制,以别于前清的吏治体制。因而国民普遍认为,平政院之设立"即为整饬吏治之先声"①。此制本身具有监督官吏的功能,因而在创立初期,即受到国民的普遍拥护。②但本国并无此制的传统渊源,其模式只能远仿欧洲,或近取日本。日本维新之初,行政裁判之权由司法兼摄,1907年制定行政裁判法,仿照欧洲专门设立行政裁判机关。1912年后期,临时政府法制局就以近邻日本为样本,拟定《行政审判法草案》,但此草案"系抄写一篇日本之行政裁判法,惟多设地方一级"③。

---

① 论设立评平政院事[J]. 民国汇报,1913(2):5-6.
② 有国民认为:"今者民国新定,为官吏者,满清旧吏居多。在专制时代为贪赃枉法之辈,在共和时代能遽改而为良史乎!彼等之不能为恶者,有吾民所定之法律在耳。虽然法律者,无形之物,不能拒官吏之为恶,故吾民当随法律之后,以保护法律,以监督官吏,则吾民应尽之责任也。"参见榴梁. 敬告国民敬告官吏[J]. 共和言论报,1912(1):1.
③ 平政院编制之大略[J]. 大同报,1912(41):34.

1. 平政院设立之争

平政院的创设,早在1912年《临时约法》公布后就着手进行。在最初的制度设计中,平政院只有行政审判职能,并无监察职能。在创立行政裁判制这一点上,国民意见几乎一致。但在是否设置行政法院这一问题上曾有过比较激烈的争论。争论的焦点在于行政裁判适用何种制度,是采用英美的"一元制"抑或日法的"二元制",分歧来源于各自所代表的法系阵营具有不同的法治理念。英国与美国的行政诉讼都采用普通法院模式,遵循公法与私法没有严格区分的原则,公民与政府之间的关系受同一法律支配、同一法院管辖。王宠惠与章士钊受英美法系的影响,认为民国初年的司法制度应当参照英美法系,由普通法院承担所有诉讼功能,政府在法律上不应享有不必要的特权与豁免。王宠惠认为:"行政法者,即官吏与人民于法律上为不平等也,其反乎宪法之原则熟甚焉。其所谓权者仅利及于一部分官吏而已,而其弊之多,故我国不应采用行政法院派,可不待再计而决也。"[①] 章士钊则认为:"设一不见于美洲大陆之平政院,使行政权侵入立法权,则约法所予吾人之自由者,殆所谓猫口之鼠之自由。"其他支持"一元制"的学者持有以下观点:(1)司法应独立于行政。平政院属于行政系统的一部分,具有行政监督的性质,上级行政机关拥有对下级行政机关所作行政行为的撤销权或变更权,平政院只拥有审理行政诉讼案件的权力,并无对政府行为的处分权,与普通法院的权限无异。在依据行政法与民刑法对诉讼案件进行审理的情况下,"则无论行政诉讼与民刑诉讼,普通法院皆有审问之权",而"主张特设平政院以专理行政诉讼之议者,全在扩张行政官吏法律外之特权"。(2)避免行政特权。从诉讼当事人资格上来说,否定行政机关具有"人格"能够成为独立的诉讼当事人,认为国家并不能作恶,行政机关依据行政法规进行的处分不能超越其职权,"官吏行政,如有违法举动,自当以官吏本身负责官厅,安能代人受过,官厅既不任咎,则行政诉讼之被告自属官吏,绝非官厅

---

① 王宠惠. 王宠惠法学文集 [M]. 北京:法律出版社,2008:14–15.

明矣",主张"官吏一为被告应即降为私人资格,与诉讼者立于平等之地位",应当将行政诉讼归于普通法院,痛斥"主张行政诉讼不属于普通法院司理者,是欲以官吏蒙官厅之虎皮,而托平政院以为回护,谓非享有一种之特权何哉"。①

宋教仁、梁启超等则深受大陆法系影响,主张效仿法国与日本,采用行政法院与普通法院分立的"二元制",认为在当时的法治环境下,人们缺乏对法律的普遍信仰,司法力量薄弱,如果再赋予法院管辖行政诉讼的权力,不仅成效不大,反而可能会影响司法独立性。②张东荪在《行政裁判论》一文中论及设置独立的行政裁判机构时称:"国家与个人之关系,与个人相互之关系不相同,不能应用民法,而官吏对于国家及私人之关系亦有非刑法所适用者,故不得不以行政法为实体法,尤不得不另设行政裁判法以解决行政行为上之纷争,因之行政裁判所立焉,而于司法之外执行其特有之权也。"③日籍顾问有贺长雄在《共和宪法持久策》一文中从行政权的特殊性角度论证行政法院与普通法院分立的必要性,他认为,行政官在法律所规定的范围内有自由裁量权,但自由裁量限度由行政官掌握,因自由裁量权的行使而违背法律、损害行政相对人权益的,应当有保障行政相对人权益的诉讼途径,这是建立行政裁判制度的原因之一。如果行政诉讼与民事诉讼、刑事诉讼同为普通法院的审判范畴,那么"各部及各省之行政事务,均被束缚于独立不可干涉之法官,而行政官原有之自由裁量之权,所谓察时势之所宜、考地方之情况,便宜行事,以求达法律之目的者,强半归于消灭也"④。

在《临时约法》中,行政裁判采用的是大陆法系的做法,设立了专门的行政裁判所。《临时约法》第10条规定:"人民对于官吏违法损害权利之行为,有陈诉于平政院之权。"第49条规定:"法院依法律审判民事诉讼及刑事诉讼。但关于行政诉讼及其他特别诉讼,别以法律定之。"但由于各种原

---

① 汪叔贤. 论平政院说明不必特设平政院之理由 [J]. 庸言,1914(4):4-7.
② 邱之岫. 民国初期行政法院发展史研究 [M]. 北京:知识产权出版社,2014:26.
③ 张东荪. 行政裁判论 [J]. 庸言,1913(23):1-13.
④ [日] 有贺长雄. 共和宪法持久策 [J]. 法学会杂志,1913(8):1-7.

因，在临时约法时期，并没有设立平政院以建立起行政诉讼制度。及至1914年，《平政院编制令》《纠弹条例》《行政诉讼条例》《诉愿法》等系列法规陆续制定并实施，临时约法时期未完成的行政诉讼和行政审判制度最终形成，并且在行政诉讼制度的基础上，增设了监察制度。

2. 平政院的组织形式

1914年3月31日公布的《平政院编制令》确立了平政院的地位与性质、内部组织规则、任职条件等。[①] 根据该令第1条，在纵向上，平政院隶属于大总统，属于威权政治下行政机构的一部分；在横向上，平政院与司法机关相互独立，如在民事赔偿以及刑事惩罚等方面，"不妨及司法官署之行使职权"。在机构上，平政院设置了3个审判庭，负责行政诉讼案件以及纠弹事件的审理；设置了独立于平政院、直属于大总统的肃政厅，负责对官吏提起纠弹、监视平政院裁决的执行，并兼具行政检察的职能，依法对未陈诉的行政案件提起行政诉讼；还设置了处理庶务的书记处，负责诉讼记录、文牍、会计、统计及其他庶务。除此类常设机构外，平政院还包括平政院总会议、肃政史总会议以及惩戒委员会。惩戒委员会属于非常设的行政惩戒裁判机构，是对平政院、肃政厅进行惩戒的非常设组织，一旦有相关人员涉及惩戒事件，则由大总统在平政院院长及大理院院长中选任一人为会长，另在平政院评事、肃政厅肃政史、大理院推事以及总检察厅检察官中选任8人共同组成惩戒委员会。

尽管平政院及肃政厅在机构设置上十分精简，但在人事方面十分严格。在任职方式上，平政院院长以及都肃政史由大总统直接任命，平政院评事由大理院院长、平政院院长、各部总长及高等咨询机关密荐，再由大总统从中选择15人任命，肃政史的择取方式与平政院评事相同，人数定额为16人。在任职资格上，平政院评事以及肃政史须任荐任官以上行政职务2年以上且有卓著成绩，或者任司法职务2年以上且有卓著成绩，并且在担任评事及肃

---

① 平政院编制令[N]. 新闻报，1914-04-07（0002）.

政史以后，不能参与政治结社和政坛集会，也不能成为国会及地方议会议员、律师或商业执事。

根据《平政院编制令》《平政院处务规则》《肃政厅处务规则》，平政院的主要组织机构以及人员配备如图1所示。

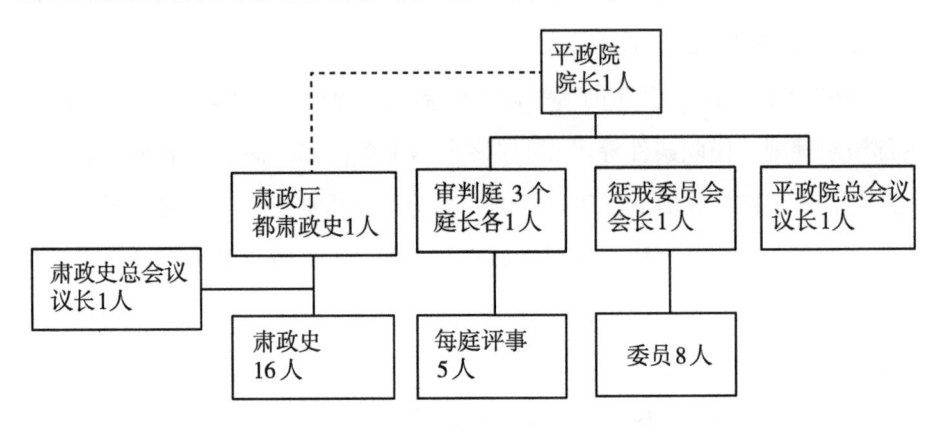

```
                        ┌─────────────┐
                        │  平政院      │
                        │  院长1人     │
                        └──────┬──────┘
        ┌──────────┬──────────┼──────────┬──────────┐
        ┊          │          │          │          │
    ┌───┴───┐  ┌───┴───┐  ┌───┴───┐  ┌───┴───┐  ┌───┴───┐
    │肃政厅  │  │审判庭3个│  │惩戒委员会│  │平政院总会│
    │都肃政史1人│ │庭长各1人│  │会长1人 │  │议议长1人│
    └───┬───┘  └───┬───┘  └───────┘  └───────┘
┌───┴───┐      │          │
│肃政史  │  ┌───┴───┐  ┌───┴───┐
│总会议  │  │肃政史  │  │每庭评事│  │委员8人│
│议长1人 │  │16人   │  │5人    │
└───────┘  └───────┘  └───────┘
```

图1　平政院主要组织机构与人员配备

3. 平政院的职权

在名义上，平政院的职权可分为两部分，一部分为行政诉讼案件审理权与纠弹事件审理权，另一部分为由肃政厅行使的纠弹权、行政公诉权与行政裁决执行监督权等，但由于肃政厅的独立性，严格意义上专属于肃政厅的权力并不属于平政院。因此，在实际上平政院行使的职权只有行政诉讼案件审理权与纠弹事件审理权。

根据1914年7月20日公布的《行政诉讼法》[①] 以及《诉愿法》[②]，平政院对以下事项具有行政审判权：中央或者地方的最高级行政官署进行违法处分，导致人民的权利受到侵害，由人民主动陈诉至平政院者；中央或者地方最高级行政官署的违法处分，致使人民权利受到侵害，经人民依《诉愿法》诉愿至最高级行政官署，但不服其决定者，可诉至平政院；肃政史对于上述可以提起行政诉讼，但经过陈诉期限而未诉者、经过诉愿期限而不诉愿者，

---

① 行政诉讼法 [J]．政府公报，1914 (793)：20-24．
② 诉愿法 [J]．政府公报，1914 (793)：26-29．

可于期限届满后 60 日内提起行政诉讼。平政院不受理要求赔偿的诉讼，当时也并未有国家赔偿法之类的法律来救济人民已受到的财产损失。除此之外，平政院能够依法审理纠弹事件。

在诉讼制度上，平政院实行一审终审制度，经平政院裁决后不得提请再审。行政诉讼的双方当事人，一方为人民或肃政史，另一方为行政官署，行政官署特派委员作为诉讼代理人出席审判，审理案件的程序参照法院的诉讼程序。平政院的裁决，有拘束与裁决事件相关联者的效力。平政院所作出的行政诉讼裁决的执行程度是评价该制度的重要标准。根据《平政院裁决执行条例》[①]，行政诉讼裁决的执行由肃政史监督，平政院只能作出变更或取消行政官署所作违法命令及处分的裁决，这两种形式的裁决结果在作出后，呈大总统批令，主管官署执行。如主管官署不予或者不按照裁决执行，将会由肃政史提起纠弹，请付惩戒；如果涉及刑法，则由平政院院长呈大总统交司法官署执行；如果仅涉及惩戒命令，则由平政院院长呈大总统以命令行之。

二、平政院下的肃政厅

1. 肃政厅的设立

中华民国成立后，即废除了清末都察院制度，代之以议会弹劾制。袁世凯任大总统后，议会制被废止，议会弹劾制也自然消失。从客观上讲，议会弹劾制本身也存在弱点。例如，议会本身需要定期召集，而往往在休会期间难以行使弹劾权。此外，议会弹劾往往不能做到由上至下对整个庞大的行政系统进行有效的监督，并且在实践中弹劾往往聚焦于高级官员，最终也很难实现其惩戒目的。尽管议会弹劾制曾导致政坛上的一些乱象，但它却是吏治的一把利剑，一旦它被废止，吏治便失去了一个有力保障。官吏骤然失去监督，官场的贪腐现象可能迅速滋生。实践中，在议会弹劾制被废止后，各级官吏滥用职权、卖官鬻爵的现象更为严重。

---

① 平政院裁决执行条例［J］. 内务公报，1914（10）：70.

中央政府对于官场从过去遗留下来的贪腐现象，一直保持高度的警觉。袁世凯曾训诫当时的大小官吏"偷惰旷官，奢靡害俗，瞻循误事，嬉游耗时"①，并指出吏治的弊端，如任官无法定的资格与程序，官吏队伍混杂，基层官员玩忽职守，行政管理秩序混乱，中央官员更是贪赃枉法、尸位素餐。同时意识到官吏贪腐会危及政权的稳定，在当时中国内斗不断的情况下，更需要一个强有力的政府来建立稳定的秩序，拨乱反正、重建官箴、恢复秩序。② 因此，袁世凯下定决心严肃官纪，建立有效的监督机制。

在肃政厅成立前，中央政府亦采取不少反贪反腐的措施。1914 年 1 月 31 日，为从源头上防止官员相互勾结和鬻官行为，袁世凯发布大总统令，令称："为治之道，首在整肃官常。……国家选拔人才之举，竟视为个人恩私酬报之途，……特明白宣示，厉禁所有考试各员，与受试官吏务宜刺身自爱，共体斯意，不得再蹈前辙致干法纪。"③ 同年 2 月 18 日，就行政官员不作为的现象，又发布大总统令，令称："行政之道，要在修明法度，整肃官常。近年来，纲纪堕弛，……承办员借故刁难，任意延搁，开启请托之端、贿赂之门，积渐甚微，影响至大……"④ 尽管这些行政命令不断发布，但收效甚微。因为缺乏专门的执行机关，再多的法令也只能成为官员的耳边风，不可能真正落到实处。因此，设立专门的监察机关在当时显得十分迫切。

2. 肃政厅的分设与并设之争

在 1913 年平政院成立之时，肃政厅与平政院是分设还是并设，就已经存在争议。当时，主张分设的呼声较高。如有国民认为："肃政厅为弹劾机关，殆如通常审判厅之检察厅也。通常审判厅与检察厅为对等机关，两相对峙，各部相属，此盖由于纠弹主义之结果。审判上不告不理之原则，即由此生焉。欲期审判之公平，诚不能不如是也。今肃政厅乃附属于平政院，实与纠弹主

---

① 天津市档案馆. 北洋军阀天津档案史料选编 [M]. 天津：天津古籍出版社, 1990: 188 – 190.
② 唐德刚. 袁氏当国 [M]. 桂林：广西师范大学出版社, 2004: 99.
③ 大总统令（民国三年一月三十一日）[J]. 政府公报, 1914 (624): 4 – 11.
④ 大总统令（民国三年二月十八日）[J]. 政府公报, 1914 (641): 4 – 5.

义相驰。……预期弹劾之公平,非使肃政厅独立不可。"① 在国民的认知中,肃政厅是与行政审判机关相对的"检察机关",应当独立,而并非因其独立行使监察权而应独立设置机构,这也是当时多数国民的看法。但从各自职能来看,肃政厅的职能确实与平政院的审判职能有许多衔接之处,如肃政厅提起纠弹之后的审理等。尽管肃政厅从成立之初就有分设与并设的争议,但直至肃政厅被裁撤,都未能独立出去。

其实,将肃政厅设于平政院之下还是独立设立,并无实质性的差异。在当局者看来,将肃政厅设于平政院之下,有精简机构之效。同时,也考虑到两个机关的职责和针对的事务本身存在关联。在名义上之所以将肃政厅附设于平政院下,主要还是因为二者皆有整饬吏治之功能,性质相同。平政院作为由宪法所确立的民国初年唯一的行政审判机关,其出发点在于能够满足"民告官"的意愿,而在当时,人民的受教育程度不高,法律意识薄弱,普通民众很难认知到"民告官"中,行政诉讼的受案范围与官吏违法犯罪应予纠弹的受案范围之间的区别。在民众的认知中,一旦政府侵害了自己的权利,就属于"民告官"的范畴,应该诉于平政院。由于当事人认知不足,可能会出现告诉错误的情形,为避免"求告无门",平政院在受理案件的过程中,会将不符合行政诉讼受案范围的情况告知当事人,并引导其告诉告发于肃政厅,同时,类似情况下,肃政厅亦会作出同样的举动。这种设置,实际上是一种便利的措施。

尽管在外界的认知中,肃政厅隶属于平政院,但肃政厅在事实上是独立于平政院的。首先,《平政院编制令》第 12 条规定肃政厅虽设于平政院下,但肃政厅与平政院在职务与财务上均属于相互独立的状态。只不过肃政史的奖惩由平政院决定,以及肃政厅的对外行政事宜,除法律另有规定的,由平政院院长办理。其次,肃政厅与平政院同时直接隶属于大总统,在向大总统呈递文件时,肃政厅无须经过平政院院长,而直接呈递于大总统。肃政厅独

---

① 何亚心. 何亚心致章士钊 [C]. 张卓群,宋佳睿.《甲寅》通信集. 福州:福建教育出版社,2016:39-40.

立于平政院，而不独立于大总统这一点也饱受质疑，外界多认为肃政厅在办案中并不能持中立态度，是大总统的"爪牙"。但不能因这一点就否定肃政厅存在的重要性，章士钊曾言平政院及肃政厅"己身始终附于行政机关，独立之姿，本来无有"①。

三、肃政厅创立的独特性

1. 肃政厅命名之意涵

肃政监察作为中国传统御史监察与现代监察的界碑，是皇权政治转为威权政治并向民主政治过渡的特殊产物。肃政监察制度在设计上本与传统御史监察制度不同，更有别于清末的都察院，但是肃政厅的命名却并未与传统割裂开来。"肃政"一词有肃清政治的含义，武则天称帝期间，曾将御史台改为左肃政台，另增设右肃政台。御史台改名为肃政台，是用以展示新政权的变革和肃政弹劾职能的加强。后唐中宗神龙元年，废左右肃政台，设左右御史台。②

"肃政"二字比"监察"似乎更能表明创立者的愿景，希冀达成"肃清吏治"的目的，"肃政"较之"监察"，更有一种"先破而后立"的意味。在肃政厅成立之际，袁世凯曾以训诫的方式对肃政史发表了一番演说，表达其欲"肃清吏治"，使国家迅速恢复稳定秩序的愿景。他认为："国家之败，由官邪也，故历代皆设言官以纠正之，法良意美，治国者所当取法。"③ 自民国以来，"仕途庞杂极矣，特设肃政史一官，冀有所补救诸君"④。顾名思义，如何发挥肃政史的最大作用以"劝忠国家"，则是肃政史应自我思量之处。前清虽有御史监察制度，但官场仍然败坏不堪，究其原因，虽有多方因素，但御史的不称职，仍然是最大的原因之一。前清御史"即好上章言事者，非奉迎上意，即被人指使，甚至或有人受人金钱运动，故御史台之名誉扫地尽

---

① 章士钊. 甲寅杂志存稿 [M]. 上海：上海书店出版社，1990：22-24.
② 邱永明. 中国古代监察制度史 [M]. 上海：上海人民出版社，2006：223.
③ 总统训诫肃政之演说词 [J]. 教会公报，1914 (263)：68-69.
④ 总统训诫肃政史之演说词 [J]. 教会公报，1914 (263)：68-69.

矣","今诸君皆一时之彦,尤为鄙人素所深知,谅无不克称其职者,要知此后官纪之美恶即诸君之责任,其捐除一切顾忌而实心将事平。鄙人不过受国民委托为行政之首长,苟有过失,亦望有以纠正之"。① 袁世凯对肃政史上任前的此番训示,也是对"肃政"二字的解释。

2. 肃政厅的法律地位

在《约法》和《平政院编制令》的规定中,肃政厅具有独立行使职权的地位,能够独立行使监察权。尽管它的权限范围较小,但并不受制于平政院。肃政厅设立于平政院之下,最初是因两者在职能上有衔接紧密之处,需要地缘上的便利,但实际上,地缘上的便利在平政院成立后不久便不复存在了。在平政院筹备之时,曾借用前国务院东院房屋作为办公处,但平政院与肃政厅的机构设置十分完备,前国务院内的办公场地不够,后将西长安街前政治会议接待所作为平政院开院之处。② 在开院结束后,因地方狭小,平政院迁往旧翰林院,肃政厅继续留在前政治会议接待所,自此厅院在地缘上也进行了分离。③

肃政厅设立于平政院下,更多体现的是与平政院的分工负责、相互配合。平政院属于行政审判机构,肃政厅具有行政公诉职能,肃政史在陈诉期限或诉愿期限届满,行政相对人未提起行政诉讼时,须以原告的身份向平政院审判庭提起行政诉讼。同时,在总统将肃政厅提起的纠弹事件交由平政院审理时,肃政厅须同时将所有的案卷移交平政院。此外,肃政厅还具有监督行政裁决执行的职能。当然,既然肃政厅设于平政院之内,那么它们之间也存在联系。例如因地缘相近,为方便公事之间的接洽而每月召集一次平政院评事与肃政史的联合会议。

肃政厅的独立地位还体现在其权责和财务与平政院相分离。根据《平政院编制令》第12条规定,肃政厅对于平政院独立履行职务。又如《肃政厅

---

① 总统训诫肃政史之演说词 [J]. 教会公报, 1914 (263): 68 - 69.
② 内务总长朱启钤呈大总统筹定参政院立法院及约法会议平政院地址文 [J]. 大同报, 1914 (27): 32 - 33.
③ 专电 [N]. 时报, 1914 - 06 - 03 (0003).

55

处务规则》第17条规定，肃政厅的各种办事细则由肃政厅自定之。都肃政史对肃政厅的大小事务有最终决定权。在官等上，平政院院长与都肃政史都是由总统任命的特任官。因此，虽名义上肃政厅隶属于平政院，但实际上两个部门处于同等地位。除此之外，肃政史在执行公务期间的所有请示，都直接由都肃政史批复决定，平政院并不能进行干涉。在财务上，肃政厅的所有预算决算都由肃政厅会计科在都肃政史的主持下进行，都肃政史只须向平政院报备即可。根据《民国财政史》的记载，平政院与肃政厅的经费是分别进行核算的，其每年经费平均约为15万元。①

3. 肃政史与平政院评事联合会议

肃政史与平政院评事联合会议是连接肃政厅与平政院公共事务的重要组织，但是，它不是平政院与肃政厅之间的共同职能组织，而是体现二者在一般事务上沟通衔接的组织，相当于现代的"研讨会或联席会"。这一组织在《平政院编制令》及其草案中均未出现，是肃政厅与平政院为方便公事上的接洽而组织起来的。1914年6月，肃政厅与平政院因"无适宜之房屋足容两机关之分配"而分开办公。在平政院迁出后，为了方便公事上的接洽，由平政院拟定了"联合会议规则"。该规则规定："无论有无重要问题，每月合评事、肃政史会集一次，其他地点则或在院或在厅间次轮流，开以星期一为开始实行之期，将会集于平政院。"② 该联合会议的地点在肃政厅与平政院之间轮换，这表明平政院并未因肃政厅的附设而主导肃政厅。

联合会议开议的事项并没有明确的规定，凡是涉及两机关的公务以及其他与公务相关的事项都能进行讨论。联合会议除每月开议一次外，如遇特殊情况，也可以临时召开。如1915年11月4日与6日的《时报》专电称，肃政史与评事的联合会议曾于3日内召开两次，11月2日"平政院评事与肃政史在平政院开联合会议讨论政务"③，11月4日"肃政厅开临时会议，出席

---

① 贾士毅. 民国财政史（上）[M]. 北京：商务印书馆，1934：62.
② 评肃政史之联合会 [N]. 时报，1914-12-10（0006）.
③ 专电 [N]. 时报，1915-11-04（0002）.

者，平政院评事30人、肃政史16人，闻所议为关于国体投票之监察，及民国会议选举之稽查各事项"①。由此可见，联合会议的召集与开议比较容易，开议内容也相对公开透明。

第二节 肃政厅的组织架构

一、肃政厅的职能组织

肃政厅分为分管业务的业务层与分管庶务的庶务层，分别构成肃政厅的职能组织与事务组织。根据《肃政厅处务规则》与《肃政厅书记处办事细则》等，肃政厅的职能组织机构如下：

1. 肃政厅总会议

肃政厅总会议是肃政厅的最高职权机关，主要负责监察管理规则的制定和监察事务的议决。根据《肃政厅总会议规则》②，该会议以周会的形式由都肃政史于每周二召集，遇有紧急情况时则召集临时会议。肃政厅总会议所能议决的事项范围非常广泛，除法律另有规定的事项，凡关于肃政厅全体的重要事项均能由该会议议决。其中包括修改肃政厅内部组织的管理规则、各项肃政厅内部事务的办事细则、肃政史的办事细则，以及对具有争议的纠弹事件进行议决，等等。除议决具有争议的纠弹事件外，以上内容的修改只需肃政史4人或4人以上提出即能于会上进行议决。总会议通常会提前一天将所需要议决的文件印送各肃政史，讨论议题时须起立发言，在进行议题表决时也要起立。赞成与反对的双方围绕议题进行相互讨论一次后，由议长宣告讨论中止，这种方式能够有效避免争论无休止的情况。总会议采用多数决的方式进行议决，对具有争议的纠弹事件进行议决时，需由都肃政史于文件上依

---

① 专电 [N]. 时报，1915-11-06 (0002).
② 肃政厅总会议规则 [J]. 政府公报，1914 (831)：21-22.

次列衔，如不愿意者，按照各自意愿行事（《肃政厅肃政史办事细则》第22条）。除此之外的其他议题及表决，均由肃政厅的书记官编录并留存。

在肃政厅成立后，肃政史所遇查办与审查的案件多数都不在京内，致使肃政厅总会议议决事项时经常出现缺席状况。多数决的表决方式，和4人即能提出议题（包括提出修改规则的议题），以及肃政厅总会议参会人员时有缺席的情况，使改变肃政厅的办事规则和肃政史的办案程序看起来十分容易。这是该会议制度的一大弊端，但事实上，在肃政厅存续期间，一些重要的肃政史办事细则并没有发生变动，仅对一些能够便民的措施进行了细微的调整。

2. 都肃政史

都肃政史作为肃政厅的最高行政领导，在名称上并未采用现代命名方式将其命名为"肃政厅长"，而是沿用了清朝都察院都御史的称谓。"都"字含有头目、首领的意思，肃政厅的设立本是为了"肃清吏治"，在西方专门监察机关的影响下，融合了清末都察院的改革，因此在制度设计上虽与清末时期的都察院全然不同，但未完全割裂与传统的联系，仍然沿用中国古代的官制称谓。

都肃政史的权力表现在3个方面，一是肃政厅内部的行政管理权，二是主持肃政厅总会议，三是对肃政监察案件的参与。在肃政厅内部行政管理方面，都肃政史拥有对书记处书记官的委任权，而肃政厅的日常管理与运行则主要由书记官负责，根据《平政院肃政厅行政权限管理办法》，都肃政史掌握书记官及其他职员的奖惩，但肃政史的奖惩由平政院院长决定。肃政厅的财务预算与决算由都肃政史决定，但须向平政院院长报备。肃政厅书记处的各科办事细则由都肃政史核定。在主持肃政厅总会议方面，都肃政史负责召集与主持，并具有召集临时会议的权力。

都肃政史在肃政监察案件中的参与权与决定权，是都肃政史最重要的职权。首先，针对两类被动提起的纠弹事件，即大总统认为官吏有违法行为而特交肃政厅的案件与人民告诉告发的案件，都肃政史拥有指派肃政史承办案件的权力。《纠弹法》[①] 第4条规定，都肃政史须指定两名或两名以上肃政史

---

① 法律第四号：纠弹法 [J]. 政府公报，1914（793）：24-26.

查办总统特交的案件。《肃政厅处务规则》①第6条则作出进一步规定：当都肃政史指定的肃政史因事实上（不可抗力）或法律上（《纠弹法》第4条的回避制度等）的原因，而无法承办该案时，得商请都肃政史另行指定。由人民告诉告发的案件的指定规则与总统特交的案件的指定规则相同。

其次，针对被动提起的纠弹事件，当两名或两名以上肃政史对查办或审查的情况持有不同意见时，都肃政史拥有对争议结果的最终决定权。《肃政厅处务规则》第10条及《肃政厅肃政史办事细则》②第13条、第18条规定了各肃政史查办或审查意见不一时，都肃政史有权决定采用何种意见，并将赞同的理由加盖个人名章附于意见书内。

最后，针对经查办与审查，肃政史认为毋庸纠弹的案件，都肃政史拥有处理权。《纠弹法》第5条、第7条及《肃政厅处务规则》第9条规定了肃政史对"毋庸纠弹"的报告书的处理。针对总统特交的案件，在肃政史认为毋庸纠弹的情形下，应向都肃政史报告，并由都肃政史以肃政厅的名义呈复于总统。针对人民告诉告发的案件以及肃政史依职权提起纠弹并进行调查的案件，在肃政史认为毋庸纠弹的情形下，肃政史应详述理由并报告于都肃政史，由都肃政史以肃政厅的名义进行批驳。《纠弹法》第8条规定，人民告诉告发的案件的批驳情况应按月呈报于大总统。

3. 肃政史

肃政厅的特殊地位决定了肃政史有别于司法官与行政官，其最为特殊之处便是肃政史能够独立向总统进呈弹章，而不受都肃政史的钳制，亦不需以肃政厅的名义进行，这确保了肃政史履行纠弹职能的独立性与公正性。肃政史虽为荐任官，但是由总统选任，在待遇上比照行政官但优于其他行政官：一是肃政史向总统上呈的文件可以直呈总统，其他各机关递事呈于总统必须经机要局拆阅后转呈，仅肃政史之封事，能直呈总统，机要局也不能拆阅其中的内容。这一权利由1914年6月24日总统以"大总统令"发布的《肃政

---

① 肃政厅处务规则 [N]. 大公报（天津），1914-08-15 (0010).
② 肃政厅肃政史办事细则 [J]. 政府公报，1914 (853): 28-30.

59

史封呈事件亲加省览》一文确立。① 二是肃政史的俸给优异,颇有高薪养廉的意味。肃政史作为荐任官应当领的俸给在三等至五等之间,但肃政史实际领取的是属于中央行政官官等俸级中的简任官的二等二级俸,都肃政史则领取特任官的俸禄。② 三是肃政史的请假以及销假等事项,均由都肃政史呈总统批令。③

在肃政史的管理方面亦能体现出肃政史有别于司法官和行政官:一是有关肃政史的奖惩方面。对肃政史的惩戒由平政院惩戒委员会决定,对司法官的惩戒由司法官惩戒委员会决定,对行政官的惩戒由文官惩戒委员会决定。二是有关肃政史的人身保障方面。为保证肃政史办案的独立性,《平政院编制令》第21条规定了肃政史除受到刑罚的宣判以及惩戒处分之外,不能强行令其退职、转职以及减俸。肃政史在受到惩戒调查或者涉及刑事案件被命令解除职务,但尚未判决的时候,仍然可以领取一半的俸禄。当肃政史因精神衰弱或其他不能治疗的疾病而无法继续履行职责时,由平政院院长呈请大总统命其退职。三是规定了肃政史的禁业规则。在职期间不能参与政治结社与政坛集会,不能成为国会及地方议会议员、律师、商业执事。同时,肃政史不能干涉审理或者兼审理事务。

二、肃政厅的事务组织

1. 书记处

书记处是肃政厅内部事务组织中最为重要的组织,书记处的日常工作关涉整个肃政厅的运转。书记处设书记官一名,其下设有四科,分别是文牍科、会计科、记录科、庶务科。肃政厅对于案牍的严谨之处在于对肃政厅书记处

---

① 大总统令(肃政史封呈事件亲加省览)(中华民国三年六月二十四日)[J]. 政府公报分类汇编, 1915 (8): 16.
② 肃政史特权[J]. 谠报, 1914 (12): 198 – 199.
③ 都肃政史庄蕴宽呈肃政史余明震销假并请觐见代呈请示(中华民国三年七月十八日)[J]. 政府公报, 1914 (793): 42.

规则的制定，有关书记处的管理规则有《肃政厅书记处办事细则》① 等。肃政厅在日常管理中尤为重视对肃政厅内所有人员的监督，具体表现为肃政史与都肃政史之间的文件传递都会记录在传送簿上。《肃政厅肃政史办事细则》第4条就规定："凡文件由都肃政史交肃政史，或由肃政史送都肃政史，授受间均以传送簿为凭。"除此之外，书记处人员之间彼此授受的文件也以传送簿为凭。同时，肃政史处理案件的所有文件都会抄录一份进行留存。

2. 文牍科

文牍科负责对肃政厅所有的文件进行整理、编辑，是书记处中最重要的一个科室，为其专门制定的《肃政厅收案及售状专则》②《肃政厅保管案卷专则》③ 明确了该科室的职责。文牍科的重要职责有：保管肃政厅的各种公章；编写呈报于总统的月报；保管案卷以及图书公报；收发文件及电报；收受人民告诉告发的案件；校验文件；等等。文牍科呈报于总统的月报主要记载肃政厅对人民告诉告发的案件的批驳情况，每月汇编后由都肃政史呈报。文牍科收发的文件和电报，每日依照摘由簿，会另外缮写一份送肃政史办公室备查。在收受人民告诉告发案件方面，收案人员将每日收到的状纸及其他附件连同收案簿，于次日上午10点，汇送于书记官签拟办法，再转呈都肃政史核定。在保管案卷方面会依照专则进行分档，包括：法令档、职员档、案牍档、月报档、统计档、会计档、庶务档、普通档。总体来说，文牍科是肃政厅中最为重要以及繁忙的科室。

3. 记录科

记录科相对其他科室而言，事务简单，其分管肃政厅的记录工作，包括：向被询问的当事人或证人发送通知书；记录肃政史查办或审查的案件文件；肃政史提起行政诉讼的文书记录以及其他会议记录；等等。1916年6月5日，肃政厅主动提出要求裁撤记录科："本厅性质与平政院迥不相同，平时讯问

---

① 肃政厅书记处办事细则 [J]. 政府公报，1914 (819)：26-27.
② 肃政厅收案及售状专则 [J]. 政府公报，1914 (820)：36-37.
③ 肃政厅保管案卷专则 [J]. 政府公报，1914 (820)：36.

事件甚属寥寥，记录一科几至无所事事，现值国帑如洗，财政极窘之时，理应抑体时艰……请将本厅记录科一科暂行裁撤，所有该科一切事物并入文牍科办理。"① 在肃政厅的实践中，讯问事件较少，并且肃政史提起行政诉讼的情形几乎没有，因此肃政厅主动要求裁撤记录科。

4. 会计科与庶务科

会计科分管有关肃政厅的财务工作，根据《平政院肃政厅行政权限管理办法》，肃政厅的财务独立于平政院，其中肃政厅的预算决算事宜都由都肃政史主持办理，只需报告平政院即可。肃政厅的经费由财务部发放，肃政史及肃政厅其他职员的工资直接由会计科发放，会计科负责肃政厅的所有收支以及保管本厅款项，会计科的预算决算中，开支最大的是肃政史外出调查案卷的差旅费用，但财务自由意味着都肃政史与肃政史在进行相关决策时拥有更大的自主权。庶务科负责肃政厅的日常庶务，如安保、卫生及保存物品等工作。

三、都肃政史与肃政史

1. 都肃政史与肃政史的荐选制度

肃政厅是新成立的机构，在人事上不存在新旧机构之间的裁汰与继承问题。都肃政史与肃政史的荐选制度是由《平政院编制令》所确立的，根据该令第16条，都肃政史由大总统直接任命，肃政史则是根据该令第18条，由条文规定的主体各自制作备选人员名单，秘密呈送大总统，由其择优任命。肃政史的荐选为秘密荐选，荐选主体之间并不知道各自推荐的人选，外界也无从得知候选肃政史是由何人所荐。根据《平政院编制令》，有权对肃政史的人选进行密荐的主体为平政院院长、大理院院长、各部总长以及高等咨询机关，对于"高等咨询机关"具体所指的是哪一机关，并未进一步说明。1914年4月2日的"总统令"表述含糊：除都肃政史系由本大总统任命外，其余肃政史等员"均系由各项长官或最高咨询机关密荐任用。凡有荐举之责

---

① 肃政厅呈奉记录科事物简单拟请裁撤文并批令[J]. 政府公报，1916 (154): 7.

者，务当旁求髦彦，慎选贤良，俾执法不稍旁挠，立言悉袪偏党，共扶国纪，用树风声。其京外在职各员，亦当大法小廉，弼兹郅治，勿存尝试自蹈愆尤，以副本大总统眷怀民瘼、澄叙官方之意"①。

而在实践中，除以上规定的主体外，各省最高行政长官以及约法会议议长也曾来电密荐过肃政史。据统计，各高级行政长官以及有权密荐的主体，密荐的肃政史人数超过16人定额的3倍以上，其中所密荐的人员大半都是前清给事中御史一流，在资格上并不符合《平政院编制令》要求的条件。对于人员的筛选，即使无权密荐的主体所推荐的肃政史人选也并未直接被剔除，而是根据《平政院编制令》第14条的规定进行筛选，一是须年满30岁，二是曾任荐任的行政职务2年以上，并且有卓著成绩，或者曾任司法职务2年以上，有卓著成绩的。由于人数超额，除以上资格外，后大总统又增加两条：一是与京内外简任官以上有亲友关系者不得任肃政史；二是肃政史被惩戒取消资格后，永远不得再次任职。②

肃政史选任时期，袁氏政府制定的《文官官秩令》尚未发布，仍然沿用1912年10月16日公布的《中央行政官官等法》。根据该法，文官的等级按照任用方式来划分，依次为特任、简任、荐任与委任。特任官属于文官的最高等级，由大总统特令任命，一般为国务总理和各部总长。简任官属于高级文官，除各省省长由大总统简任任用外，其任免与等级由各自隶属的主管部门决定并呈大总统批示。荐任官也属于高级文官，其任免与等级由所属长官经国务总理呈请大总统批示。委任官则属于普通文官，其任免与等级则由所属长官决定。③

根据以上分类，各部总长、国务总理、各省最高行政长官，以及由上述人员所选拔的简任官都不能与候选的肃政史有亲友关系。大总统所增加此条肃政史选拔要求，意在令肃政史始终能够保持独立性，能够在民国初年错综

---

① 大总统令[J]. 政府公报，1914（684）：8-9.
② 肃政史任用办法[N]. 生活日报，1914-04-28.
③ 李俊清. 现代文官制度在中国的创构[M]. 上海：三联书店，2007：135.

复杂的政治环境中保持中立，以达到"肃清吏治"的目的。采用秘密荐选的方式，亦是为了保证肃政史不受外界政治斗争影响。

密荐制度虽然能够达到快速网罗人才的目的，在经过重重筛选后，选出德才兼备的人选，但不可避免会因人脉与地缘关系而具有倾向性。在后续的统计中，不难发现肃政史中出现浙江、江苏、湖北等地缘群体，其背后的人际关系更是盘根错节。这种关系网很难保证肃政史在其监察过程中能够保持中立，而候选人与荐选人之间关系的秘密性又使得大众无法对其进行监督，这是密荐制度最大的弊端。同时，自清末改制以后，对于中央一级的审判官，由于其具有专业性，一向不采用举荐的方式。[①] 荐选制度所产生的机构人员的专业性，取决于选拔者的甄别能力，选拔者的个人判断极易影响整个机构的未来。此外，选拔者的非连续性都可能使整个机构出现良莠不齐的现象，从而使其公信力受影响。

2. 都肃政史与肃政史的出任情况

根据《平政院编制令》，都肃政史由大总统直接任命，从1914年肃政厅设立之初，到1916年肃政厅被裁撤，一共有两位都肃政史，分别是庄蕴宽与张元奇。庄蕴宽的任职长达两年，从1914年4月15日到任，至1916年2月10日因故辞职。1914年6—7月，庄蕴宽因故请假，其间由夏寿康担任代理都肃政史一职。张元奇在庄蕴宽离职之后接任都肃政史一职，从1916年2月10日到任，至1916年6月29日肃政厅被裁撤。

庄蕴宽是第一位出任都肃政史之人。此人为江苏常州人，出身举人，曾任浙江布政使，其后任广西梧州知府，曾与黄兴、张謇等人过从甚密。1912年1月10日就任江苏都督，与张炳麟、张謇等组织统一党，任参事。1914年3月18日任约法会议议员，后被袁世凯任命为肃政厅都肃政史。在辞去都肃政史一职后，又于同年4月23日被袁世凯任命为审计院院长。从庄蕴宽的个人经历来看，其并未担任过与司法和监察相关的职务，同时并非袁系一派，

[①] 胡译之.平政院评事、肃政史选任及履历考论[J].青海社会科学，2016（2）：189-198.

并且曾在约法会议三读增修约法案时，提出修正"大总统统揽政治权"，但未被交付讨论，庄蕴宽当即辞职。后袁世凯复辟帝制之时，其联合各方，以都肃政史的名义转呈大总统，请求取消"洪宪"年号，裁撤大典筹备处、参政院，袁世凯将公函退回，庄蕴宽遂愤然辞去都肃政史之职。[①] 可以说，庄蕴宽此人不惧个人威权，且能力卓越，有极高的威望。袁世凯任命此人为第一任都肃政史，除了是对其能力的肯定，更多是考虑此人的威望和正直，大有网罗人才和笼络人心之意。

张元奇接替庄蕴宽成为第二任都肃政史，其任职仅数月。此人为福建闽侯人，光绪十五年（1889年）进士，曾出任监察御史。1907年，因参与弹劾庆亲王奕劻之子载振受贿纳妾一案而闻名，却因此被贬外放至浙江。后经徐世昌保举为奉天民政使，在奉天省成立地方自治会筹办处时，担任监理。民国元年（1912年），徐世昌力保张元奇为内务次长，次年简任福建民政长，1914年5月在政事堂下任职，9月被任命为奉天巡按使。张元奇在任期间颇为廉洁，并且发展实业，政绩卓越，1916年2月被任命为肃政厅都肃政史。肃政厅被裁撤后，于1920年5月任经济调查局总裁。[②] 张元奇出身监察御史，并在任多年，属于专业出身，在肃政厅风雨飘摇之际临危受命，虽然在任时间极短，且因当时政局混乱并未有所建树，但不可否认其才能和品行卓著。就其任命而论，袁世凯并未因当时政局混乱而仓促随意地选任都肃政史，足见袁世凯对肃政监察制的重视。

在现实中，除了都肃政史的任职条件异常严格，肃政史的任职要求也十分严格。根据肃政史的选任规则，候选者必须满足某些基本条件，而候选者人数往往超过定额，实际任职者只是其中的一小部分，其目的是要做到优中选优。从最终任命的人员以及后来候补进肃政厅的肃政史的履历（附录一）来看，肃政史的任职资格侧重于候选者的学问、操守或威望，似乎并不注重

---

① 刘绍唐.民国人物小传（第10册）[M].上海：三联书店，2014：263-271.
② 政协沈阳市委员会文史资料研究委员会.沈阳文史资料（第21辑）[C].沈阳：政协沈阳市委员会文史资料研究委员会办公室，1994：39-52.

肃政史是否具备法律知识。在所有的 23 位肃政史中，绝大多数都是传统科举出身，而接受过新式法学教育的仅有 5 人，其中蹇念益、云书、江绍杰为法学专业出身，夏寿康是在京师大学堂进修的政法，麦秩严曾赴日本考察过政法。相比较而言，平政院负责行政审判的评事则多为法学专业出身。在袁世凯以及当时社会的认知中，肃政厅是监察行政的机构，肃政史具有"监察百官"的职能，对肃政史的要求更多的是刚正不阿，因此威望与名声是选任肃政史的标准之一。其中，多数肃政史曾为约法会议的议员或议院的议员，如蹇念益、夏寿康、夏寅官、江绍杰、方贞等，或曾为前清御史，如周登皞、程崇信、徐承锦等，其余多数也都曾任中央或地方要职，且行政经验丰富，威望声名都颇高。①

在肃政史选定之后，社会评价褒贬不一。当时的质疑主要是针对肃政史的操守，例如肃政史能否做到"守正不阿、持正敢言"。这些声音的出现主要是由于当时社会对肃政厅存在认知偏差，许多人认为肃政厅是前清的都察院，在人选方面应当选用如前清御史江春霖、赵启麟、谢远涵等这样的人，因为其"风骨棱棱，持正敢言，至今国民尚志之不忘"。所以在肃政厅成立之初，一些人对多数肃政史并不认同。客观地说，肃政厅的职能不完全等同于都察院，肃政史在肃政监察中所发挥的作用也不完全等同于御史在纠弹事件中所起的作用。肃政史在调查纠举的过程中，既需要有现代法律知识，也需要有敏锐的"侦查"能力，如此才能真正将贪腐枉法的官员依法惩处。因此，曾在行政与司法未分离的清朝有丰富为官经验的候选人能担此任，而仅有"风骨"但缺乏其他专门知识和才能，并不能在民国初年鱼龙混杂、变幻莫测的官场中发挥出"肃政"的效用。同时，也有国人对肃政史表示赞赏并寄予厚望，如认为"现在所简用者，概属平和稳健一流人物，政府所以望之者甚厚，日后建树未易量也"②。

---

① 肃政史之小史 [J]. 夏星，1914 (1)：9-10.
② 赵勇. 民国北京政府行政诉讼制度研究——基于平政院裁决书的分析 [M]. 北京：中国政法大学出版社，2017：265.

第三章

肃政监察权的配置与扩张

设立肃政厅行使监察权是1914年政制变革后的产物，其主旨在于弥补议会弹劾制被废止后吏治的短板。在1913年年末起草的《平政院编制条例》中，拟设立监察厅和监察官，监察职权仅包含行政公诉权和行政裁决执行监督权。① 这种设计，与中国传统的御史制相去甚远，更接近20世纪以来西方一些国家的监察官制。后来，新订的《平政院编制令》不仅将最初的"监察厅""监察官"更名为"肃政厅""肃政史"，而且其监察职权也发生了变化，加入了中国传统御史的职权。因此，最终配置的监察权既吸纳传统的成分，也具有现代西方监察的成分。

在肃政监察制中，肃政厅的法定权力是由《平政院编制令》所规定的"纠弹权"、"行政公诉权"与"行政裁决执行监督权"。其中，肃政厅的纠弹权是肃政监察制度的主要内容，也是肃政史行使监察权的主要手段。肃政厅的行政公诉权与行政裁决执行监督权，从广义而言，也属于肃政厅监察权的范畴，但严格意义上，肃政厅的"行政公诉权"并非一般监察权，而是一种特别的监督权，肃政史提起行政诉讼只是对人民提起行政诉讼的一个补充。行政公诉权的设立是基于民国初年人民对法治了解不足，以期鼓励人民提起行政诉讼，全面保障人民权益。行政裁决执行监督权则立足于加强行政裁决

---

① 该草案第12条规定："监察厅置监察官，其职权如左：（一）就于行政事件之单纯违法者，依告发或以职权提起诉讼；（二）就于行政事件之违法并侵害权利者，依告诉或以职权提起诉讼；（三）就于行政事件之单纯侵害权利者，依告诉（或以职权）提起诉讼；（四）监视裁决之执行。"参见平政院制之草案［N］．申报，1913-12-12．

的执行力度，确保人民权益得到有效救济。

在法律制度中，肃政厅的监察权配置似乎局限了这一特殊机构能力的发挥，显现不出它的独特地位，因此肃政厅的权力在监察实践中逐步得到了扩张。在实践中扩张的肃政厅监察权，其来源分为两类：一是肃政史主动向袁世凯要求的"政治建议权"，二是袁世凯为整顿吏治而赋予肃政史对特定活动的监察权。肃政史常自比"御史"，认为肃政史除履行纠弹职责外，应当同时行使"谏诤"之权，因此联名向袁世凯上书，要求明令肃政史能够有向总统"谏言"的权力。袁世凯下令确认了该呈文后，肃政史便在行使纠弹权的同时拥有政治建议权，肃政史行使政治建议权的频率仅次于纠弹权。肃政史对特定活动的监察权则一般产生于总统的指令，其中多数是对经济活动的监察，少数是对各省政务的审查。

第一节　肃政监察权的性质认定与配置

一、肃政监察权的性质认定

民国时期，国人对肃政厅职权性质的认定存在争议，归纳起来主要有两种见解：一是认为肃政监察权属于行政监督权，二是认为肃政监察权是与审判权相对应的检察权。在肃政厅设立之后，一种主流的见解是肃政厅的职权属于行政监督权。当时人们的理由是，肃政厅与平政院的职权是相互衔接的，一为提起纠弹，二为裁判，但是提起纠弹要进入裁判程序，都必须经过总统的核准，这就表明肃政厅的弹劾权服务于总统的行政权，是总统监督官吏权力的组成部分。例如有论者指出，平政院是审理纠弹事件的裁判机构，而总统对肃政厅提起的纠弹事件具有是否交由平政院审理的核定权，因此，"肃政厅之机关乃不外一辅助大总统行使行政监督之机关。因而证明约法上之纠弹权之性质非立法的而行政的。盖以特别行政监督制度，是吸收立法部之监督权而行使之者也。易一说言之，即纠弹权之对乎行政为辅助的，而对乎立法部则代替的者也"①。在论者看来，肃政厅具有行政机关的性质，其职权是行政性的，是替代立法监督权的行政监督权。

在民国中后期，国人对肃政厅职权性质的认定提出了异议，认为在性质上肃政厅的职权属于检察权，以此与平政院的行政审判权相衔接。例如，曾任监察院院长的于右任先生就认为肃政厅在组织上属于检察机关，其权力应为检察权。他在《监察制度史要》一书中认为"北京政府时代，有平政院之设，直隶于大总统，为一监察官吏之机关"，其"职掌包括行政诉讼、官吏弹劾诸项，其组织则平政院为裁判机关，肃政厅为检察机关"。② 他从法律规范的角度加以论证，认为平政院的组织结构决定了其行使的权力的属性，平政院行使"审判权"，肃政厅行使"检察权"，分别对应"行政诉讼"与"官吏察理"的职能。他之所以认为肃政厅行使的权力为"检察权"，是因为他根据肃政厅是"发动"纠弹审理的机构，平政院是审理机构，将之类比于法院与检察院之间的关系，而进行的权力归类。但他随后又总结道："（平政院）以一组织而兼有现代监察院、行政法院之任务，职权不为不大。"③ 在这里，他所谓的"现代监察院"是指孙中山五院制中独立行使监察权的监察院，但他将平政院与肃政厅视为一个整体的监察机关，因此并没有直接指出肃政厅的权力属于现代监察权。钱端升的观点与之类似，他也认为"肃政厅一方固为平政院之一机关，他方亦复独立行使其职权，平政院具法院之性质，肃政厅则具检察官之性质"④。

在笔者看来，肃政厅的权力不能因平政院的诉讼审判性质而被简单归为司法权中的"检察权"，也不能因其受制于总统的行政权就将其划入行政监督的范畴。肃政厅就其组织结构、制度规范以及运作机制而言，属于现代意义上独立行使监察权的专门机关，肃政监察权亦不属于行政权或司法权的范

---

① 杜师业.《约法》第四十三条与纠弹条例之解释问题［J］. 中华杂志, 1914 (3): 1-6.
② 于右任. 监察制度史要［M］. 南京：汉文正楷印书局, 1935: 127-128.
③ 于右任. 监察制度史要［M］. 南京：汉文正楷印书局, 1935: 127-128.
④ 钱端升. 民国政制史［M］. 重庆：商务印书馆, 1946.

畴，而是属于与行政权和司法权相平行的独立权力，接近于孙中山"五权宪法"思想中的监察权。首先，在袁世凯统治时期，行政系统内部监督采用由上到下的方式，一省巡按使可以直接向文官惩戒委员会提起对知事的弹劾，从而达到治官的目的。肃政监察是从外部对行政权进行监督，最终以文官惩戒与司法审判这两种方式体现其吏治效果。从本质上来看，肃政监察权只是一种发动性权力，这一权力促成行政权（文官惩戒）与司法权（司法审判）的行使，因此肃政监察权并不属于行政权。其次，现代司法理论中有一个最基本的原则，即"不告不理"，而当时的检察厅亦遵循这一原则。肃政厅在其权力配置中被赋予了主动纠弹的职能，从权力行使的角度而言，肃政厅不可能遵循"不告不理"原则。因此，并不能因平政院的裁判属性而将肃政监察权简单地归属于司法权的范畴。

二、肃政监察权在国家权力体系中的配置

在整个权力体系中，监察权的独立配置表面来看是从原有分立的三权中，分离出一个监察权独立于三权。其实，肃政监察权的独立配置并非如此简单，因为从深层来看，它是国家监察或监督体制变革的结果，已经打破了分权体制中的制衡构造，与民国临时约法时期和近现代西方国家的议会监察制迥然不同。因为后者的监察或监督体制属于国家权力（立法权与行政权）之间制衡的一种形式，而肃政监察权的独立配置所形成的监察或监督体制属于在原有国家权力（行政权）之上设立的一种"监控"形式。

近现代西方国家的议会监察权是从以自由主义学说为基石的分权学说发展而来的。在西方实行分权制的国家，"权力分立已经成为权力制衡的前提，并成为自由法治国思想的重要因素"[1]。它们总是把分权制衡确立为国家权力配置的基本准则，其旨在为保障国家利益和公民自由而对国家权力的行使进行必要限制。而限制的方式则是对国家权力进行分类，采用权力对抗权力的

---

[1] [德] 齐佩利乌斯. 德国国家学 [M]. 赵宏译. 北京：法律出版社，2011：372.

方式实现限制国家权力的目的。因此，监察权或监督权就配置于立法权之中，形成对行政权的制衡。最典型的议会监察制即以立法权限制行政权，在权力之间形成制约与平衡。但这种建立在分权基础上的制衡式的议会监察制，也遭到西方不少学者质疑。例如，施米特（Carl Schmitt）认为："'分权'系统绝不是一种在任何地方都从一切细节上得到了实施的带有历史具体性的组织形式，它不过是一个理论模式。"[1] 凯尔森（Hans Kelsen）从经验角度出发，认为议会监察制"不是权力的分立，而是权力的分配而已"[2]。国家权力的分立是限制国家权力强度的方式之一，在分散国家权力以削弱其强度的同时，让国家权力的不同构成部分之间形成一定的制约平衡关系以自我抵消一部分强度，可能与一种权力对另一种权力的监察或监督无关。因而，有学者得出结论说，形式主义上的分权学说只是一种"浪漫的自由主义承诺"[3]，根本无法完全付诸实践。

其实，在临时约法时期，分权基础上的议会监察制已经暴露出诸多问题，这些问题成为后来肃政监察制创立的原因之一。

1. 肃政监察权与其他国家权力的关系

肃政监察制中的监察权配置打破了临时约法时期监察权与其他国家权力的关系形态，创立了与行政权的单向度监督关系，以及与司法权的新型连接与配合关系。

袁世凯改制时期的宪制对国家权力的配置开始脱离分权制的轨道，在以行政权（总统权）统率其他权力的政制中，于总统之外的行政权上，以"任务—功能—机构"的逻辑链条创设了权力的分支，即肃政监察权。肃政监察权设立的初衷或者说"任务"便是肃清吏治。为了实现这一目标，需要以宪法建构一种新的权力秩序。在这种秩序下，特定的功能需要由以特定方式组

---

[1] Carl Schmitt, Verfassungslehre [M]. Duncker & Humblot, 1993: 198.
[2] ［奥］凯尔森. 法与国家的一般理论 [M]. 沈宗灵译. 北京：中国大百科全书出版社，1996: 303.
[3] Louis Henkin, Constitutionalism, Democracy, and Foreign Affairs [M]. Columbia: Columbia University Press, 1990: 7.

织起来的机构承担，并制定相应的规范，肃政厅、监察制便应势而生，其旨在保持总统职权的至上性，确保脱离三权分立制而又使行政权不至于无法被控制。但问题是，创立了独立的监察权就意味着打破原有的权力格局和权力之间的关系，因此国家权力配置必然引起原有机构职能的调整，例如对国家权力进行功能性分解与结构性分离，从而重构监察权与立法权、行政权、司法权之间的监督或协作关系，这是从整个国家政制的角度，在功能上积极形塑机关之间、不同权力之间的牵制或合作秩序。①

因此，肃政监察权与其他国家权力之间的关系，不是一种简单的控制关系。从宪制的设计上讲，监察权不是真正能够制约其他权力的权力，只不过是对其他权力特别是总统以下的行政权的一种监视。因为制约性权力本身应具有控权能力，但肃政监察权不具备这种能力，即对违法官员没有进行查处的能力。按照罗文斯坦（Karl Loewenstein）的"控权"理论，在立宪国家中，"不同的国家活动在多个独立的权力持有者之间分配，并且宪法要求在国家意志上形成相互合作"，而"政治过程中多个权力持有者之间的互动与相互影响就构成了机关间控制"。② 在此基础上，宪法要求权力持有者履行特定的联合职能，或者授予个别的权力持有者根据自己的裁量介入其他权力持有者的活动的权力，形成对国家机关的"水平控制"。可见，监察权对其他权力不是实质上的"水平控制"。

其实，肃政监察权作为"吏治"的工具性权力，往往需要与其他国家权力合作才能发挥监督官员的功能，实现肃清吏治的目标。从肃政监察权的具体内容来看，这一权力在国家权力中权能的有限配置，足以得到证实。肃政监察权包含纠弹权、行政公诉权、行政裁决执行监督权。"纠弹权"是一项发动性权力，肃政厅只有对官吏提起纠弹的权力，没有审理与处置纠弹的权力，审理权分属于平政院与大理院，行政性的处置权则由文官惩戒委员会享

---

① 张翔. 国家权力配置的功能适当原则——以德国法为中心 [J]. 比较法研究, 2018 (3): 143-154.
② [美] 卡尔·罗文斯坦. 现代宪法论 [M]. 王锴、姚凤梅译. 北京: 清华大学出版社, 2017: 134.

有，司法性的处置权则由大理院享有，在此基础上完成"提出—审理—处置"的吏治过程。纠弹权的有效行使依赖于司法机关与行政机关的合作与分工。"行政公诉权"是对平政院行政诉讼的补充设定，这一权力的设立目的是使人民的权利得到最大限度的保障，肃政厅的地位类似于行政诉讼中的公诉机关，以公权力的身份实现对人民权利的救济。该权力的有效行使依赖于平政院这一国家机关行政裁判职能的履行。当然，肃政监察权与其他国家权力之间也存在监督与平衡的关系，"行政裁决执行监督权"则是对行政权进行有效监督的方式之一。

此外，由于肃政监察是传统向现代的初次尝试与试验，其权力内容不可避免会有一些对传统御史监察权的承继部分。在肃政监察的实践中，为实现其吏治"功能"而扩展出具有御史监察传统的"政治建议权"和"对特定活动的监督权"，其中肃政厅对政治建议权的行使最为频繁。肃政厅与民国后期的监察院以及西方国家的专门性监察机关，对行政机关不适当的行为提出的"建议"不同，肃政厅政治建议权的行使对象是总统，该权与其说是强制性的权力，不如说是一种政见表达权力。这种权力的渊源是御史监察制度中言官谏事的传统，肃政厅在实践中承袭了此项传统。"对特定活动的监督权"则更多地表现为对国家权力机关行使权力的监督，其中包括对立法机关的监督，即对选举活动进行监督，也包括对行政机关的监督，即对政府经济活动的定期监督以及对政府政务活动的不定期监督，甚至还包括对违背传统礼仪行为的纠正式督查，等等，这些对行政机关具体活动的监督，都源于总统临时进行的指派，有监督而无控制。

2. 肃政监察权与其他国家权力间的监督与牵制

在职能分立的体制中，肃政监察权与立法权、司法权、行政权之间的关系，从横向的国家权力结构上看，可以分为两个方面：一是肃政监察权对立法权、司法权、行政权进行监督，其中主要是对行政权进行监督；二是司法权和行政权对肃政监察权形成牵制，这种牵制并非制约。牵制主要表现为"查处分离"模式的运用，该模式使肃政监察权的作用止于纠弹。具体而言，肃政史只有提起纠弹的权力，而没有审理与处置纠弹事件的权力。这样，监察权的效果往往受制于司法权和行政权，使其有名无实。

肃政监察权是否包括对立法院议员的立法活动进行监督的权力，这在当时的制度设计中并未明确。《约法》并未规定立法院议员不受肃政厅的纠弹，只规定对议员的保护，具体体现在第36条"立法院议员于院内之言论及表决，对于院外不负责任"，以及第37条"立法院议员，除现行犯及关于内乱外患之犯罪外，会期中非经立法院许可，不得逮捕"。但这两条保护性规定似乎无法排除肃政厅对议员违宪、违法行为的监察。由于立法院在肃政厅被裁撤之时仍未成立，因此在实践中没有出现肃政史对立法院议员监察（纠弹）的实例。但《约法》规定在立法院议员的选举中，肃政厅全程负责监督选举，保证选举的公平合法，因此，可以推测肃政监察权的对象也可能包括立法院的议员，即监察权也可以对立法权进行监督。

为确保司法的独立性，肃政监察权并不能监督司法权的行使。《约法》第48条特别规定了对法官的"惩戒条规，以法律定之"，以区别于对一般官吏的惩戒，其意在确保司法裁判的独立性。值得关注的是，由于司法权与肃政监察权中的纠弹权在行使范围上有一定的交叉，为确保两种权力行使不至于发生冲突，袁氏政府特别对二者的范围进行了划分。但在肃政监察的实践中，肃政监察权对司法权的行使进行了一定的监督并加以干涉，如在"八厘公债案"中，肃政史在案件审理过程中发现了法官受贿舞弊的行为，从而导致案件的审理结果与平政院的预审结果大相径庭，于是对经手该案的法官提起了纠弹。后因该案争议太大、牵涉太广而不了了之。又如，在肃政厅受理的告诉告发状中，有人对法官提出了指控，如"京兆良乡民许周氏控告京师高等审判厅长潘恩培，违法枉断致酿多命一案，咨京高审厅长查覆"，以及"直隶天津县绅韩起民控天津地方审判厅推事李仲礼，受贿滥刑敲诈无辜一案，咨直高等审厅长查覆"。[①] 虽然这两起案件中的被告未被纠弹，但肃政厅

---

① 肃政厅之查办法官［N］．时报，1915-11-29（0005）．

受理了两案并咨询了被告法官的上级审判厅。这说明在实践中，肃政监察权对司法权的行使进行了一定的监督。

肃政监察权对行政权的监督是监察权配置的核心所在，其监督体现在多个方面。首先是对行政官吏违法行为的全面监督。根据《约法》第43条"国务卿、各部总长有违法行为时，受肃政厅之纠弹及平政院之审理"，以及《纠弹法》第1条"一般官吏"和"非在职官吏"的四类违法行为受肃政厅之纠弹与平政院之审理的明确规定，除总统外的其他行政官吏都受到肃政厅的直接监督。其次是对行政官署的监督。肃政厅拥有对行政裁决执行的监督权，即监督行政官署是否切实执行平政院作出的行政裁决，如遇未切实执行者，则可以提起纠弹。最后是对总统指令的某些具体行政行为的监督，这也是肃政监察权对行政权非常规的监督方式之一。

在监察权的配置中，我们还可以看到司法权或行政权往往对监察权形成一定的牵制，这主要表现为有些弹劾案件必须要依赖司法权或行政权的支持，否则监察权的效果无法充分体现。司法权和行政权对肃政监察权的牵制体现在监察权止于纠弹权的设置。纠弹权是肃政厅行使监察权、实现吏治的一项重要权力，但该权只是一项发动性权力，不涉及对案件的审理与处置，仅涉及对违法失职的官吏提起纠弹。至于实效，往往依赖平政院或大理院的裁判，或依赖文官惩戒委员会对被纠弹人的惩戒决定。可见，肃政监察权指向的吏治目标，需要依赖与其他权力的高效协作才能实现。

第二节　纠弹权

一、纠弹之内涵

纠弹职能，是肃政厅的一项重要的监察职能。"纠弹"一词，一般拆分为"纠举""弹劾"两个词来阐释。据《监察辞典》对该词在中国当代语境中的解释,"纠举"是指"法定的专门机关对政府官员或者国家公职人员的违法失职行为的督察和检举"[1];而"弹劾"是指"法定的专门机关对违法失职或者职务上犯罪的政府官员或者国家公职人员的检举和追究其法律责任的行为"[2]。

在我国古代,"纠弹官邪"是监察机构的一项重要职责。明清时期都察院的主要职责是弹劾百官的非法行为,所弹内容非常广泛,如贪赃枉法、行贿受贿、植党专权、无能失职、强夺民产等,无所不纠,无所不察。弹劾方式灵活多样,对重大罪过用"劾",稍重者用"弹",轻者用"纠",普通者用"奏",即所谓劾、弹、纠、奏四种方式。[3] "纠弹"作为一种监察手段,常与"纠劾""纠举""弹劾""奏劾"等词通用,在不同朝代使用的频率不同。《北齐书·赵郡王琛传》记载道:"天平中,除御史中尉,正色纠弹,无所回避,远近肃然。"[4] 由此可见,"纠弹"一词有纠举弹劾的意思,这一用法一直延续到清朝。

清朝时期,都察院作为全国最高监察机关,承袭了前朝御史台的职能,并发展出新的监察职能,纠弹只是其中的一小部分。其职能包括:监察百官及衙门机构;稽查审计财政开支;规谏皇帝;参与朝廷重大事务的决定;参与审理重大刑狱案件;稽察重要监狱;参与并监督官员的考核;等等。[5] 相较而言,在肃政监察中,纠弹是监察机关的主要职能。

二、肃政厅的纠弹权

肃政厅的纠弹权是指肃政史有权根据《纠弹法》,对违反该法第1条所规定的四类事件,依职权主动向总统提起纠弹,或依人民告诉告发提起纠弹,以及总统特交查办官吏有违该条规定的事件于肃政厅时,肃政史依法拥有向

---

[1] 《监察辞典》编写组.监察辞典[M].北京:中国政法大学出版社,1990:141.
[2] 《监察辞典》编写组.监察辞典[M].北京:中国政法大学出版社,1990:621.
[3] 邱永明.中国古代监察制度史[M].上海:上海人民出版社,2006:313.
[4] 李延寿.北史2[M].北京:中华书局,1985:1219.
[5] 贾玉英等.中国古代监察制度发展史[M].北京:人民出版社,2004:210-214.

总统提起纠弹的权力。

1. 纠弹权针对的事由

肃政厅的纠弹权是肃政监察中最为核心的权力，其范围由《纠弹法》确定。《纠弹法》第 1 条规定对于违宪违法事件、行贿受贿事件、营私舞弊事件、溺职殃民事件可提起纠弹。在《纠弹法》出台之前，《纠弹条例》作为肃政史行使权力的依据。《纠弹条例》与《纠弹法》在有关纠弹权行使的范围方面有一些差异。在此将以该法在修改过程中所引发的一些争议为据，并从"违宪违法事件""职务犯罪事件""执行职务之违法事件"这三大类法定纠弹事由，对纠弹权的范围进行分析。

（1）违宪违法事件。《纠弹法》在《纠弹条例》的基础上将后者第 1 条第 1 款规定的纠弹范围，从"违反宪法事件"变更为"违宪违法事件"。在修正该条款的参政院二读会上，议员们曾就此条款提出许多意见。议员程树德发言称："第一款改为'违反法令'，较原文仅言宪法一种，似较概括。"随即有议员反诘道："法律令有大总统令及省令、道令、县令，恐滋误会。本员意见，不必取文字之整齐，尽可改为二款。一、违反宪法，二、违反大总统命令。直接了当，一望而知。"议员汪有龄称："法令'令'字包括省道县等令，若不明白规定，难免将来不生误解。"议员黎涧主张改为"违反宪法或其他法律，而大总统命令不必加入，且以下三款（原文规定的其他三款）即可保护人民权利"。议员胡钧主张改为"违宪违法事件"。议员刘若主张改为"违反宪法及其他法律事件"。最后在会议表决时，多数人支持胡钧之说，因此采纳了胡钧主张的"违宪违法事件"。[①]

违宪事件的纠弹。在违宪事件中，除侵犯刑法规定的人民权利能够作为违法事由直接提起纠弹，其他未及刑法之权利是否被侵犯，则需要肃政史自己进行判断。如果肃政厅能够以侵犯《约法》未详尽规定的权利为由进行纠弹，那么是否意味着肃政厅有权力解释宪法？在实践中，肃政史曾就官吏违

---

① 参政院中三法案之二读通过 [N]. 申报，1914 - 07 - 19 (0003).

宪行为提出过条陈，但并未进行纠弹。肃政史傅增湘曾就行政官员搜证过当，违反《约法》规定的人身权与住宅权一事进行条陈，他认为："依照约法，人民非依法律不得逮捕，又家宅之检查应有确实之证据，据目下对于乱党之检查往往过当，无辜受累者不少，良民人人自危，请饬主管机关郑重办理，毋纵毋滥。"① 总统阅后即采纳了该意见。事实上，肃政史傅增湘委婉表达的官员"过当行为"已经违反了宪法中有关人民权利的规定，但他仅就该现象进行了条陈，以期阻止该现象的进一步发生，未对主要责任人进行纠弹并付之惩戒。因此，对违宪事件进行纠弹在实践中很难实现。

违法事件的纠弹。"违法事件"的范围也曾是《纠弹法》制定时议员讨论的重点，其主要为"法"包括的类型与范围。根据参政院会议的表决，这里的"法"应当包含一般法律，如《新刑律》《官吏犯赃治罪条例》等，也包含总统公布的针对吏治的一些教令或申令，如《官吏服务令》②、《申禁官吏牌赌冶游》（大总统申令）③ 等。其他的法令，如省令、道令、县令等，则不在此范围内。

（2）职务犯罪事件。《纠弹法》第 1 条规定的"行贿受贿事件""营私舞弊事件"为刑法上的职务犯罪事件。"行贿受贿事件"意义明确，指称确实。"营私舞弊事件"在《纠弹条例》第 1 条中规定为"滥用威权事件"。滥用威权是指官吏随意利用其官职的权威性，为自己或他人谋求利益。该行为有可能存在不适当但合法的情形，如某行政官署办事效率低下，官吏利用个人威权从中推进该事件的合法办理，例如行政许可令等。《纠弹法》将该项改为"营私舞弊事件"，其词义是官吏为谋求个人或他人的利益，利用职务之便从事违法活动，此处的更改使纠弹的范围更加明确。议员程树德在参政

---

① 傅肃政史之条陈 [N]. 益世报（天津版），1916-01-26（0006）.
② 《官吏服务令》是 1913 年 1 月 9 日由临时大总统公布的有关官吏行政时应当遵守的法则。肃政史在评价官吏是否"失职"时，则以此为据。临时大总统令：官吏服务令（中华民国二年一月九日）[J]. 政府公报，1913（243）：44-47.
③ 大总统申令：申禁官吏牌赌冶游（中华民国三年八月二十九日）[J]. 政府公报分类汇编，1915（6）：104.

院二读会上提出该条款的修改时，亦认为"原文比较的广漠"，提议改为"营私舞弊"。

在参政院最初修正《纠弹法》时，平政院提出对该法第1条的修改意见，拟在第4项具体的违法事件后再加入"（五）犯罪舞弊事件，（六）其他应受惩戒事件"。其理由是"原定条文系取列举，惟四款之外尚多，如官吏敲诈民财、侵冒公款、净收赋税等项皆为犯脏舞弊事件。如官吏职守有亏、行止不检、信用丧失等项皆应受惩戒事件，均未列入。在事实为极关重要面，在法律则律无正条，肃政史提出纠弹未免无所依据"[①]。

但三读后正式公布的《纠弹法》未采纳该意见，只将第3项"滥用威权事件"改为"营私舞弊事件"，将"犯罪舞弊事件"所包含的行为纳入第3项中，并且未采纳兜底条款"其他应受惩戒事件"。因为应受惩戒事件的范围很广，极容易引起与检察厅的管辖争议，遂并未加入该项。

（3）执行职务之违法事件。执行职务之违法事件是当时用以概括"溺职殃民事件"的普遍说法，用以区分行为主体在主观上是否具有故意。《纠弹法》将《纠弹条例》第1条的"玩视民瘼事件"改为"溺职殃民事件"，两者都指因官吏在执行政务时失职，导致人民的合法权益受到侵害，在现代是指刑法上的玩忽职守罪。"玩视民瘼"侧重于因官吏的忽视与不作为而产生的行政权危害人民权利的后果，而"溺职殃民"侧重于因官吏的失职与不尽职产生的后果，更接近现代玩忽职守罪的内涵，使用该词更为准确。尽管这些修改在实际含义上并未产生变化，但指向性更加明确。

2. 纠弹权针对的对象

（1）法定的纠弹对象。根据《纠弹法》第1条与《约法》第43条的规定，肃政厅纠弹权的行使对象分为两大类，一类为国务卿与各部总长等高级官吏，一类为一般行政官吏。《约法》第43条规定："国务卿、各部总长有违法行为时，受肃政厅之纠弹及平政院之审理。"与《纠弹法》第1条相比，

---

① 平政院对于提交参议院案之大争执[N]. 申报，1914-07-12（0003）.

国务员的违法行为包含了刑法意义上的"行贿受贿、营私舞弊",以及行政职务履行上的"溺职殃民"事件,两者的差别在于"违宪"事件是否为法定纠弹事项。杜师业曾就该问题进行讨论,他认为由于《约法》第43条的规定,"则是纠弹权之行使仅限于法律事件,而国务员之责任之明白规定,亦仅见之于法律问题"①,如果宪法亦在"违法"的法律之内,那么肃政史就能够因国务员的政治问题而进行弹劾。

在《纠弹法》的制定过程中,参政院议员赵惟熙提出将"议员"也纳入纠弹对象中。而议员黎涧质问赵惟熙道:"赵君之说明书,惟议员亦可纠弹,恐各国均无此先例。"赵答道:"各国虽无此法律,各国亦无所谓肃政史,黎君之见未免法律之见太深。"黎云:"此并非法律学说,因议员处于立法地位,决不在行政系统之下,当然不能受行政官吏之支配,在君主国且如此,何况共和国大总统为行政部首长且不能处罚议员,更何论受大总统委任之肃政史。"② 赵惟熙的此项提议无人联署,因此并未进行表决。

法定纠弹权中,一般行政官吏具体指文官惩戒委员会有权进行惩戒的正式任命的官吏,以及委任代理的其他官吏。《纠弹条例》中未明确规定卸任的官员是否在纠弹范围内,而在《纠弹法》的制定过程中发生了王治馨案件,该案中司法机关与肃政厅就官员"是否在任"产生了管辖权纠纷,肃政厅认为"非在职官吏"也应在纠弹范围内,最终案件由肃政厅纠弹、平政院审理。正式公布的《纠弹法》将"非在职官吏"明确规定在第1条第2款中。

(2) 实践中扩充的纠弹对象。在实践中,肃政史认为应秉承前清御史的风骨,对凡是"祸国殃民"的事件均欲纠弹。按照《纠弹法》的规定,纠弹范围仅限行政序列的官员,军官由高等军事裁判处审判,肃政史的法定纠弹对象并不包括军官序列。但在实践中,军官亦被当作纠弹对象。据记载,陆军次长徐树铮因"蠹国营私、植党揽权、营私舞弊、侵吞巨款"等行为,受

---

① 杜师业.《约法》第四十三条与纠弹条例之解释问题 [J]. 中华杂志, 1914 (3): 1-6.
② 参政院中三法案之二读通过 [N]. 申报, 1914-07-19 (0003).

到肃政厅的纠弹,并最终交付惩戒免其职务。[①] 海军部军法司司长许继祥因在军事审判中"滥用职权、举措不当",受到肃政史的纠弹。肃政史王瑚曾上呈总统有关军官"养寇祸民、殆误国家"的条陈意见,其呈文中条陈军官冒领饷银、虚报剿匪获胜的军情等危害国家权力的事实,并要求总统严加申饬此行为,同时要求相关责任人"限期剿灭白匪"。[②]

肃政史除了把军事长官当作纠弹对象,也把行政官署当作纠弹对象。在监督行政诉讼的过程中,对不按照裁决执行的主管官署提起纠弹请付惩戒。《平政院裁决执行条例》第3条虽规定了对行政官署的纠弹,但行政官署无法作为惩戒的对象,条文中的未尽之意为对该官署的主管人员提起纠弹,并请付惩戒。

实践中确有肃政厅对行政官署提起弹劾的情形,1915年1月,肃政史对财政部提起纠弹,认为财政部税收接收不明晰,并有私分税银之嫌。1月9日,大总统批令财政部对肃政史所呈事件进行解释。[③] 1月12日,财政部对肃政史所指事由一一进行了批驳,并呈大总统,大总统采纳了财政部的陈述。[④] 1月28日,肃政史又以财政部朋分税银呈复不实,提起第二次纠弹,认为财政部应当遵循现行的审计院法,不能私相授受提取奖金银两。[⑤] 此纠弹后交政事堂核办,但最终并未进行处理。

3. 纠弹权的效力

纠弹案一经通过,或进入惩戒程序或进入审判程序。根据《纠弹事件审理执行令》[⑥]、《纠弹法》与《肃政厅肃政史办事细则》,肃政史向总统提起纠弹的对象分为两类,一类为《约法》第43条规定的国务员,另一类为一般官吏。

---

① 大总统申令(中华民国四年十月二十二日)[J].政府公报,1915(1242):4-5.
② 肃政史条陈白狼之意见[J].善导报,1914(14):21.
③ 大总统批令(中华民国四年一月九日)[J].政府公报,1915(960):9.
④ 大总统批令(中华民国四年一月十二日)[J].政府公报,1915(962):16-17.
⑤ [N].时报,1915-01-29(0002).
⑥ 纠弹事件审理执行令[J].法学会杂志,1914(3/4):1.

针对国务员提起的纠弹，大总统在核定该纠弹案后，认为该行为的违法程度只达到惩戒的程度，则直接交由文官惩戒委员会进行惩戒①；认为该行为应交由平政院审理的，先交由平政院审理，审理结果出来后再交由大总统裁夺，裁夺结果可能为不予惩戒，则案件终止，或更改结果，或核准审理结果②；大总统裁决后反馈于平政院，对应付惩戒者或应受司法审判者，由平政院呈明大总统，再由大总统分别交主管部门惩戒或审判。

针对一般官吏提起的纠弹，与前者程序类似，但没有平政院将审理结果交由大总统裁夺的程序。在平政院审理后，涉及刑事的，在移交案件时，先行交由惩戒委员会褫职（《纠弹事件审理执行令》第2条），刑事部分则由大总统特交于司法总长处，司法总长再饬有管辖权的检察厅立即向管辖法院提起公诉（《纠弹事件审理执行令》第3条）。

4. 肃政史纠弹附议权

肃政史的纠弹附议权在严格意义上并不是一种独立的权力，但在纠弹权的行使中往往又被当作一项重要的权能。此项权能规定在《肃政厅肃政史办事细则》第23条、第25条中。肃政史纠弹附议权是指，肃政史对未经办的弹劾事件有权主张或支持该案提出弹劾而进行署名，以提升弹劾事件的公信力和弹劾强度。在两种情形下，肃政史可以行使附议权：一是当肃政史依职权主动提起纠弹事件时，如有其他肃政史同意在该案件的纠弹文件上署名，则由提起弹劾的肃政史领衔，其他肃政史附署。因为经办依职权主动提起的纠弹事件的肃政史往往为一人，在案件的调查取证过程中没有其他肃政史参与，其可信度不高，为增强弹劾案的可信度和弹劾力度，往往需要其他肃政史的附议。二是对于被动提起的纠弹事件，肃政史也可以选择附议。此类案件包括由总统特交的案件和人民告诉告发的案件。法律规定这两类案件的经

---

① 大总统申令（中华民国三年八月二十九日）[J]．政府公报，1914（833）：7-15，22。此条申令与肃政史呈总统严禁官吏牌赌冶游的条陈有关，大总统在申令中规定，在此禁令发布后，如遇官吏再有此行为，一经肃政史查实，则直接提交惩戒。因此，存在只交付惩戒的纠弹。

② 根据《政府公报》的统计，平政院审理后交由大总统裁决的案件，大总统都直接核准，并未出现更改结果的情况。

办肃政史应为两人或两人以上,当各肃政史的意见不一致时,由都肃政史进行最终决定。这类具有争议案件的署名,由都肃政史领衔,其他肃政史自主选择是否背书署名。

第三节 肃政厅的行政公诉权

根据《行政诉讼法》的规定,行政公诉权是指肃政厅以行政诉讼原告的身份参与行政诉讼,对人民经过陈诉期限而未提起陈诉、经过诉愿期限而未提起诉愿的,向平政院提起行政诉讼,行使原告的权利,主动参与对人民的救济。肃政厅以"公权力机关"的身份行使该权利,区别于人民以"私人"的身份行使该权利,因此称为"行政公诉"。

行政公诉权的内容并非一开始就如《行政诉讼法》的规定,在《行政诉讼条例》第9条的规定中,对于大总统特交平政院审理的纠弹事件,以及肃政史提起的行政诉讼,肃政史均能以原告身份参与平政院的审理。但在人民告诉告发的纠弹事件中,已有适格的原告,肃政史不应兼理原告的职责,因此在《行政诉讼法》中删除了此项内容,肃政史只能作为提起行政公诉的原告。

此外,《行政诉讼法》详细地规定了行政公诉的主体资格、受案范围、诉讼程序、裁决效力等内容。

一、行政公诉的主体

行使行政公诉权的主体仅为肃政史,依据《行政诉讼法》第2条和第10条的规定,"肃政史依本法第十二条之规定,亦得提起行政诉讼","肃政史提起之行政诉讼,以肃政史执行原告职务"。肃政史在行政公诉中的主体资格与一般行政诉讼中的原告相同,唯一特殊之处在于其拥有案件调查权。据《肃政厅肃政史办事细则》第32条,作为特殊原告,肃政史在调查案件时,能够对相关的司法官署、行政官署行使"调卷"这一权力。与检察院作为公诉机关向法院提起刑事公诉不同，肃政厅在提起行政公诉时拥有的案件调查权极为有限。

《行政诉讼条例》并没有独条列出肃政史的行政公诉权，而是规定在第1条"行政诉讼受案范围"中。① 在《行政诉讼法》的二读会中，议员陈国祥代理审查会提出对该条的修正，他认为"第一条第三款，应该改为第二条"，因为"提起行政诉讼有二种，一由人民，一由肃政史。第一条既专说规定人民提起行政诉讼之权利，则肃政史不得不另条规定"。② 该修正案通过后，在三读会上，由于原法案第12条与第13条被修改，因此只在"第二条之规定上，删去'第十三条'字样"③。最终公布的版本明确地将人民提起的行政诉讼与肃政史提起的行政公诉区分开来，明确了肃政史提起行政公诉的主体资格。

二、行政公诉的受案范围

肃政史能够提起行政公诉的先决条件，以及提起行政公诉的范围，是行政公诉权的重要内容。在原有的《行政诉讼条例》中，肃政史在3种情形下能提起行政公诉：（1）中央或地方最高级行政官署之违法处分，致损害人民权利，经过陈诉期限而未陈诉者，肃政史于陈诉期限经过后60日内提起诉讼；（2）人民依《诉愿条例》得提起诉愿者，经过诉愿期限而不诉愿者，肃政史于诉愿期限经过后60日内提起诉讼；（3）肃政史对于中央或地方行政官署违法之命令或处分，得于作出后60日内提起诉讼（第12条）。在该条例中，第3种情形与第1种、第2种情形在期限上容易有冲突，并且如根据该

---

① 《行政诉讼条例》第1条规定："平政院除法令有特别规定外，对于左列各款行使管理权：一、中央或地方最高级行政官署之违法处分，致损害人民权利，经人民陈诉者；二、中央或地方行政官署之违法处分，致损害人民权利，经人民依《诉愿条例》之规定诉愿至最高级行政官署，不服其决定而陈诉者；三、平政院肃政史依第十一条第十二条之规定，提起诉讼者。"
② 参政院中三法案之二读通过［N］. 申报，1914-07-19（0002）.
③ 参政院三读通过行政诉讼等三法案之详情［N］. 申报，1914-07-21（0002）.

条例第 12 条第 3 种情形，肃政史能够对中央与地方行政官署的违法命令或处分提起诉讼，那么行政公诉的受案范围则包括了"抽象规范"，肃政厅则具有违宪审查的功能，而这种功能设置在民国初年的宪制实践中是根本无法实现的，因此在制定《行政诉讼法》时删除了该条内容。

在《行政诉讼法》的审议过程中，曾就上述一些问题进行了修正表决，但过程十分曲折。首先，有议员提出删除《行政诉讼条例》第 1 条中的"最高级"三字，原文规定平政院的管理权是"中央或地方最高级行政官署之违法处分，致损害人民权利，经人民陈诉者"。在该法案的二读会中，议员胡钧提出"直接违法损害人民权利者，多系亲民之官，如财政厅厅长、专运局长、县知事，又多系中下级官署，而最高级者甚少"，"原案第十二条，肃政史对于中央或地方行政官署违法之命令或处分，于六十日内提起行政诉讼，何以不限制'最高级'，且肃政史对于行政官署违法之命令亦可提起行政诉讼，因一般人民何以不能于未实行违法处分之先提起行政诉讼者，故本员主张删去'最高级'三字，而在违法之下加'命令或'三字"。① 胡钧的主张，一是认为"最高级"三字应删除，二是认为人民也能对一般行政官署的违法命令进行陈诉。但该修正案只有 4 人联署，不足法定人数而未进行表决。②

其次，关于原法案中第 12 条的规定，议员汪有龄认为"可以删去"。在《行政诉讼条例》的二读会中，议员朱文勋认为第 12 条与第 13 条相关联，可以合并表决，其后汪有龄提出"第十二条已在纠弹法中规定，不必重复，可以删去。若留此条，肃政史于六十日期限内提起行政诉讼，而人民亦同时提起，难免冲突"。席间议员多数同意汪有龄的意见，后"以汪说付表决举手者十九人，多数通过"。汪有龄的提案中并未提及肃政史对作出违法命令的行政官署提起诉讼，其只着重强调与人民提起行政诉讼会在时间上冲突。在众多议员的理解中，"行政官署"作出的违法命令与"行政官员"作出的违

---

① 参政院中三法案之二读通过 [N]. 申报, 1914 - 07 - 19 (0003).
② 参政院中三法案之二读通过 [N]. 申报, 1914 - 07 - 19 (0003).

法命令相同，因此才在汪有龄提出该规定已被纳入《纠弹法》时，附和该提议。①

参政院的三读会中，对于二读案提出的修改意见进行了再次表决，最终的法案与正式公布的《行政诉讼法》相同。② 肃政史能够提起行政公诉的情形根据《行政诉讼法》第1条、第12条的规定有两类：（1）当中央或地方最高级行政官署的违法处分损害了行政相对人的权利，陈诉期限届满后行政相对人未提起诉讼者，肃政史可以原告的身份向平政院提起行政诉讼；（2）当中央或地方一般行政官署的违法处分损害了行政相对人的权利，诉愿期限届满后未提起诉愿者，由肃政史直接以原告身份提起行政公诉。

三、行政公诉的程序

1. 行政公诉案件的起诉

根据《行政诉讼法》，行政公诉案件的起诉条件应满足以下3点：一是该案件符合人民向平政院提起行政诉讼的受案范围；二是陈诉、诉愿期限届满而人民未提起行政诉讼；三是肃政史提起行政公诉要在陈诉、诉愿期限届满后的60日内。

从上述提起行政公诉的条件来看，肃政史的行政公诉权是对人民经过法定期限而未提起行政诉讼的一种救济。法律并未进一步规定肃政史行使该权力的主动性与被动性，即肃政史既可以依职权主动行使该权力，也可以依人民的请求行使该权力。在实践中，这种救济方式几乎很少使用，首先是因《行政诉讼法》对人民逾期未行使行政诉讼权有其他救济措施。《行政诉讼法》第13条规定了人民提起行政诉讼期限的例外，"遇有事变或故障致逾期限者，应向平政院声明理由，受平政院之许可"。因此，在提起行政诉讼的期限届满后，人民仍然可以向平政院寻求补救措施，而不只有向肃政厅寻求救济这一途径。在行政诉讼的实践中，人民也多选用此种救济方式，许多逾

---

① 参政院中三法案之二读通过 [N]．申报，1914-07-19（0003）．
② 参政院三读通过行政诉讼等三法案之详情 [N]．申报，1914-07-21（0002）．

期案件都在平政院考察具体情况后被受理，例如"李荧等因缙云县知事收回永宁寺田亩筹办森林苗圃陈诉浙江省长公署案"①"张国栋因怀宁县洲地收回官有陈诉安徽省行政公署案"②等案件，原告均超过了起诉期限，但在作出因故逾期的声明后，平政院均受理了案件。其次是因陈诉期限未届满的行政诉讼案件，肃政厅无权受理。在实践中，对于人民在陈诉期间提起的案件，肃政厅会因其属于平政院行政诉讼的受案范围而作出不予受理的决定，如"北京商人郭纪云等告诉市政公所强迫收房夺产失业案"③，肃政厅在审查该案时发现被告为行政官署，应向平政院提起诉讼，遂不予受理。

2. 行政公诉案件的受理与审理

行政公诉程序由肃政史以行政诉讼公文的形式启动。最早的《行政诉讼条例》对肃政史提起行政公诉的形式要求较低，在其第16条有关行政公诉诉状内容的规定中，只要求填写姓名、被告之官署及其他被告、告诉之事实及理由，以及年月日，并未要求必须列出证据。而《行政诉讼法》第16条规定，行政诉讼的诉状中应载明：被告官署及其他被告；诉请事实及理由；与案件相关的证据；提起诉讼的日期。正式的《行政诉讼法》较之前的《行政诉讼条例》更加严谨。

行政公诉案件的受理程序，与一般的行政诉讼案件不同。《行政诉讼条例》和《行政诉讼法》对此程序的规定是一致的，《行政诉讼法》第19条第1款规定，对于一般的行政诉讼案件，平政院审查后认为不应受理的，应当附理由驳回，其理由包括管辖问题、受案范围问题等。若诉状仅仅是违反了法定程式，那么只需发还原告令其在一定期限内改正。第2款规定肃政史提起的行政公诉不适用前项规定，那么根据该款的规定，肃政史提起的行政公诉平政院必须受理，此规定的设置是用以保证肃政史对行政公诉权的有效行

---

① 平政院院长夏寿康呈大总统为审理李荧等陈诉缙云县知事收回永宁寺田亩筹办森林苗圃一案不服浙江省长公署之决定依法裁决请予维持文（附裁决书）[J].政府公报，1919（1185）：15–19.
② 平政院院长夏寿康呈大总统为审理张国栋陈诉怀宁县洲地收回官有一案，安徽省公署之决定并无违法应予维持文（附裁决书）[J].政府公报，1918（814）：8–10.
③ 中国第二历史档案馆.民国北京政府时期档案.肃政厅卷第00017号.

使，以求最大限度保障人民的权益。

在案件经由平政院受理后，行政公诉的审理程序则与人民提起的行政诉讼程序相同，作为原告的肃政史应出席行政公诉案件的审理。据《肃政厅肃政史办事细则》第27条的规定，肃政史能补正诉状，另行举出新的证据，以及进行第二次答辩，但须以肃政厅公文的形式提出。

3. 行政公诉案件的撤销程序

行政公诉案件的撤销，在《行政诉讼条例》和《行政诉讼法》中的规定并不一致，《行政诉讼条例》对肃政厅行使行政公诉权的约束更小。在《行政诉讼条例》中，人民提起行政诉讼后不能请求撤销，但肃政史提起的诉讼不在此限。在《行政诉讼法》的二读会上，议员陈国祥提出了对法条的修改，建议增加"非经平政院许可不得撤销"，以示郑重之意。[①] 该意见表决通过后，将原条文修改为"肃政当事人已提起之诉讼，非经平政院许可后不得撤销。肃政厅所提起之诉讼亦同"。《行政诉讼法》关于案件的撤销问题，加入了平政院的许可，于一般行政诉讼当事人而言则增加了撤案的可能性，于肃政史而言，撤销案件的许可则取决于平政院。《肃政厅肃政史办事细则》第27条规定，肃政史得以公文的形式请求撤销案件。但法律未规定肃政史主动撤销案件后能否再次提起行政公诉。

四、行政公诉权的效力

肃政史提起行政公诉后由平政院作出裁决，其裁决书的效力与一般行政诉讼裁决书相同。根据《行政诉讼法》第34条的规定："平政院之裁决，有拘束与裁决事件有关系者之效力。"行政公诉裁决书的执行则据《行政诉讼法》第33条："行政诉讼裁决后，对于主管官署违法处分应取消变更者，由平政院长呈请大总统批令主管官署行之。"《行政诉讼条例》规定，平政院的裁决"有拘束第三者之效力"，《行政诉讼法》则进一步明确了该效力的拘束

---

① 参政院中三法案之二读通过 [N]．申报，1914-07-19（0002）．

范围，即只要与裁决事件有关系者，均能受到拘束。

根据《肃政厅肃政史办事细则》第 30 条规定，行政公诉裁决书送达肃政厅，由承办记录的书记官编制成册，并由经办的肃政史署名钤印。行政公诉裁决书的执行程序与一般行政诉讼相同，均由大总统交相应的主管官署取消或变更违法处分，并由肃政厅监督执行，在主管官署不予执行时提起纠弹。

在肃政厅存续期间，其并没有行使过行政公诉权，因此并没有实践案例来评价肃政史行政公诉权的行使效果及影响。

第四节　肃政厅的一般监督权

一、行政裁决执行的监督权

《平政院编制令》第 10 条与《平政院裁决执行条例》第 3 条共同规定了肃政厅对行政裁决执行的监督权。根据《平政院编制令》第 10 条"平政院之裁决，由肃政史监视执行"，《平政院裁决执行条例》第 3 条"主管官署对于行政诉讼事件不按照平政院裁决执行者，肃政史得提起纠弹，请付惩戒"，以及第 4 条"纠弹事件之执行涉于刑律者，由平政院长呈请大总统令，交司法官署执行"的规定，肃政厅仅对行政诉讼裁决执行有监督权，对纠弹事件审理结果的执行并无监督权。

根据《行政诉讼法》，行政诉讼案件的审理结果有 3 种：一是维持主管官署作出的命令或处分；二是取消主管官署作出的违法命令或处分；三是变更主管官署作出的违法命令或处分。从理论上讲，平政院作出变更裁决有两种情形：其一是直接作出变更；其二是作出变更的裁决，由作出原行政命令或处分的官署自行变更。第二种情形下的监督难度比较大，但在平政院的实践中，只存在平政院直接作出变更的情形，因此并未出现难以监督的问题。

在平政院将审理结果呈于大总统后，大总统会以命令的形式要求主管官署执行。当主管官署不按照平政院的裁决执行时，肃政史应当提起纠弹并请付惩戒。主管官署不是自然人，不能成为纠弹的对象，根据行政惯例，主管官署的负责人应为纠弹对象。肃政史对该负责人提起纠弹后，直接交由相应的文官惩戒委员会进行惩戒。

在肃政厅的监督实践中，尽管并未有主管官署不执行行政裁决的情形，但该制度仍有不完善之处：一是未明确规定当主管官署不按照裁决执行时，应当纠弹的对象；二是未明确负责人被交由惩戒后，原行政裁决是否继续执行，依照何种程序执行，是由新的负责人直接执行，还是呈大总统，以新的命令形式指定执行。

二、选举监督权

立法院由各省选举的议员组成，肃政厅有权监督议员选举。根据《立法院议员选举法》第35条的规定，由大总统在肃政厅都肃政史及肃政史、大理院院长及推事、平政院院长及评事、高等以上检察长及检察官，以及其他曾任高官且富有学识和经验的人员中，选取30人担任全国选举资格审查会审查员。[①] 被选取的审查员根据大总统以教令形式发布的《全国选举资格审查会办事细则》[②] 严格审核议员选举资格。审查会会长将选举调查名册平均分配给审查员，审查员负责该区的审查并进行报告。在选举监督中，被选为全国选举资格审查会审查员的肃政史，根据《立法院议员选举法》与《全国选举资格审查会办事细则》的要求进行监督，根据分配到的选举调查名册，稽查被选举人的资格与选举程序合法与否，以保证选举的公平、公正、公开。

对于不合法的选举，如在新疆的选举舞弊案中，作为审查员的肃政史蔡宝善、夏寅官、傅增湘、麦秩严审查认为新疆的选举办法与法定程序不符，之后立即联合大理院院长董康、国民会议事务局局长顾鳌，共同呈报至国民会议事务局处，提出此次选举不合法定程序，应予更正，为昭示选举的公信

---

① 立法院议员选举法 [N]. 新闻报, 1914–10–30 (0006).
② 全国选举资格审查会办事细则 [N]. 时报, 1915–12–06 (0005).

力，应当另行依法选举，再行决定国体投票。① 后由特派的稽查人员进行调查并呈总统批令，立饬更正并另行依法选举。

第五节　肃政厅在实践中扩张的监察权

除上述法定权力外，在实践工作中，肃政史还具有与监察职能相关的其他监察权，其中包括查办与审查权、对具体行政行为的监督权以及政治建议权等。这些权力中有与肃政厅行使法定纠弹权相关联的权力，如查办与审查权，也有直接以总统令的形式加以确认的权力，如政治建议权。而对具体行政行为的监督权则是总统直接赋予的监察单一行政行为的权力。

一、查办与审查权

1. 查办与审查权的由来

查办与审查权是肃政史在提起纠弹的过程中所具有的权力。这里的查办意为查证办理。查办权来源于大总统的指令，即大总统特交肃政厅查证办理官吏违法事件。大总统认为官吏有《纠弹法》所规定的违宪违法行为或职务违法与职务犯罪行为时，可特交肃政厅查办。接到指令后，都肃政史须指派两名或两名以上肃政史进行查办。审查权针对的是人民告诉告发的事件与肃政史依职权欲提起纠弹的事件。对于人民告诉告发的事件，由都肃政史指定两名或两名以上肃政史进行审查。

2. 查办与审查权的权能

肃政史的查办与审查权是指在肃政史对涉嫌违法事件进行调查或查证时所具有的权力。查办权属于授权性权力，非因法定事由不能产生，肃政史在非授权情况下不具备此项权力。审查权则属于法定权力，为肃政史纠弹权中

---

① 大总统批令（中华民国四年十一月十日）[J]. 政府公报，1915（1261）：8-9.

的附属性权力。在被动提起的纠弹事件中,根据《纠弹法》第10条、《平政院处务规则》第7条、《肃政厅肃政史办事细则》第32条第1款,肃政史在查办或审查过程中需要调查相关证据时,可依以下3种方式获取帮助:一是调卷,当肃政史认为需要调阅案卷时,须以肃政厅的名义向与该案有关联的官署发送行文;二是嘱托调查,当肃政史在调阅案卷不方便时,可以嘱托司法官署或行政官署等与案件有关联的官署进行调查;三是派肃政史,肃政厅可以派遣经办案件的肃政史至案件发生地进行调查,并可同时使用以上两种方式调查。

在主动提起的纠弹事件中,肃政史在需要调查相关证据时,根据《肃政厅肃政史办事细则》第32条第2款,只能以肃政厅的名义向与案件有关联的官署发送行文以调阅案卷,而无其他两项权力。因此,在此类案件中,肃政史的调查权力有限。

在以上两类纠弹事件中,肃政史具有询问当事人与证人的调查权。询问过程严格按照《肃政厅询问当事人及证人规则》的要求进行:首先,由肃政史将所需要询问的当事人或证人的姓名、询问日期及具体时间告知书记处,由书记处缮写通知书,并限时送达被询问者。其次,设置询问室与候询室,在询问时,指定两位记录科科员进行记录,其同时具有监督询问过程的作用。最后,对于人民告诉告发事件,原告当事人或证人非因特别理由,两次传讯不到,则该纠弹事件到此终止。此外,所有传送文书的丁役不能向当事人及证人索要钱财,违者重罚,并且肃政厅所有职员不能留难当事人与证人。

二、对特定经济活动的监督权

肃政史对政府具体行政行为的监督,主要是对政府财务活动的监督。一般情况下,会有具体的条例或章程对肃政史行使该权进行规定,如《新华储蓄银行储蓄票章程》与《民国三年内国公债条例》中都规定由肃政史对政府的特定经济活动进行监督。

1. 监视储蓄票抽签

储蓄票为富签公债的一种,1914年10月初,政府以财政经费入不敷出为由，仿照各国富签公债之例，发行储蓄票 1000 万元，① 并于 1914 年 10 月 15 日公布了《新华储蓄银行储蓄票章程》。储蓄票每年发行 1 次，本金偿还期限为 3 年，应付的利息由抽签决定，每张储蓄票有 3 次抽签的机会，每年抽签 1 次。抽签的奖金共有 12 个等级，一等奖为 10 万元，二等奖为 4 万元，逐渐递减。储蓄票抽签的性质类似于彩票，是政府鼓励民众购买公债的一种激励措施，但与彩票不同的是，储蓄票本身也是具有货币价值的，若 3 次未中签，可在本金偿还期满起一年内，于发行地新华储蓄银行、中国银行、交通银行及邮电各局持票领取本金。该章程规定："抽签之日当中公开，由政府派肃政史二人，财政部派监理员一人，所在地总商会公举二人，会同监视开签。"② 夏寿康、孟锡珏参与储蓄票的抽签活动，全程监视，以保证抽签结果的公平公正。③

2. 查验财政部与交通部三年内国公债账款与付息签

民国三年（1914 年），政府为偿还外债而发行的公债，以 1600 万元为额，名曰"民国三年内国公债"。此项公债，利率定为按年 6 厘，3 年以内只给付利息，第 4 年起用抽签的方式每年偿还债额总数的 1/9，每年 6 月及 12 月为给付利息之期。财政部与交通部筹足了第 1 年利息 96 万元，发交公债局指定的银行，永远存储，作为保息。此外，财政部与交通部按月另支 8 万元发交指定的银行存储，以备每届付息之用。该公债票能够随意买卖、抵押，作为保证金与担保品。《民国三年内国公债条例》规定："每届还本付息十五日以前，由财政部、交通部会同呈请大总统，特派肃政史二员、审计官二员前往公债局及中国、交通两银行，稽查此项借款账目，并检验还本、付息之款。每届还本抽签之时，亦由肃政史暨审计院审计官会同财政、交通两部长官监视一切。"④

---

① 贾士毅. 国债与金融 [M]. 北京：商务印书馆，1930：17.
② 北洋政府公布之新华储蓄银行储蓄票章程. 中华民国金融法规选编 [C]. 北京：档案出版社，1989：87-89.
③ 大总统批令 [J]. 政府公报，1915（1068）：4-5.
④ 民国三年内国公债条例 [N]. 新闻报，1914-08-08（0003）.

肃政厅存续期间，共进行过两次查验：第一次由肃政史夏寿康、李映庚、审计官张润林、单镇于1915年6月26日共同查验3年内国公债，查验后发现二次付息完毕，但公债的借款超过定额，并作另案处理。① 第二次由肃政史王瑚等于1916年1月2日查验3年内国公债，查验结果为三次付息完毕。② 在肃政厅被裁撤后，此查验行为由审计院进行。

3. 对其他政务活动的监督

肃政厅进行其他监督行为一般由总统不定期地指派。如协同复核财政部尚有疑问的税收征收条例③，肃政史王瑚调查江苏厘局的弊端并于回京时交由财政部核办④，1916年3月，"肃政史四人代表财政次长龚心湛赴各省调查厘金事宜"⑤。同年6月，"政府委任肃政史傅增湘、方贞二君，来宁调查江苏交通银行账目，及各项关于国家收入之捐款"⑥。

三、政治建议权

肃政史的政治建议权是指，肃政史能够针砭时弊，就时政得失、国计民生等直接向大总统提出建议。肃政史的这一权力类似于古时谏官的权力，但建议的范围要广于谏官。此外，肃政史行使的政治建议权，与西方专门机关监察制度中的建议权大不相同。其最主要的区别在于权力对象不同，肃政史的政治建议是向大总统提出的，而西方建议权的行使对象是具体的行政机关，但两者的相同点是都没有强制性。

1. 政治建议权的由来

肃政史的政治建议权并不是法定的，这一权力是肃政史向总统"要求"而获得的。按照《纠弹条例》，肃政史仅有纠弹之权，而诸公以为如此与言

---

① 大总统批令（中华民国四年六月二十六日）[J]. 政府公报, 1915 (1126): 7-8.
② [J]. 政府公报, 1916 (1) 64-65.
③ 财政部咨内务部、肃政厅关于征收厘税条例尚有疑问处 [J]. 政府公报, 1914 (937): 34-36.
④ 专电 [N]. 时报, 1914-12-06 (0002).
⑤ 译电 [N]. 时报, 1916-03-14 (0002).
⑥ 南京快信 [N]. 时报, 1916-06-18 (0002).

官之古义不符,乃于1914年6月11日联名具呈,请求以后对大总统得进谏诤之言,并于时政得失亦得具以上陈。上呈大总统之书由肃政史张超南主稿。张氏在陈奏稿中请求说:

> 肃政一职,古本谏诤之专官,今以纠弹为原则。迺我大总统开不讳之路,倡亮直之风,诏使尽言,容其謇谔,虽管窥蠡测,于高深亦复何裨?而公听并观,则献替在所不废。惟是机关初立,法令未详,苟效愚款之愚,少抒忠说之论,固知虚怀必蒙嘉纳。按之定例尚无明文,或且以越职言事为嫌,终不免拘文牵义之见,合无吁恳钧座畀命重申,换汗大号,以彰索谏求非之美德。而绍拾遗补阙之成规,俾有遵循,垂为令典,似与我大总统谆谆告诫之旨,尚相符合。至敷陈大计,入告嘉谟,举凡时政得失关于国计民生者,士民皆可上书,言官尤宜建议。应请钧旨,一并宣布,使贡所见,以备选择,庶有类于乌茏之询,亦可资为壤流之助。某等渥邀知遇,待罪台官,雅慕鸣凤之称,惧贻寒蝉之诮,用敢不避冒渎昧死上陈,是否有当,理合联衔具呈,谨乞大总统钧鉴钊示遵行。①

在呈稿中,肃政史向大总统建议应降明令,开直言不讳之路,否则有"拘文牵义之见""以越职言事为嫌",建议的范围包括"敷陈大计""入告嘉谟""举凡时政得失关于国计民生者"之事。不久,袁世凯以大总统令确认了这一权力:

> 凡政治清明之世,必有靖共正直之风,本大总统日昃不遑勤求治理,思夫所以奠邦基而答民望者。惴惴焉,惟蔽聪塞明,是故上次觐见肃政史时,最以愿闻己过直言无隐,据代理都肃政史夏寿康等,呈称请降明令,以彰索谏求非之美德,而绍拾遗补缺之成规。时政得失尤宜建议,应请一并宣布等语。查肃政厅本有纠弹官吏治职权条例,谨严仅规狭义,

---

① 黄远庸. 远生遗著(第2册)[M]. 北京:商务印书馆,1924:66-67.

与其发觉于事后，不如防患于未然，嗣后肃政史封呈事件，有能献纳箴规、指陈利病者，本大总统必亲加省览，虚衷采纳，藉彰台官謇谔之休，力惩晚近阿谀奉之习，有厚望焉。①

2. 政治建议权的行使对象与内容

政治建议权的行使对象为总统，这与西方专门机关监察制度中的建议权不同。在西方的议会监察专员制度中，议会监察专员建议权的行使对象为具体的行政机关。议会监察专员根据调查结果，有权对实施违法或不公平、不合理行为的机关提出纠正建议，并给予受到侵害的相对人或当事人相应的救济；而对行政机关，可以提出进一步完善行政管理的建议，但这些建议都没有强制性。②

肃政史的政治建议范围覆盖经济、政治、军事等方面，其内容包含对国家政治军事的建议、对吏治的建议、对官员行为道德的建议等。如肃政史李映庚、云书、程崇信、夏寅官等对总统的条陈，从"简军实""张国权""明赏罚""兴教化"4个方面分别提出对国家根本计划的建议。③肃政史俞明震条陈了军民分治办法，建议"将军与巡按使权限宜明白划分，不得侵越"，"将军宜驻要塞，不宜与巡按使同城"，并举例说明"如江西则移九江，湖北则移汉阳，湖南则移岳州，福建则移厦门"等。④肃政史王瑚条陈军官为获奖赏而虚报剿匪实情，"养寇祸民、贻误国家"，建议严加申饬并限期剿灭白匪以保治安。⑤

在吏治方面，肃政史曾建议严禁官吏牌赌冶游、奢侈成习，认为"官吏不得狎妓、聚赌载在官吏服务令，前因不肖官吏博塞流连，复经严饬查禁，兹国家多难图治，方殷在职人员自应共体克勤惕厉之衷，力袪淫佚骄奢之习，

---

① 大总统令（肃政史封呈事件亲加省览）（民国三年六月二十四日）[J]．政府公报分类汇编，1915（8）：16.
② 万世荣．中国行政监察的理论与实践[M]．武汉：湖北教育出版社，1991：69.
③ 肃政厅之大建议[N]．新闻报，1914-11-10（0005）.
④ 肃政史余明震条陈军民分治办法[N]．时报，1914-12-12（0002）.
⑤ 肃政史条陈白狼之意见[J]．善导报，1914（14）：21.

京师为首善之区，相习成奉，更何以昭示国内"①，嗣后如果官员狎妓、聚赌，则直接由肃政史弹劾，并交由文官惩戒委员会惩戒。同时，都肃政史庄蕴宽及肃政史夏寿康、王瑚、云书对路政问题进行了条陈，认为"路政不修，负债急迫，亟应洗除弊端以资补救"②。

3. 政治建议权的行使

肃政史行使政治建议权主要表现为向总统或政府提出条陈、呈文等。"条陈"一般是肃政史针对某种行为或现象而作出的，如肃政史俞明震作出的"军民分治条陈"，该建议是针对某省将军干预民政行为而作出的③；又如"整饬风化之条陈"，则是针对某些名阀子女的"种种伤风败俗之举动"而作出的。肃政史提出"条陈"，并不需要呈上切实的证据，并进行详细的调查，只要有不利于国家或社会的行为与现象发生，都能进行条陈。对"条陈"的处置一般是采纳或不采纳，在总统采纳该条陈后，则会进行批复并交由相应的机关处理。如肃政史联名上呈"救亡条陈"，在条陈中尤为强调"简军实"为国家当务之急，大总统采纳了该条陈，并着相关部门讨论，其结果为："奉大总统令，交议肃政厅条陈，核减军费以充军实一呈，当经该处切实讨论，以现在各省军费一再撙节，已属减无可减，应俟征兵制度规定后，再为通盘筹划，至储备军实，应由政府另行规划，以期有裨军用等。"④

"呈文"则一般是肃政史对吏治提出的建议，更具有指向性。如肃政史对官吏作风问题提出的"严禁官吏牌赌冶游、奢侈成习"呈文，较条陈而言，更加严谨，陈述官吏作风糜烂的同时，以《官吏服务令》为依据，要求总统下明令禁止并处以相应的责罚。肃政史在提出"呈文"时，一般有相应的事实依据，在经过较为详细的调查后，由一人或多人署名提出。如肃政史联名提出"路政不修，负债急迫，亟应洗除弊端以资补救"呈文，列出事实

---

① 大总统申令（中华民国三年八月二十九日）[J]. 政府公报，1914（833）：7–15，22.
② 都肃政史庄蕴宽，肃政史夏寿康、王瑚、云书呈路政不修，负债急迫，亟应洗除弊端以资补救（中华民国四年三月十五日）[J]. 政府公报，1915（1242）：19–20.
③ 俞肃政史条陈军民分治 [N]. 新闻报，1914–12–16（0005）.
④ 议复肃政厅条陈 [J]. 兵事杂志，1915（19）：1.

与证据，要求大总统"饬下交通部严切整顿，或特派濂干之员，彻查纠正，以资补救"①。针对肃政史所提出的呈文，一般的处置方式是采纳并交由相应部门处理。如针对"严禁官吏牌赌冶游、奢侈成习"的呈文，大总统以"申令"的方式，下令严禁官吏狎妓、聚赌，如有违反，则肃政史直接纠弹并交由文官惩戒委员会惩戒。针对"路政不修"的呈文，总统下令交通部严加整顿，后财政部与内务部亦参与对相关主管官吏的调查，牵涉"京张铁路""京汉铁路""津浦铁路"等系列纠弹案。

4. 政治建议权与民意表达通道

政治建议权初时只由肃政史独立行使，就其所见所闻与调查的内容进行条陈，但在肃政监察实践的中后期，逐渐发展成一种民意表达通道，许多平民及其他社会成员通过肃政厅向总统表达民意，由肃政厅转呈其意愿。

如贺振雄为反对杨度等组织的筹安会，曾请肃政厅代呈大总统"诛奸救国书"，呈文中言辞激昂，痛骂筹安会作出的行为，并"恳请肃政厅长，代呈我大总统，立饬军政执法处，严拿杨度一干祸国贼等，明正典刑，以正国是，以救灭亡，以谢天下人民，以释友邦疑义"②。此外，也有平民通过肃政厅向总统反映地方政府税收问题。如福建龙溪县花农代表呈文至肃政厅，请求肃政厅转呈总统撤销该县花农的"水仙花捐"，因为"公私层层敲剥，委实难再负担"，故上下奔走呼号免捐，并在电报中写道："哀乞院长大人俯赐垂怜敝社被灾，民力困惫，元气未复，恩准据情转呈大总统矜怜格外，令饬闽省该管官厅撤销前项包办水仙花捐，以救敝社数千人生命。"③ 也有通过肃政厅申冤，请求肃政厅转呈总统派员彻查军官骚扰平民之事。例如，1914年浙江绍兴人马尚公被推为"公民代表"，代表绍兴人徐守范（当时被羁押）到肃政厅告发绍兴县知事与标统（类似地方军队中的团长）扰民并滥用私刑

---

① 都肃政史庄蕴宽，肃政史夏寿康、王瑚、云书呈路政不修，负债急迫，亟应洗除弊端以资补救（中华民国四年三月十五日）[J]．政府公报，1915（1242）：19-20．
② 南华居士．国体问题：首卷（下册）[M]．北京：新华印刷局，1915：5-7．
③ 中国第二历史档案馆．地方税及其他税捐[C]．中华民国工商税收史料选编（第5辑），南京：南京大学出版社，1999：1559-1560．

等。在诉状中"叩求天恩钦派大员莅浙访察军官骚扰、承审官袒庇串虐"①。

第六节　肃政监察权的辐射范围

一、肃政厅监察权的覆盖面与限度

相较于我国传统监察体系中对行政、经济、政治甚至文化思想的监察，肃政厅的监察权仅涉及对行政的监察以及对政治的建议，对经济的监察权由审计院行使。横向比较于西方国家中监察机关对立法的监察，肃政厅的监察权也不涉及对立法的监察，肃政厅的监察权更多地表现为一种"治官"手段。

肃政厅对行政的监察，是一种外部监察，因为肃政厅直接隶属于总统，并不受行政系统内部的管理与约束。北京政府时期的行政内部监察体系是行政权的一种向下延伸，各官署的最高行政长官自上而下进行监督与管理。肃政厅监察权针对的对象主要是行政系统内部的所有官员，包括国务员、一般官员以及非在职官员。其中，肃政厅对行政裁决执行具有监督职责，其监督对象是作出该行政行为的主管官署，那么肃政厅监察权针对的对象则包括了特定的行政官署。

监察机关对经济的监察权，是我国传统监察体系中一个重要的组成部分，从隋唐时期开始，经济活动便成为监察的重点。北京政府时期，审计院成立并分管对经济的监察，肃政厅监察权与审计院的经济监察权并立，互相监督制衡，是监察制度的一大进步。

此外，肃政厅拥有对立法的部分监督权。肃政厅虽无权干涉立法，但根据《立法院议员选举法》，其有权监督议员的选举，以确保议员选举的公平

---

① 方强. 中国上访制度史话——公元前11世纪—1949年 [M]. 北京：中国青年出版社，2013：298-299.

公正性，从侧面体现对立法的部分监督。

　　肃政厅对行政进行监督也有限度。根据《纠弹法》的规定，肃政厅对官吏行为的监察包括：有无违宪违法行为，有无行贿受贿行为，有无营私舞弊行为，有无溺职殃民行为。官员作风问题与官员行政能力问题并不在《纠弹法》规定的范围内，在《纠弹法》颁布后，总统曾明令禁止官员牌赌冶游。严格意义上，肃政厅应当按照法律规定的范围行使监察权，但在实践中，肃政厅并未完全按照法律规定的范围行使监察权。一是对司法官进行了纠弹，如在"八厘公债案"中，肃政史质疑大理院的审判结果，认为法官有徇私行为，从而对法官提起纠弹。二是质疑官员的行政能力从而提起了纠弹，如对陕西咸武将军陆建章禁烟不力提起纠弹，对甘肃巡按使张广建任用私人、军纪废弛提起纠弹，等等。这些纠弹事由属于官员行政能力问题，在被纠弹人未违反法律的情况下提起纠弹，确实有滥用纠弹权的嫌疑。

二、肃政厅监察权与司法权的界限

　　肃政厅与检察厅、大理院之间看似界限明确、分工明晰，但实际上在肃政厅成立以后，彼此之间便摩擦不断。首先，从两者法律上的规定来看，肃政史对官吏的纠弹范围与刑法中官吏职务违法犯罪是重合的，因此肃政史与检察官的职能在一定程度上是重合的，《纠弹法》与《暂行新刑律》在效力位阶上同属基本法律，对于两者重合的部分则需要特别的规定来协调。其次，在当时的行政序列中，县知事仍然有一定的审判权，能兼理诉讼，肃政史提起纠弹不可避免地会对司法权有一定的干涉。同时，肃政史对司法权的干涉还体现在纠弹法官方面。最后，在肃政史提起纠弹的案件中，平政院的审判权限与大理院对于证据等是否承认，都需要进一步明确规定。

　　1. 法律规定的界限

　　（1）对纠弹对象的明确界定。《纠弹条例》并未明确规定"非在职官吏"在肃政史可提起纠弹的范围内，因此对于非在职官吏在任期间的职务违法与犯罪行为的管辖问题，则成为肃政厅与大理院争议的焦点。在对前顺天府尹王治馨的纠弹与审判中,《纠弹条例》正在进行修改,正式的《纠弹法》也并未制定及公布,该案耗时甚久,平政院与大理院对该案管辖权的争夺也是耗时甚久的原因之一。其中,王治馨是否为适格的纠弹对象,就曾是争议之一。王治馨被纠弹的事由是在他任期内发生的事情,而在肃政史纠弹王治馨时,他已离任,大理院据此认为其不属于《纠弹条例》所规定的纠弹对象,该案应由检察厅侦查、大理院审判。《纠弹法》于1914年7月20日公布时,将"非在职官吏"明确纳入纠弹范围,此争议才得以解决。

在参政院对《纠弹法》的二读会上,赵惟熙提出,"凡行贿舞弊者,非现职官吏亦得纠弹"。此前,在该法案的审查会上,他便提出此提案,但并未通过,会议认为如果纠弹对象扩展为非在职官吏,那么司法权与监察权在行使过程中会产生很大的争议。后大会拟提出修正案,确保"行政诉讼法审查案,竭力维持司法权",但法界仍不满。①

在二读会上,赵惟熙仍列明理由认为:"大总统设肃政厅之意亦在于是,法学家以为不合,卒未通过,其实不然。官吏违法固应纠弹,而贻害地方之人,如前清所谓绅士,人民及地方官吏,皆不敢告发者,若不纠弹,将何以安良。况前清科道有八十员,而现设之肃政史十六人,正虑耳目难周,若此权利而不与之,恐难收美果。如谓纠弹法只可纠弹行政官吏,本法并未指明纠弹官吏法,若谓肃政史者,系肃政纲,凡关扰害地方之事,何一不影响于政治总要。"议员黎涧其后提出疑问,谓:"第二项用意颇善,惟非现职官吏范围如何?"赵惟熙答复道:"系退职人员,前清所谓绅士者,民国虽无所谓绅士,而曾任官吏者,一般人民每以官吏之故,往往有武断乡曲之事。"黎谓:"民国公例,在职为官,退职为民,民可受普通法庭裁判。"该条内容的争议点依旧是在管辖权上,最终赵惟熙的提案以19人赞成通过。②

若法律明确规定"非在职官吏"亦在受纠弹的范围之内,确会产生诸多

---

① 专电[N]. 时报,1914-07-15(0003).
② 参政院中三法案之二读通过[N]. 申报,1914-07-19(0003).

问题。议员王揖唐曾表明："此项文字易滋误会，修正时，非格外慎重不可。"① 因为"非在职官吏"的表述在厘清肃政厅与大理院之间管辖权问题的同时，又表明肃政史的纠弹权可以溯及既往。在实践中，由此导致许多前清的案件又被提起，在证据资料并不完全的情况下，这些案件多数处于"留中不发"的状态。袁世凯曾就此现象而手谕肃政厅，谓："今日各肃政史弹劾案多有追及革命纷扰时事，及前清旧案者，如此追究何胜其烦，且屡与大狱，亦非国家之福，嗣后应慎重言论，无须穷追既往。"②

（2）对纠弹事由的明确界定。在《纠弹法》中，纠弹事由被概括规定为"违宪违法事件、行贿受贿事件、营私舞弊事件、溺职殃民事件"，但并未对具体的法定纠弹行为进行进一步说明。1912年公布的《暂行新刑律》将官吏的所有职务违法与犯罪行为纳入分则第六章"渎职罪"中，除了一般官吏的滥用职权、行贿受贿、浮收税收、中饱私囊等行为，还将审判官、检察官、巡警监狱等相关官员的刑讯逼供行为，检察官与审判官应受理而未受理案件的行为也列入该罪中。如果肃政史依据《纠弹法》第1条的"违宪违法事件"，同时以违反《暂行新刑律》第六章的渎职规定为由，那么审判官与检察官也会因违法而被列入纠弹范围内，一旦肃政监察权对司法权产生持续性影响，那么司法权就无法保持独立状态。

在实践中，肃政史的确对法官提起过纠弹。在"八厘公债案"中，因大理院所认定的事实和证据与平政院所认定的事实和证据不相符，定案依据不同，导致最终的审判结果与肃政史的预判大相径庭，肃政史认为该庭的庭长与推事存在受贿徇私的嫌疑，便对其又提起了纠弹。该案最终引起了司法界与行政界的论战，《新闻报》发文称："本案虽一半由平政院发动，一半尚系有人授意，初意只不肯放松应德闳耳。不料牵涉司法独立问题，酿成司法与行政界之战争，激起司法部次长江庸辞职之问题。辞呈中同时请培养元气，语语针对本案立言。总统温谕慰留，宣示司法独立万不能变更之意。宪政政

---

① 参政院中三法案之二读通过 [N]．申报，1914-07-19（0002）．
② 专电 [N]．时报，1915-01-01（0006）．

府对于此案左右为难，一方面既欲维持司法独立，一方面又须顾全肃政面子与平政院之体面。"① 同时，肃政厅内部也有分歧，一方支持能对法官进行纠弹，一方则反对："肃政厅中亦有不以弹劾大理院原判为然者，最力者实都肃政史庄蕴宽。庄氏兼肃政史专为他人傀儡，报复私怨，恐激成党祸，甚不为然。日前单衔上书，谓国家威信宜保，机关权限宜分。"② 该案在肃政厅被裁撤之时都未能解决，对该案法官的弹劾最后也不了了之。在肃政厅内部分歧剧烈、力主司法独立的状态下，肃政厅再未依职权对法官进行主动纠弹，对待人民告诉告发法官的案件亦保持谨慎的态度。

（3）对纠弹事件审理权限的明确界定。为界定肃政厅与检察厅对官吏职务违法犯罪案件的管辖权，政府于1914年7月20日公布了《官吏犯罪特别管辖令》③与《纠弹事件审理执行令》④。根据这两则律令的规定，将惩治官吏违法犯罪分为两种情形：一是经由肃政史纠弹的案件。此类案件由平政院审理，平政院审理后将审理结果交总统阅览。在总统阅览并裁决后，特交司法总长的案件，根据情节轻重而分别交由不同机关处理，情节较重的，交由大理院按照官犯旧例审判，轻者则依据刑事诉讼法草案中管辖的规定办理。也就是说，平政院审判后认为涉及刑事范围，需要由总统交付司法审判的案件，适用上述规定；认为不涉及刑事范围，仅仅是官员纪律与作风有问题，或者没有犯罪事实，应当免于处罚的，交由大总统裁决后，纠弹案即结束。二是未经肃政史纠弹的官吏犯罪案件。此类案件仍由对该案有管辖权的检察厅依照先行管辖条例办理，其中，情节特别严重的，由大总统先行褫职，再交由总检察厅向大理院提起公诉。也就是说，对官吏犯罪案件的管辖适用"先占"原则：若由肃政厅先行纠弹，则进入纠弹程序，由平政院进行"预判"，视情节轻重而决定是否进入刑事审判程序；若检察厅先提起公诉，则案件由大理院审判。

---

① 肃政厅劾官记 [N]. 新闻报，1915-08-09（0003）.
② 肃政厅劾官记 [N]. 新闻报，1915-08-09（0003）.
③ 官吏犯罪特别管辖令 [J]. 司法公报，1914（11）：89.
④ 纠弹事件审理执行令 [J]. 司法公报，1914（11）：90.

2. 实践中肃政厅监察权对司法权的干涉

尽管从法律规定上对监察权与司法权进行了界定，但在实践中，肃政厅依旧对司法权进行了一些干涉：一是对民事司法过程进行干预，二是对刑事司法审判结果进行干预。

肃政厅对民事司法过程进行干预最典型的事件是，肃政厅上呈总统请求废除审判厅民事执行查封处。1915年2月18日，北京专电称："袁总统据肃政史周登皞、张超南、夏寿康等联名，呈称京师商店因债务涉诉，经法庭封闭者，几于无处无之嗣后，请由官厅委托商事公断处先行调处，当谕徐相国云，京商困苦，亟宜设法保护。著交内务、司法、农商三部会筹恤商办法。"① 2月25日，大理院推事李震彝拟有驳肃政史说帖，陈于司法总长。② 同时，关注该事件的其他司法界人物也认为："法律无论如何总不外乎实行体察民情为主，自设立审判厅讲求新法律以来，其办法有许多不合民情之处，如盗窃、欺诈、侵占等请事，只办罪而不追赃，实不遂被害者之诉意。又债务纠葛，亦只判令定期偿还，而永无勒令偿还之办法。近来审判厅有民事执行处，其对于不偿还者即将其所有财产查封，此正是勒令偿还之一种办法。只查封后，仍不偿还竟有由审判厅估价拍卖抵偿，种种办法是法律渐渐有公平之一日。"③ 现今肃政史请求废除审判厅民事执行查封处，那么"任被告永不偿还，则告诉人告诉之效果何在，利益又何在，所以民国以前，虽民刑不分，而旧律涉于刑事者，除办罪不计外，专以追偿为要旨"④。4月5日，内务、司法、农商三部召开会议商议解决肃政史维持京商案，后呈复京商会，明令京商会虽没有设立公断处，但嗣后也可以调处相关的争议。⑤ 该事件双方各让一步，但京商会的调处并没有强制力，最终司法权的独立性未受到影响。

---

① 专电 [N]. 时报，1915-02-18（0003）.
② 专电 [N]. 时报，1915-02-25（0003）.
③ 司法人物之一习话 [N]. 新闻报，1915-02-15（0005）.
④ 司法人物之一习话 [N]. 新闻报，1915-02-15（0005）.
⑤ 专电 [N]. 时报，1915-04-05（0002）.

肃政厅对刑事司法审判结果的干预，则引起了广泛的声讨。最初是对大理院审判"八厘公债案"的法官提起纠弹，引发了司法界与平政院之间的争端，舆论也倾向于司法应当独立。后来，肃政史对京张铁路参案的处罚结果不大满意，又提出弹劾。舆论则认为："肃政史为言责之官，然试问其是否复有干涉司法之权，今则往往于参案处罚不大满意，八厘公债案表示于前，京张铁路案继承于后，虽二案间是非自有公论，特吾不解，既弹劾之于前，而又复纠绳之后，将如何而令肃政诸公满意耶。"①

---

① 时评肃政史 [N]．时报，1915-08-16（0010）．

第四章

肃政监察制的运作机制

　　肃政监察规范通过一定的运动过程、机制、方法与形式，使规范中的内在规定性及其功能得以实现。肃政监察制的运作是使规范中应然的效力转化为实然的效力的过程。肃政监察制的实效，在很大程度上取决于其运作机制的创建和畅通。因而自肃政厅建立后，袁氏政府便立即着手制定法律法规，建立了一套确保肃政监察制有效运作的机制。这套机制的有效运行主要依赖于肃政史纠弹权的有效行使，肃政史纠弹权的行使分为3个阶段：一是纠弹事件启动阶段，包括肃政史依职权的主动启动，以及总统特交和人民告诉告发的被动启动；二是纠弹事件调查阶段，不同的启动方式下，肃政史的调查权限不同；三是纠弹事件调查结束后的初裁阶段，肃政史调查结束后，会根据具体情况提起纠弹或不予纠弹。上述3个阶段是肃政史行使纠弹权的完整过程，在整个吏治过程中，肃政监察权也只是一种发动性权力，它的效能要依靠平政院、大理院的审理权，以及文官惩戒委员会的惩戒权来实现。本章最后一节则介绍了肃政监察的移送机制，其中包括对纠弹事件的审理以及惩戒。

第一节　肃政监察的纠弹启动机制

　　肃政史提起的纠弹按照纠弹发起的方式，分为主动启动的纠弹与被动启动的纠弹。主动纠弹是指肃政史根据《纠弹法》第1条所规定的事项依职权对官吏的违法行为进行纠弹。被动纠弹是指肃政史根据《纠弹法》的规定，对大总统特交肃政厅查办的事件与人民告诉告发于肃政厅的事件进行纠弹。这两类纠弹在吏治中发挥的作用是相同的，但因发起方式不同，其在启动、调查与处置的程序上有很大的差别，因此拟分别讨论。

一、纠弹的主动启动

肃政史主动提起的纠弹又称依职权提起的纠弹，在肃政厅成立早期，肃政史依职权提起的纠弹占比较高。肃政史依职权对官吏进行主动纠弹的过程为：肃政史通过"风闻"（包括日常接触、工作接触、听他人提及等）产生对某官吏的怀疑，然后肃政史依职权对该官吏进行调查（主动启动式中，肃政史的法定调查权仅包含向相关机关调阅与案件有关的文件），最后通过整理出的线索与事实，向总统提起弹呈。

1. 主动提起纠弹的法定人数

肃政史依职权主动提起的纠弹，根据《纠弹法》第2条的规定，"前条之纠弹，得由肃政史一人行之"。在《纠弹条例》中，并没有对肃政史提起主动纠弹的人数进行规定，在《纠弹条例》的修正过程中，平政院提出了修改意见，称"拟改第二条为，肃政史认为官吏有第一条各款情事之一者，得以一人名义依其职权径呈大总统纠弹之"。平政院提出此意见的理由有三：一是其余两类纠弹事件在肃政史人数上都有具体规定，但依职权主动提起的纠弹并无规定。"肃政史之纠弹类别有三，第四条之查办事件，第七条之审查事件，均由都肃政史指定肃政史二人以上办理，其纠弹应以二人以上行之，自属正当办法。唯此条系由肃政史径行提出纠弹，纯为个人之单独行动，能否以一人名义行之，并未另有条文如何适用。"①

二是由于依职权提起的纠弹，其获悉违法的途径不一，两人及以上的肃政史容易意见不一。"二人以上之规定，必须要求闻意阐种室，确难行约面

---

① 平政院对于提交参议院案之大争执［N］．申报，1914-07-12（0003）．

之。官吏劣迹未必人尽周知，此已徵诸人言信以为实，而彼独无闻见，疑涉于虚，其难一。是非原难遽定，见解未易绝同。草菅人命而或谓其应变有方，姑息养奸而或谓其安静不扰，其难二。自来权奸枪柄炙手可热之，日敢于抨击常人所难，其有自愿牺牲一切而为之者，如明杨继盛之劾严嵩，清曹锡实之劾和珅，率皆孤行己意。例以前事求之，今日祸福与共，利害相关，欲得连署之人恐无同声之应，其难三。"①

三是依职权提起的纠弹事件涉及重大应密呈总统者，两人以上容易泄露、贻误。"纠弹事件情节重大者，应用密呈，是以古人建户作疏、避人焚草，虽其妻子不得闻，如须协议必先会商设，有关系重要迫不及待之事时，时日稍稽因而贻误。事一泄得以弥缝，师溃多鱼，谁执其咎。"② 同时，"国家设立此官，应尽言之专责，若仍加以限制，欲言则蹈违背法律之嫌，不言，则贻仗马寒蝉之诮，似于广开言路之旨有未尽也"③。

上述意见及理由被法案审查会采纳，在参政院对《纠弹法》的二读会中，由议员程树德代理审查会提出："独肃政史自行纠弹不定人数，未免疏漏，只定为'得由肃政史一人行之'者，以免掣肘，且即二人以上，亦无不可，较为活动。"④ 参政院的二读会通过了该提案，三读会上对此提案并无异议，因此在正式公布的《纠弹法》中规定了肃政史一人即能依职权主动提起纠弹。根据《肃政厅肃政史办事细则》第23条与第25条的规定，肃政史提起纠弹，其他肃政史可以附署签名，因而在肃政史依职权主动提起的纠弹中，也有二人及以上的情形出现。如针对吉林巡按使孟宪彝"罔利营私"的纠弹，则是由肃政史傅增湘与夏寿康共同依职权提起的。⑤

2. 主动提起纠弹的方式

在主动提起的纠弹事件中，肃政史的调查权仅限于调阅与案件有关的文

---

① 平政院对于提交参议院案之大争执 [N]. 申报，1914-07-12 (0003).
② 平政院对于提交参议院案之大争执 [N]. 申报，1914-07-12 (0003).
③ 平政院对于提交参议院案之大争执 [N]. 申报，1914-07-12 (0003).
④ 参政院中三法案之二读通过 [N]. 申报，1914-07-19 (0003).
⑤ 大总统申令（中华民国四年十二月三日）[J]. 浙江公报，1915 (1370)：2.

件，因此肃政史获取案件信息的渠道并不多。前清的御史能够依职权提起纠弹，是因前清都察院实行的是"监审合一"监察方式，御史在监察过程中能通过审计获取官吏是否违法的信息，而肃政监察时期，审计院与肃政厅是分立的，肃政史只能主动申请调阅相关案件才能获悉信息。此外，前清的御史能够就官吏的"失德事件"进行纠弹，但其不在肃政史的纠弹范围内。因此，肃政史只能通过在实践中运用以下3种方法获取案件信息：

（1）"风闻其事"，调阅审计院收支决算及相关报表。"风闻其事"是肃政史取证最主要的方式，但与古时御史"风闻其事"即能够随意纠弹不同，肃政史的"风闻其事"只是获取案件信息的一种方式，在正式的弹呈中，需要列明相应的依据。如在肃政史夏寿康纠弹财政次长张弧"藉公舞弊、罔上营私"案①中，肃政史通过分类查证等方式，列举张弧的种种舞弊行为：

一是核对收支。肃政史夏寿康在纠弹呈文中写道："查善后大借款成立以来，盐务机关补收民国二年五月二十一日以前兼款，及其他不归稽核范围之款，凡散在外省各运司局署与解交盐务署者，不下数百万开支，用途向为用正式公文报部所有，收支决算既不归外人稽核，又不送审计院审查。其中由该员任意支用及供给他人挪借者，为数甚巨。如盐政讨论会会员景学铃所处盐政杂志，对于张弧无贬辞者，即挪用款项之效也。闻该员滥支挪借之款均用他项名义弥封，此应彻底查究者一也。"②

二是查拨款用途。肃政史夏寿康在纠弹呈文中写道："查长利商号之组合所拨公款约七八十万元，内置经理协理及办事各员多以盐署有职人员兼营业。每月津贴各有四五百元不等，该商号以官力主办，获利极大，该员以其母舅马衡堂总管津号，闻每年盈余总在二百万以上，而报公家之数甚微。此举用心至巧，而营利弥工，虽经派员有查账员亦无从发其弊，发行者不下数千名，其审查手续既非经长芦运司核准，又非由商人直接禀请，所用商人名

---

① 肃政史夏寿康呈为官员藉公舞弊罔上营私据实纠弹仰祈钧鉴文 [J]. 政府公报，1915-06-26 (9-10).
② 肃政史夏寿康呈为官员藉公舞弊罔上营私据实纠弹仰祈钧鉴文 [J]. 政府公报，1915-06-26 (9-10).

义多系该员任意捏造以包揽转运之利。直与伪造公文书无异，此应请彻底查究者又一也。"①

三是查明款项。肃政史夏寿康在纠弹呈文中写道："查税捐关系人民负担增加，免除其权，应归于上，乃该员任意专擅，所有加重之税，既不随时呈报而私行豁免之款，亦所在多有。如云南向为边瘠省份，本系借盐款以支持政费，向有路股捐款一项，每年约收四五千万元，闻该员豁免如此大款，事前未经呈请，事后亦未上闻，以致滇省军糈紧迫，仍须由中央拨巨款以资协助，此应彻底查究者一也。"②

四是核对薪酬。肃政史夏寿康在纠弹呈文中写道："查近年政费支出，办公人员兼差不兼薪，早有命令，该员以财政次长兼盐务署长，稽核所办每月薪俸除由盐署开支千元外，其余兼薪亦按月领收，往来京津恣意挥霍，而所定稽核及顾问章程，载明盐务署长兼稽核所总办，以稽核所会办兼监务署总办，该员与洋员互相勾结而两处人员之彼此兼差者甚多，薪水开支实为繁滥，此应请彻底查究者又一也。"③

（2）通过走访取证。如在肃政史联名纠弹福建巡按使许世英案④中，肃政史夏寿康、周登皞、张超南、麦秩严通过监察该巡按使的作风、治下官吏行政问题与该省财政问题等，列举该省巡按使的种种渎职行为：一是不修政务，"福建巡按使许世英自历任以来，专事铺张，如设商场、修马路、置平康里则视为莫大政策，而全省之利弊民生之休戚概置勿问闻"。二是协同僚狎妓，"查官吏冶游本于例禁止，况明令告诫不谓不严。该巡按使在司法部任内于私娼陈七奶奶一案已啧啧人言，去秋到闽即借用乾记洋行夹板船，协

---

① 肃政史夏寿康呈为官员藉公舞弊罔上营私据实纠弹仰祈钧鉴文 [J]. 政府公报, 1915-06-26 (9-10).

② 肃政史夏寿康呈为官员藉公舞弊罔上营私据实纠弹仰祈钧鉴文 [J]. 政府公报, 1915-06-26 (9-10).

③ 肃政史夏寿康呈为官员藉公舞弊罔上营私据实纠弹仰祈钧鉴文 [J]. 政府公报, 1915-06-26 (9-10).

④ 肃政史夏寿康、周登皞、张超南、麦秩严呈疆吏溺职贻害地方据实纠弹仰祈钧鉴文 [J]. 政府公报, 1915-09-14: 1621.

同僚狎妓"。三是朋党营私,"查闽省各重要机关如政务厅长、财政厅长、警察厅长、水上警察厅长、教育科长、烟酒局长、厦门道尹、闽海道尹皆以皖人逐渐引用,遍察各省从无此者,谓无私己不足信。然果然称职则犹有说,乃如警察厅长龚才朗司全省警务,无日不在娼馆弹唱,本年四月十八日公然与烟酒局长、教育科长、高等侦探长狎妓聚赌吸烟。该巡按使上行下效,僚属故有恃无恐"。四是以权谋私、收受贿赂,"福州商铺面积狭小居多,该巡按使勒令一律退地以拓街道,违者则罚究。闻有因而歇业者,若殷实商铺能以金钱向龚才朗(警察厅长)运动,则又不必折改,此尤有目共睹者也","查闽省千起禁烟案均由禁烟局主持,独杨子琴一案由巡按使与该县知事一味袒护,系得六万元故生此效力"。①

此案中的纠弹依据,并不全在法定纠弹的范围内,如在"不修政务"的诘问中,设商场与修马路等政务是否与民生休戚相关,是肃政史的主观判断。任用同乡为官员的"朋党"行为也不在法定的纠弹范围内,但肃政史对官吏进行纠弹时,特别是高级官员,都会将与政治相关的事项纳入纠弹范围内,一般还会涉及其治下的其他官吏,以对其进行"全面"的纠弹。本案即如此,案件最终的审查结果是许世英被弹劾的"诸端多有传闻之误",因"过不掩功,著从宽免其置议",其余提及的下属官吏等,则交由文官高等惩戒委员会惩戒。②

(3)通过新闻报纸和社会舆论取证。在肃政史弹劾海军部军法司司长案与肃政史联名弹劾海军总长案中,肃政史夏寿康、夏寅官、张超南、周登皞、俞明震、云书通过新闻渠道了解到海军部审判海军留学生一案,随即向总统提出弹呈。③海军留日学生因在日本提出增加资助费用,后回国被军事审判庭判处12年有期徒刑一案,引起了社会的广泛关注。肃政史列出该案在审判程序与实体上的问题,认为海军部军法司司长许继祥滥用职权、举措不当,

---

① 肃政史夏寿康、周登皞、张超南、麦秩严呈疆吏溺职贻害地方据实纠弹仰祈钧鉴文[J]. 政府公报,1915-09-14:1621.
② 大总统申令(中华民国四年九月十日)[J]. 政府公报,1915(1202):7-8.
③ [N]. 时报,1914-12-10(0002).

请求派员查办。在留学生案进入处理阶段,海军部作出新的处置后,全体肃政史署名弹劾海军总长刘冠雄用人不当,且"谓刘与乱党有关,并牵涉该部林魏诸人"。用人不当的联名弹劾在袁总统将原呈文交刘冠雄阅看后,并无后续。

二、纠弹的被动启动

肃政史被动提起纠弹的事件有两类,一类为总统特交的事件,一类为人民告诉告发的事件。从提起数量来看,人民告诉告发的事件要远远多于总统特交的事件。

1. 总统特交的事件

总统特交的事件,由都肃政史指定两名或两名以上肃政史查办。总统特交肃政厅查办的事件有以下几类:一是对牵涉甚广、十分复杂案件的查办。如前江苏民政长应德闳伪造报销、蓄意侵占、贪利忘国案①,该案最初是由当事人几经控告于财政部,财政部在调查过程中发现此案牵涉甚广,遂呈报于总统,总统特交肃政厅查办。肃政史曾述棨等查实了相关证据后,认为在该案中,应德闳确有相关违法行为,便向总统提起了弹呈。二是肃政史向总统提出条陈,总统就条陈中的内容交肃政史查办。如在前津浦铁路局局长赵庆华案中,都肃政史庄蕴宽和肃政史夏寿康、王瑚、云书先是上呈了关于路政不修、负债急迫,应当立即消除弊端以资补救的呈文②,在呈文中分析铁路局"以私耗公""用人唯熟""入不敷出"等弊端的同时,陈述了相关官吏的违法迹象,总统阅后特命肃政厅查办该案。都肃政史指定王瑚、蔡宝善查办该案,在肃政史查实了相关官吏的违法行为后,依所查证据提起了纠弹。

总统特交肃政厅查办的事件并不必然会转化为纠弹事件。如新疆选举案

---

① 大总统批平政院应德闳一案既涉及刑事范围著交司法部办理文(四年二月八日)(附呈文与裁决书)[J]. 司法公报,1915(29):197-209.
② 都肃政史庄蕴宽,肃政史夏寿康、王瑚、云书呈路政不修,负债急迫,亟应洗除弊端以资补救(中华民国四年三月十五日)[J]. 政府公报,1915(1242):19.

中，新疆都督杨增新电称，新疆国民代表大会的选举不符合国法，出现被选举人年龄不符等情形。① 内务部在收到此电函后，以大总统令明令大理院院长董康，肃政史蔡宝善、夏寅官、傅增湘、麦秩严，国民会议事务局局长顾鳌，共同查办新疆选举案。在查办后，发现其选举不符合法定程序的情形有4处，均为选举资格问题，便上呈总统要求另行依法选举，总统批复同意了该呈文。② 该事件的结果是新疆省另行选举国民代表大会的国民代表，这意味着总统特交肃政厅查办的事件并不必然引起纠弹。

2. 人民告诉告发的事件

人民因官吏违反《纠弹法》第1条规定的禁止性事项而受到侵害的，可向肃政厅告诉告发。人民向肃政厅告诉告发的事件，经由收案室呈递于书记处整理，书记处将整理好的案件交由都肃政史，都肃政史指定两名或两名以上肃政史进行审查。肃政史对人民告诉告发事件提起纠弹的过程为：首先，人民向肃政厅告诉告发；其次，肃政史审查案件的证据与事实；最后，若肃政史认为该案符合纠弹的条件，则向大总统提起对该官吏的纠弹，认为该案不符合纠弹条件，则登记造册后按月呈送大总统，并告知当事人。

（1）告诉告发章程。人民告诉告发的事件，根据《肃政厅收案及售状专则》和《肃政厅告诉告发章程》，有以下要求：凡告诉或告发者，需要购买肃政厅的告诉告发状，并依照状内各栏办理；凡告诉或告发者，应有在京内的店铺或同乡京官在告诉告发栏内亲笔署名、盖章；凡告诉或告发者，须到本厅收案室投递并取回收证；告诉告发状上应填写原告姓名、年龄、籍贯、职业、现住地，担保人姓名，被告以及关系人的姓名、年龄、籍贯、职业、现住地，其中关系人包括证人或与被告相关的其他人员。

《肃政厅告诉告发章程》第4条规定："凡非用本厅告诉告发状或以邮电递送者，概不受理，但该状内盖用曾经立案之农商各会钤记或交通不便地方

---

① 新疆都督杨增新致国务院转呈大总统电［J］．政府公报分类汇编，1915（4）：28.
② 办理国民会议事务局局长顾鳌呈报明新疆国民代表选举不合法定程序，现遵令更正及另定投票日期并举出代表情形文并批文（中华民国四年十一月二十五日）［J］．政府公报，1915（1276）：11-12.

确有急要情形者，由本厅酌量办理。"根据该规定，邮寄的告诉告发状不被受理。但在肃政厅的实践中，有大量邮寄的告诉告发状，由于缺乏对原告与证人的询问查证，案件的真实性难以确保，肃政厅总会议就该现象提出处理办法："道途遥远因邮寄呈词电报控告不得已也，而本厅受限于收发条例，多置之不问。殊非体恤民隐之意况，控词亦有真情，嗣后对于此种似宜分别参考，如认真确有研究之必要者，则派员或嘱托邻省委员前往密查，以凭办理。"①

（2）启动阶段的书面审查。在肃政厅收受告诉告发状后，首先进行书面审查，启动阶段的书面审查是为了筛选出适格的原告。在肃政厅的实践中，由于人民告诉告发事件增多，严格的书面审查成为提高肃政监察效率的必需程序。书面审查的内容包括：一是审查诉状内容的完整性，隐瞒真实姓名或缺乏证据等情况，都会导致案件在调查阶段受阻，严格的审查能够保证案件的真实性；二是审查诉状的填写是否符合程式，是否具有担保人，以及所告发的事由是否属于肃政厅的受理范围；三是对电报、邮寄的告诉告发状进行筛选，此类告诉告发状一般情况下不被受理，但在实践中会筛选出有特别情况的诉状，由肃政厅总会议讨论是否受理。如果审查后认为该案符合肃政厅的受理要求，则根据肃政厅的办事流程进入调查阶段；如果认为该案不符合肃政厅的受案范围，则出具有法律效力的决定书，告知当事人并由记录科存稿记录。

如肃政厅第00013号案卷"直隶吉林等省县民告诉各级司法人员滥用职权舞弊枉判各情案"，该案卷记录了当事人诉状的请求和事由，以及肃政厅的批示、意见和处理结果："该案已由该民在该省高等厅声明，原审推事王右弼应行回避，要求再审，又因不服再审之决定，复在大理院抚告，自应静候大理院批示办理，无请查办之要，应毋庸议，抑即知照，此批。"② 案卷的结尾附有经办肃政史的签章及日期。

如肃政厅第00017号案卷"北京商人郭纪云等告诉市政公所强迫收房夺

---

① 肃政厅无聊之近况 [N]. 新闻报，1915-09-05（0005）.
② 中国第二历史档案馆. 民国北京政府时期档案，肃政厅卷第00013号.

产失业案",肃政厅收受该案后,认为该案不在其受理范围内,则直接作出了决定书:"据此系琉璃厂商人郭纪云等告诉市政公所强迫收房夺产失业恳为挽救等情,查此案所控被告为市政公所,既属行政官署,该原告如以为处分违法损害其权利,照章应赴平政院提起行政诉讼,本厅碍难受理,仰即知照,此批。"①

第二节 肃政监察的调查机制

在肃政监察中,肃政史的调查权限是由《纠弹法》、《肃政厅处务规则》以及《肃政厅肃政史办事细则》所确定的,在不同类型的纠弹事件中,肃政史的调查权限是不同的。肃政史在依职权提起的一般纠弹中,只有调阅卷宗的权力,而在肃政史巡查各地政务时,由总统授予的特别调查权则不限于调阅卷宗。在被动提起的纠弹事件中,肃政史的调查权限则包括调阅卷宗、委托官署协助调查、派员赴案发地调查。

派员调查与委托官署协助调查这两种调查方式,是肃政厅第一次向参政院提交的《纠弹法》修正法案中所特别增加的。《纠弹条例》中并没有肃政厅调查权限的规定,肃政厅要求在《纠弹条例》第10条后增加一条有关肃政史调查权限的规定:"第十一条及第三条纠弹事件、第四条查办事件、第七条审查事件,经肃政史认为应行调查者,得由肃政厅派员调查或嘱托司法官署、行政官署调查之。"肃政厅认为:"肃政厅纠弹及查办或审查事件,如果案情重大、关涉于地方大吏,自应呈请传派专员查办。若当事件确实难以确定,非派员调查及嘱托各司法行政官署为之协助查明,不能得其真相,本此理由拟请增加。"②

在该条款的二读会上,议员程树德据此提出第12条:"肃政史得派员或

---

① 中国第二历史档案馆.民国北京政府时期档案,肃政厅卷第00017号.
② 平政院对于提交参议院案之大争执[N].申报,1914-07-12(0003).

嘱托司法行政官署调查证据。"他认为："查办与审查事件往往有调查证据之必要，事关重大者，由肃政厅派肃政史自行往查，至轻微事件，则嘱托司法或行政官署代为调查。原案未有规定，故特补入。"① 该条经表决后通过，在三读会后，成为正式公布的《纠弹法》第10条："大总统特交肃政厅查办事件及人民告诉或告发于肃政厅事件，经指定查办或审查之肃政史认为应行调查证据者，得由肃政厅派肃政史或嘱托司法官署行政官署调查之。"由此明确了肃政史的调查权限。

一、主动启动式调查

依职权主动纠弹事件的调查分为两个阶段：一是在纠弹发起阶段的调查。肃政史能够对"风闻"有职务违法犯罪的官吏进行调查，根据《肃政厅肃政史办事细则》第32条第2款，肃政史能够调阅与该官吏有关的文件，但获取的信息并不全面，线索也并不完整，通常需要总统授予其进一步的调查权限。如对财政次长张弧的依职权纠弹中，肃政史夏寿康在弹呈中每列举一项线索，都在其后附言"应请彻底查究"，可见肃政史在纠弹发起阶段的调查仅为初步调查。

二是纠弹完成后的调查。总统批复了肃政史的弹呈，并要求肃政厅详细查办该弹呈后，根据《肃政厅肃政史办事细则》第32条第1款，肃政史获得能亲自赶赴纠弹事件发生地调查以及委托有关官署协助调查的权力。如对京汉铁路局局长关赓麟的纠弹事件中，肃政史王瑚依职权对涉及案件的系列官员进行纠弹，总统在批复时，特交由肃政史王瑚进行调查。但在总统批复依职权提起的纠弹事件时，并不必然会将纠弹事件交由原提起纠弹的肃政史调查，因为案件关涉重大事项，通常另派专员调查，这些专员一般为政府高级官员。如对陕西咸武将军陆建章的纠弹，则派政府官员张凤台进行查办②；

---

① 参政院中三法案之二读通过 [N]. 申报，1914-07-19（0003）.
② 专电 [N]. 时报，1915-04-25（0002）.

肃政史傅增湘、夏寿康对吉林巡按使孟宪彝的纠弹，则是谕令朱庆澜严密查办①；肃政史夏寿康对财政次长张弧的纠弹②，则是谕令财政总长周学熙察看整顿③。

在调查是否公开的问题上，肃政厅拥有一定的自主决定权。1914年10月，肃政厅总会议决议"秘密调查各省官吏之行动，以警贪官污吏"④，具体的调查方式并未公开。1916年3月，肃政厅总会议决议了对各省分途巡查的手续，命王瑚、夏寿康、蔡宝善、徐沅分途出京考察各省征收吏治等项，总会议讨论了"一是巡查办法系为公布或者为秘密，二是巡查应该特别注重的地方，三是对现在战时各区的办法，四是严防积弊的各种办法"，后又开议数次，但最终因为肃政厅被裁撤而不了了之。⑤

二、被动启动式调查

在总统特交肃政厅查办的案件与人民告诉告发的案件中，经办的肃政史在纠弹发起阶段的调查权限相同。总统特交肃政厅的案件为"查办"案件，人民告诉告发的案件为"审查"案件。在经办肃政史的人选上，总统特交肃政厅查办的案件由都肃政史选两名或两名以上肃政史查办，人民告诉告发的案件则由都肃政史指定两名或两名以上肃政史审查。

1. 审　查

"审查"适用于人民告诉告发的案件。在人民告诉告发的案件中，肃政史首先对人民递交的告诉告发状进行书面审核，书面审核分为形式审查与内容审查。形式审查是第一步，在肃政厅成立初期，肃政厅根据《肃政厅告诉告发章程》，要求当事人亲自递交告诉告发状于收案室并使用肃政厅发售的专用告诉告发状，同时根据《肃政厅处务规则》，肃政史须审核诉状内当事

---

① 大总统申令（中华民国四年十二月三日）[J]. 浙江公报, 1915 (1370): 2.
② 大总统申令（中华民国四年十二月三日）[J]. 浙江公报, 1915 (1370): 2.
③ 大总统申令（中华民国四年六月二十日）[J]. 政府公报, 1915 (1220): 2-3.
④ [N]. 时报, 1914-10-30 (0003).
⑤ 四肃政史会议分途巡查之手续 [N]. 益世报（天津版）, 1916-03-10 (0003).

人是否有"同乡京官或确实铺保之保结"以及诉状填写是否完整。肃政厅原则上不受理邮电递送的告诉告发状,但在《肃政厅告诉告发章程》中规定"交通不便地方确有急要情形者,由本厅酌量办理"。事实上,由于肃政厅只在中央设置一处,地方人民来京并不便利且耗资巨大,各地邮电递送的告诉告发状繁多,但大多未被受理。因此肃政厅在成立一年后,就此现象作出调整:"嗣后对于此种似宜分别参考,如认真确有研究之必要者,则派员或嘱托邻省委员前往密查,以凭办理。"①

然后是对告诉告发状的内容进行审查,审查被告以及该诉状的事由是否属于肃政厅的管辖范围,原则上只要属于纠弹法所规定的范围就应受理。通常情况下,肃政史会重点审查该诉状的事由是否属于肃政厅的管辖范围,一是因为在实践中往往会收到许多属于行政诉讼的案件,二是会收到一些属于司法审判范围内的案件。在当时,民众对平政院与肃政厅的功能缺乏了解,且两者并不在同一处办公,容易被混淆,因此肃政厅常常收到属于平政院受理范围的行政诉讼案件。此外,由于民众对肃政厅的认知是穷尽救济的最后选择,一些关于司法程序瑕疵或违法的案件也被诉诸肃政厅。在上述案件被受理后,肃政厅会对未通过审查的案件作出决定书,并将其整理成册。

"审查"程序中,如遇案发地为省外,通常需当地官署协助调查,而对案件的处理决定则需要当地官署反馈后才能作出。在实践中,一些案件被肃政厅受理后,久久处于"审查"状态而没有后续,大多属于当地官署怠于调查并反馈的情形。据《新闻报》记载,曾经有一山东籍人,向该厅递交了诉状,诉状缘由一栏写明:"初奉肃政史传询,允为行查,后遂如石沉大海,屡催不应,旅食京华忽忽一年,耗费不赀,结末尚有二语为,聊作周年纪念之词,敢申无可奈何之叹。"都肃政史获悉此案后,曾指派两名肃政史负责审查该案,肃政史咨请该省巡按使复查,该省延搁不复,两名肃政史久而久之也忘记了该案,致使发生这种笑闻。都肃政史随即整顿,避免类似情

---

① 肃政厅无聊之近况 [N]. 新闻报, 1915-09-05 (0005).

形再次发生。①

2. 查办

"查办"适用于总统特交的案件。在《纠弹法》的分类中,总统特交肃政厅的案件适用"查办"程序,事实上,"查办"与"审查"两者对于肃政史而言在调查权限上是相同的。总统特交"查办"的案件有两类:一是肃政史依职权提起的纠弹事件。肃政史依职权提起的纠弹事件太多需要得到进一步的调查与证实,因而此类总统认为如需肃政史进一步查证的案件,会特交肃政史"查办",如京汉铁路局局长关赓麟营私舞弊、偏听失察案。但依职权提起的纠弹并不必然会使肃政史获得"查办"的权限,在实践中,肃政史对一些高级官员提起的纠弹,大多数会因为各种综合因素而被总统另派专员查办。如吉林巡按使孟宪彝被纠弹"罔利营私",由于被纠弹人为一省最高行政官员,总统则谕令朱庆澜查办;陕西咸武将军陆建章被弹劾"禁烟不力",则派张凤台查办;财政次长张弧"藉公舞弊",则谕令其上司财政总长周学熙察看整顿。二是肃政史上呈的"建议呈文"。如前津浦铁路局局长赵庆华一案则是在肃政史联名上呈后,总统特交肃政厅查办的案件。

在查办过程中,肃政史主要使用的调查方式包括嘱托当地行政官署协助调查,在"审查"阶段行使该权力时,被嘱托的行政官署经常会怠于调查,但在"查办"阶段,由于有总统的谕令,当地的行政官署一般都会积极进行协助调查。

3. 调查回避规则

《纠弹法》第4条第2款规定,对于总统特交的案件,"指定之肃政史与查办官吏有亲属关系,或与查办事件有特别关系者,应向都肃政史声明理由,自请回避"。但没有规定肃政史并未自请回避查办或审查程序的,该查办或审查案件的效力问题,以及后续的处理问题。同时,为保证肃政史的公正与客观,《肃政厅肃政史办事细则》第8条规定:"肃政史办事时间内非因公务

---

① 肃政厅诉状中之趣谈[N]. 新闻报,1915-07-29(0005).

概不接见宾客。"

4. 保密规则

保密制度的适用情形有两类，一是要求肃政厅的所有职员保密。《肃政厅处务规则》第 15 条规定："肃政厅职员于查办审查纠弹，或提起行政诉讼事件，均应严守秘密。"肃政厅内部对于纠弹事件是有权知悉的，但并不能随意调阅，《肃政厅肃政史办事细则》第 5 条规定："肃政史得于必要时调阅书记处案卷及图书。"二是对纠弹个案保密。一般情况下，当肃政史调查完纠弹事件并递交弹呈后，政府会以公报的形式公开对该案件进行批示，但如果案件牵涉重大事项，肃政史则会根据《纠弹法》第 9 条"肃政史于纠弹事件认为情节重大未便泄露者，应密呈大总统纠弹之"的规定，密呈大总统，在案件进入审理阶段后视情形决定公布与否。

5. 询问规则

根据《肃政厅处务规则》第 8 条："肃政史查办或审查案件时，得酌量情形，询问该案当事人或证人……有询问之必要时，对于当事人或证人得发通知书。"由此可知，肃政史有询问当事人及证人的权力。"询问"是获取案件详情的重要调查方式，肃政厅专门制定了《肃政厅询问当事人及证人规则》，并设置询问室与候询室各一处。在肃政史询问的同时，指定记录科两名职员充当速记，同时起互相监督的作用。《肃政厅询问当事人及证人规则》特别规定了"非有特别理由，若经两次传讯不到，所有原告之告诉告发事件不生效力"。

肃政厅的询问制度针对的是与案件相关的当事人与证人，包括原告与被纠弹人。在审查与查办阶段，询问被纠弹人核实相关证据并形成证据链是确定被纠弹人犯罪行为的主要方式，但实践中，肃政史在多数情况下仅对原告与证人进行询问，很少直接对被纠弹人进行询问。主要是因多数被纠弹人属于外省官员，在案件的审查与查办阶段，一般是嘱托该省巡按使进行复查，肃政史直接赴当地进行调查的情形并不多见，如直接赴案发地调查，则很容易泄露行踪导致涉案人员逃逸。当被纠弹人被押解进京后，多数案件已进入平政院审理阶段，此时的询问调查权主要由平政院行使。

如河南西华县知事刘泽青"藉公舞弊"案，在肃政史提起纠弹，且总统将该案交平政院审理后，河南开封道尹叶济派委员密查，后又派候补知事孙继英复查，同时将刘泽青等同案人员由开封解交平政院，由平政院收集证据彻查。[①] 最终，平政院认定刘泽青所犯的事项与肃政厅原呈中所纠弹的事项并不完全相同，一些原呈中控诉的罪名在平政院查实后，并不属实。

在前江苏民政长应德闳的"八厘公债案"中，总统特交肃政史复查该案，因此肃政史具有充分的询问调查权，但应德闳曾对肃政厅只采纳原告证据，未充分听取与采纳被告意见提出疑问。[②]

肃政厅没有留置的权力，《肃政厅询问当事人及证人规则》明确规定："当事人及证人通知到厅时，尤不得有留难情形。"但在平政院审理纠弹事件的阶段，为防止被纠弹人与其他涉案人员逃逸，平政院则有相应的看守措施。

第三节　肃政监察的初裁机制

一、主动启动式初裁

肃政史依职权提起的纠弹，在呈递给大总统后，有3种处置方式：一是交由肃政厅查办。理论上，由肃政史依职权提起的纠弹，可以由总统直接交由平政院审理，但由于肃政史依职权提起的纠弹大多属于"风闻其事"，或者证据不充分、不完善，因此需要进一步调查，实践中几乎没有直接交由平政院审理的情形。在进入"查办"程序后，其后续处置将在下文论述，此处不作赘述。

[①] 河南巡按使田文烈呈署西华县知事刘泽青因案被控遵谕解交平政院讯办呈请鉴核文并批令（中华民国四年二月十五日）[J]. 政府公报，1915（998）：29-30.
[②] 李松杰. 民初政争夹缝中的肃政厅——以八厘公债案为个案分析[D]. 武汉：华中师范大学，2008.

二是交由专员查办。关涉地方或中央大吏且案情重大的多数案件一般由专员查办，原因有二：其一是被纠弹人的官职甚高，肃政史在查办时并不一定能直接进行调查，如肃政史傅增湘、夏寿康纠弹吉林巡按使孟宪彝罔利营私案，由于孟宪彝已是一省最高行政官员，只有中央有权进行调查，因此谕令朱庆澜进行查办。① 其二是被纠弹的事项属于政治事由，如肃政史纠弹陕西咸武将军陆建章禁烟不力，由于"禁烟"属于政治任务，并不属于《纠弹法》所规定的四大类违法行为，因此派张凤台进行查办。②

三是交由被纠弹官员自行说明理由。此种处理方式，可以说是对被纠弹人的一种袒护。此种处理方式并不多见，或因政府公文类报纸并不记载，或因此类弹呈被私下处理或置之不理。现今可查到的仅有一例，为肃政史俞明震弹劾甘肃巡按使张广建"任用私人、军纪废弛"，总统令张广建自行呈复说明被弹事由。③

二、被动启动式初裁

总统特交查办的案件与人民告诉告发的案件都属于被动启动的纠弹事件，其结果无非两种，一是不予纠弹，二是提起纠弹。

1. 不予纠弹

在人民告诉告发与总统特交的案件中，当经办的肃政史在审查或查办后认为不需要纠弹的，应在报告书中详述理由并向都肃政史报告。对于总统特交的案件，肃政史查办后认为无需纠弹的，应将报告书交由都肃政史，由都肃政史以肃政厅的名义直接呈报于大总统。对于人民告诉告发的案件，肃政史审查后认为无需纠弹的，报告于都肃政史，之后将案件整理成册，以肃政厅的名义按月呈报于大总统。

人民告诉告发案件中不予纠弹的情形较多，据肃政厅每月呈报于大总统

---

① 大总统申令（中华民国四年十二月三日）[J]. 浙江公报，1915（1370）：2.
② 专电 [N]. 时报，1915-04-25（0002）.
③ 专电 [N]. 时报，1915-03-27（0002）.

的"批驳人民告诉告发册"统计,肃政厅的多数批驳理由为不符受案范围,有些案件是因属于平政院的管辖范围,有些案件是因被告不是法定的纠弹对象,肃政厅无权纠弹,还有一些是因证据不足等被批驳。而对于总统特交肃政厅查办的案件,在一般情况下,肃政史都会在调查完毕后提起纠弹,除了新疆的选举案,其他案件皆无例外。

2. 提起纠弹

在两类案件中,经办的肃政史认为调查证据充分,应予纠弹时,可直接署名钤章后径直呈于大总统处。此外,由于经办的肃政史并不仅有一人,因此可能出现意见不同的情形。《肃政厅处务规则》与《肃政厅肃政史办事细则》中规定:当肃政史查办或审查意见不一时,须各具意见书取决于都肃政史;都肃政史在认可的意见书上署名钤章;取决于都肃政史的纠弹事件由都肃政史领衔,同意的肃政史依次列衔于报告书内。

当肃政史向总统提起纠弹后,纠弹事件的处理则取决于总统的核定,在总统核定后有以下两种处理方式:

(1)交由平政院审理。总统核定后认为应交平政院审理的,则特交平政院审理。一般情况下,总统特交肃政厅查办的案件与人民告诉告发的案件最终均会交由平政院审理。对于总统特交平政院审理的案件,肃政史会将与该案有关的所有卷宗移交到平政院,在该案进入审理阶段后,相关人员会进行进一步复查,如河南西华县知事刘泽青的纠弹案,在特交平政院审理后,该省巡按使田文烈派开封道尹密查,该道尹先后派出两名官员密查,并将涉案人员及被纠弹人押送入京进行询问。

对于肃政史移交的卷宗,以及调查所获得的证据,平政院会作为参考依据,但并不会直接使用。在平政院审理后,如有应交付惩戒或涉及司法审判的,则由平政院呈明大总统,分别交主管官署处理。

(2)交由其他人员或机关处理。对于肃政史依职权提起的纠弹事件,总统在核定后,一般会交由其他人员查办。对于人民告诉告发的案件,多数情况下在肃政史提起纠弹后,会由总统特交平政院审理,但也有例外,如鄢陵县知事王松寿贪虐违法案，该案在肃政史提起纠弹后，由总统交由该省巡按使田文烈查办。

第四节 与司法对接：肃政监察的移送机制

一、纠弹事件的审理

1. 纠弹事件的审理组织

《纠弹法》第11条规定："肃政史纠弹事件，经大总统核定后认为应交平政院审理者，特交平政院审理。"依据该条规定，平政院当然地成为纠弹事件的审理组织。但《纠弹法》第12条规定："前条大总统特交审理事件，有应付惩戒或属司法审判者，由平政院呈明大总统分别交主管官署行之。"依据该条规定，在平政院审理后，对于涉及司法审判的部分，大理院也有审理权。

在《纠弹法》之前的《纠弹条例》中，相关的审理规定亦相类似。《纠弹条例》第12条规定："肃政史纠弹事件经大总统核定，认为应交平政院审理者，特交平政院审理。"第13条规定："平政院于大总统特交审理事件，除由平政院自行审理裁决者外，其属于司法审判或应惩戒处分事件应呈明大总统交主管官署处理之。"《平政院裁决执行条例》第4条也有相关规定："纠弹事件之执行涉于刑律者，由平政院长呈请大总令，交司法官署执行。"《纠弹条例》与《平政院裁决执行条例》均为暂行条例，在这两个条例的规定下，大理院对于肃政监察中的纠弹事件并无审理权，只有执行权。但大理院认为肃政厅的纠弹事件大都涉及刑事违法，应由大理院审理，由此产生的两个裁判机关对纠弹事件的审理权纠纷，从肃政厅设立之时便开始。

2. 平政院与大理院的审理权之争

参政院举行的修正《行政诉讼法》和《纠弹法》的第一次会议在《行政

诉讼法》中增设了第35条,将行政诉讼裁决的执行与平政院裁决的执行并入该条,以求"缩减平政院审理纠弹事件之权"。《纠弹条例》删去第13条,导致"纠弹事件之裁决执行方法不为明定"。平政院院长周树模就此提出呈文,认为纠弹事件的审理权仅平政院拥有,大理院只有对涉及刑事部分的执行权。首先,他指出平政院、肃政厅的设置便是为了整顿吏治。"改革以来,吏治不修,纲纪坠地,大总统以整饬官当为急务,力救时弊,体察国情,于是有平政院之设,置肃政厅以司纠弹,置评事庭以司审理。"①其次,他认为有《平政院裁决执行条例》第4条的明文规定,权限极为分明,性质极为明了,大理院只有执行权。最后,他认为平政院是特别诉讼机关,"根据《约法》第四十三条,国务卿、各部总长有违法行为时,受肃政厅之纠弹及平政院之审理,足见平政院之官厅组织为特别制,现行条例为特别法,即《约法》第四十五条之所谓特别诉讼,其与各国之纯粹行政裁判迥然不同"②。

随即提出,在《纠弹条例》第13条的后面加一条:"平政院于前条特交审理事件,其裁决之执行有涉于刑事及惩戒法令者,由平政院长呈请大总统以命令行之。"在参政院的二读会上,该条并未通过表决。③平政院派系主张请政府提交再议。

平政院院长周树模与司法总长章宗祥就审理权限问题争执甚久,周树模认为,第一,审理权限之事涉及平政院职权与威信,关乎吏治。"平政院监督行政官吏,有纠弹之权而无审理之权,小则关系本院威信,使官吏漠视平政院之纠弹为一种无关轻重之文牍,而本院行使职权时不能生完全之效力,大之,则关系全国吏治之良莠。"第二,肃政厅附设于平政院本为便于公务衔接的设置,职务上不应分离。"违法犯赃之吏,经本院之纠弹,复交他机关之审理,往返公文,必致耽延时日,猾黠之吏或神其运用,而巧于出脱,

---

① 平政院对于提交参议院案之大争执 [N]. 申报,1914-07-12 (0003).
② 平政院对于提交参议院案之大争执 [N]. 申报,1914-07-12 (0003).
③ 参政院中三法案之二读通过 [N]. 申报,1914-07-19 (0003).

或销毁凭据而无迹可按,以全国注目之犯赃大案,终以'查无确据'四字了案,吏治何以整顿。"①

章宗祥认为:"全国下级审检各厅已经裁撤,失司法独立之精神,若中央大理院又失审理之权,则共和国司法独立原理全然打消。"在争执不下的情况下,总统将此争议交参政院公决。②

3. 平政院与大理院的协调

平政院与大理院之间关于纠弹事件的审理权限,最终由以下几部规范确定下来:一是《纠弹法》,二是《纠弹事件审理执行令》,三是《官吏犯罪特别管辖令》。

1914年7月20日,同时公布了《纠弹法》、《纠弹事件审理执行令》与《官吏犯罪特别管辖令》。《纠弹法》第12条规定,平政院审理纠弹事件后认为有涉及刑事部分的,大理院对该部分有审理权。《纠弹事件审理执行令》共4条,《官吏犯罪特别管辖令》共6条,这两部法令专门用以解决平政院与大理院的管辖纠纷。两者共同规定了经肃政史纠弹、平政院审理的案件,在总统交司法审判时应遵循的管辖规则与法律适用规则。根据上述法令的规定,经由肃政史提起纠弹的案件,在平政院审理后认为涉及刑事的,应当移交司法审判。在该案由司法总长移交司法审判后,由有管辖权的检察厅提起公诉,在提起公诉的过程中,检察厅会对该案重新调查取证,但是并未规定对平政院裁决书的认可问题。未经肃政史提起纠弹的官吏违法案件,则由检察厅依照原有的管辖权限进行处理。

大理院审理案件的依据为《暂行新刑律》,在肃政厅成立后,为威慑贪官污吏,政府于1914年6月5日出台了《官吏犯赃治罪条例》,该条例将官吏犯赃的行为分为两类,即枉法与不枉法。不枉法的犯赃数额达1000元则处无期徒刑,枉法的犯赃数额达500元则处死刑,携款潜逃达5000元的处死刑,其余情况则依常律处理。

---

① 平政院权限问题 [N]. 申报,1914-07-23 (0002).
② 平政院权限问题 [N]. 申报,1914-07-23 (0002).

平政院与大理院的审理权争议看似已解决，其实并不然。首先，平政院对纠弹事件的最终审理结果并不能控制。"平政院审理之案，认为证据确实，应交司法裁判者，审判应对于其所遂交之案仅有判决适用何等刑罚之权，而对其所认为确实之证据，则应无说话之余地。凡定罪之有无，关乎证据，则司法衙门既不能不受平政院之束缚。"[①] 其次，平政院将会成为纠弹事件的预审机关。因为"平政院之特别裁判主张，既未贯彻，现在执行命令又已规定属于刑事范围者交司法衙门审理，则平政院只有审理属于刑事范围与否之职权，司法衙门对于其所提出之证据，认为确实与否，全属自由"[②]。

在实践中，上述两种担忧成了现实。由于司法审理具有独立性，大理院对平政院的审理结果并不认可，以此严防行政权对司法权的干预，平政院的审理则变成了一种预审。在王治馨案中，平政院裁决书中关于该案的证据与论点，以及最终认定的4项罪名，在大理院的司法审判中并未被完全采纳，如平政院认定王治馨侵占烟土一项查无实据，大理院则认定王治馨犯赃及诈欺取财行为属实，并根据《官吏犯赃治罪条例》判处王治馨死刑。[③] 在"八厘公债案"中，平政院认为应德闳伪造报销意图侵占，涉及刑法，于是交由司法审判。但大理院审判后认为，该案中应德闳的侵占证据不足，应予免诉。至此引发了平政院与大理院的第二次论战，此后又牵涉出肃政史纠弹该案的审判员徇私枉法等系列事件，直到肃政厅被裁撤亦未了结。

二、纠弹事件的惩戒

1. 纠弹事件的惩戒组织与程序

根据《纠弹法》第12条的规定："前条大总统特交审理事件，有应付惩戒或属司法审判者，由平政院呈明大总统分别交主管官署行之。"在纠弹事件审理裁决后，对应予惩戒的官吏，总统会交由文官惩戒委员会对其进行惩

[①] 平政院权限问题之例证［N］. 申报, 1914-08-04 (0006).
[②] 平政院权限问题之例证［N］. 申报, 1914-08-04 (0006).
[③] 张超. 平政院、大理院与1914年王治馨卖官案的审判实践［C］. 中山大学法律评论. 第13卷第1辑. 桂林：广西师范大学出版社, 2015.03.

戒。对文官进行惩戒原属于行政系统内部监督的处分措施,在肃政监察制度创立后,文官惩戒委员会则成为行使纠弹惩戒权的组织。肃政监察的纠弹程序启动并完成后,对纠弹事件中涉事官吏的处置则经由文官惩戒委员会根据平政院的裁决结果进行处理。

在肃政监察制度创设以前,文官惩戒制度就已有雏形,1912年8月,法制局发布了《文官惩戒法草案》和《文官惩戒委员会编制法草案》。《文官惩戒法草案》共四章,分别规定了惩戒的对象范围、惩戒事由、惩戒处分以及惩戒程序等。在惩戒的对象上,除了特任官及其他法律特别规定的不在惩戒范围内,其余文官皆受该法约束。在惩戒的事由上规定了三大类,一是违背职守义务,二是玷污官吏身份,三是丧失官吏信用。[①] 惩戒处分分为四种,分别是免官、降等、减俸、申诫。惩戒程序上,由长官将被惩戒人的相关材料及证据交由惩戒委员会审查,惩戒委员会在召集会议后,要求被惩戒人呈具书面意见或当面询问后作出处分决定。在肃政监察制度运行期间,《文官惩戒法》根据1913年12月15日公布的《文官任职令》与12月31日颁发的《知事惩戒条例》进行了修改,将惩戒处分分为三等:一等为最严重的褫职,被褫职的官吏所犯罪行较重的,10年内不能开复,罪行较轻的,4年内不能开复;二等为降等与减俸;三等为记大过与记过。[②]

1914年1月20日发布的《文官惩戒委员会编制令》[③],替代了《文官惩戒委员会编制法草案》,其中最大的改变是将之前各省设立一处文官高等惩戒委员会,改为只在中央设立一处文官高等惩戒委员会,地方则设立文官普通惩戒委员会。在人员组成上,高等惩戒委员会设委员长1名,由大总统从大理院院长与平政院院长中选出,任期3年;设委员10名,由国务总理在大总统顾问、平政院评事、大理院推事以及其他三等、四等文职官员中选出,任期3年。惩戒委员会议事采用多数决方式,一般会议须4人及以上到场才

[①] 文官惩戒法草案 [N]. 时报, 1912-08-04 (0002).
[②] 文官惩戒法与知事惩戒条例之变更 [N]. 新闻报, 1915-04-28 (0005).
[③] 大总统令:文官惩戒委员会编制令(三年一月二十日)[J]. 政府公报分类汇编, 1915 (6): 68-70.

能开议,重要事件则须 6 人及以上到场才能开议。普通惩戒委员会由各地方官署的长官组织并担任委员长,委员为 2—4 人,由委员长在该署的五等、六等文职官员中选出。

2. 惩戒依据

文官惩戒委员会议决官员应受的惩戒处分时,是依据官员应当遵守的《官吏服务令》与《知事惩戒条例》。1913 年 1 月 9 日公布的《官吏服务令》[①] 是官吏的行为准则,其中规定了对官吏的要求:"官吏于该管事件不得滥用职权;官吏不得假用权力以图本身或他人之便利;官吏应恪守官箴,不得狎妓聚赌及一切非法之举动;凡他项职业与官吏所管事件有利害关系者,官吏本身及其家族均不得为之;官吏除惯例所许外,不得有嘱托公事之酬宴。"对于以上各条要求,官吏如有违背,则由"该管长官依其情节轻重,分别训告或付惩戒"。《官吏服务令》不仅规定了官吏不得有职务违法与犯罪行为,还规定了官吏不得狎妓聚赌等,而这些也成为肃政监察中肃政史纠弹的依据。

《知事惩戒条例》[②] 在《官吏服务令》的基础上,对官吏不能实施的行为作出具体规定,一共分为三大类:第一类为渎职的行为。其中包括无故侵害人民财产、涉及命案和盗案的一般刑事违法行为,侵吞公款、藉案勒索、营私舞弊、浮收税款、虚报税款以图私利等职务违法行为,匿报谎报灾情、贻误河防致人民受到伤害、纵容盗匪扰害地方、纵容仆役诈赃等行政违法行为,以及泄露秘密机要、经营私业、废弛禁烟、擅离职守等行为。第二类为降等、减俸的行为。其中包括未纵容仆役诈赃但失察、受人请托处理公务、短收赋税一成或二成以上、因公擅自挪用公款、同僚犯重大过失知情不举报、境内命案逾期不破获等行为。第三类为记大过与记过的行为。此类应受惩戒的行为属于官吏在行政过程中作出的不当或违法行为,如不服从长官依法的命令、

---

① 官规(惩戒):临时大总统制定官吏服务令(中华民国二年一月九日)[J]. 政府公报分类汇编,1915 (6):43-46.
② 教令第四十五号:知事惩戒条例 [J]. 政府公报,1914 (598):19-23.

同僚犯过而不纠举、行政事务办理错误或延缓、行政事务呈报不实规避处分、应公布事件而不公布、民刑诉讼案件无特别理由逾期不判结、监押人犯未给医药等行为。该条例第 10 条列有兜底条款:"本条例规定所未列举而事实相等者得受同等之处分。"第 18 条规定:"应受惩戒之知事由该长官交文官惩戒委员会议决行之。"

第五章

肃政监察的实绩与局限

第一节 肃政厅成立后的纠弹实效

肃政厅成立后,肃政史便秉承前清"风宪"的气质和作风,无论在弹劾违法官吏方面,还是在救国献策方面,都表现出了不凡的气概和尽职尽责的精神。在短短两年期间,并且是在官场风气败坏、政府风雨飘摇的背景下,肃政厅仍有一定作为。尽管后世对它的作用一概否定,但终究不能完全掩盖其实实在在的业绩。

根据《政府公报》《时报》《司法公报》等的记载,肃政厅在存续期间所作公文的数量,就足以证明其并非毫无建树,具体如表2所示。

表2 肃政厅存续期间公文统计

类　别	数　量（件）
呈	143（内有密呈91件）
咨	519
咨呈	2
公函	57
批	522
饬	39
奏	4
印电	7

表2中的公文并非皆与纠弹官吏有直接关联，其中也包括肃政史的政治建议和对时弊的条陈，以及在具体行政监督中的意见，等等。但其中多数公文涉及纠弹事件。这些纠弹事件可以分为对高官的纠弹、对一般官吏的纠弹，以及为平民洗清冤屈的案件。

一、肃政史对高官纠弹的业绩

根据纠弹的缘由，肃政史对高官的纠弹可以分为两类：一类是官吏确有违法事实而受到纠弹；另一类是官吏对下级行政官员的失范行为失察，或因自己胡作非为以及慵懒无为等问题受到纠弹。高官违法类纠弹事件往往十分复杂，牵涉官员众多，而最终能够由平政院进行审理的并不多。在高官失职失察，以及关乎政治作风问题与行政治理能力的纠弹案中，纠弹对象通常会受到文官惩戒委员会的惩戒。根据《政府公报》、《时报》与《司法公报》的记载，在1914年5月7日至1916年6月29日肃政厅存续期间，纠弹高官的具体案例如表3所示。

表3 1914年5月7日—1916年6月29日肃政史纠弹高官概况

序号	提起时间	被纠弹人	纠弹事由	纠弹决定	处理结果
1	1914年6月27日	前顺天府尹王治馨	肃政史夏寿康弹劾王治馨"鬻官纳贿、藉案婪赃、蠹国殃民"及"侵吞罚款"	交由平政院审理	1.审理裁决后，交由文官高等惩戒委员会惩戒。2.涉及刑事部分的，交由检察厅提起公诉。[①]3.王治馨经刑事审判，被判处死刑

---

① [J]．政府公报，1914（888）：12-26．

续表

序号	提起时间	被纠弹人	纠弹事由	纠弹决定	处理结果
2	1914年7月8日	前江苏民政长应德闳	当事人几经控告于财政部，后由财政部派员查明，财政部部长周自齐密呈大总统，大总统特交肃政史复查，肃政史曾述棨等弹劾应德闳"伪造报销、蓄意侵占、贪利忘国"等	交由平政院审理	1. 审理裁决后，交由文官高等惩戒委员会惩戒。 2. 涉及刑事部分的，交由检察厅提起公诉①
3	1915年3月15日	京汉铁路局局长关赓麟、站长唐士濂、车务总管唐士清、车站司磅梁士森	肃政史依职权弹呈于大总统，大总统特交肃政史王瑚调查。肃政史王瑚呈称，该局长与路员"营私舞弊、偏听失察"，站长"引用私人不加约束"，车务总管"侵蚀公款、蠹国营私"，车站司磅"受贿"	交由平政院审理	1. 平政院裁决认为，京汉铁路局局长关赓麟营私舞弊、偏听失察，站长任用私人属实，均交付文官高等惩戒委员会惩戒。 2. 车务总管以及车站司磅交由法庭审判。 3. 文官高等惩戒委员会给予关赓麟解职处分、唐士濂褫职六年内不得开复处分②

---

① 大总统批平政院应德闳一案既涉及刑事范围著交司法部办理文（四年二月八日）（附呈文与裁决书）[J]. 司法公报, 1915 (29): 197-209.

② 专电 [N]. 时报, 1916-01-24 (0002).

续表

序号	提起时间	被纠弹人	纠弹事由	纠弹决定	处理结果
4	1915年3月26日	京张铁路局局长关冕均	肃政史依职权对关冕均"侵蚀路款、不守官箴"提起纠弹①	派专员调查	关冕均被罢免职务②
5	1915年3月27日	甘肃巡按使张广建	肃政史俞明震依职权单衔弹劾张广建"任用私人、军纪废弛"	袁总统令张广建自行呈复，说明被弹事由③	无
6	1915年4月21日	陕西咸武将军陆建章	肃政史弹劾其"禁烟不力"	派张凤台查办④	无
7	1915年4月24日	吉林巡按使孟宪彝	肃政史傅增湘、夏寿康认为孟宪彝"罔利营私"，依职权向总统提起纠弹	谕令朱庆澜严密查办	查证无"罔利营私"之事实，但有狎妓、聚赌的行为，交由文官高等惩戒委员会惩戒⑤
8	1915年6月21日	财政次长兼监务署长张弧	肃政史夏寿康先后依职权弹劾，认为张弧"藉公舞弊、罔上营私"，"经营私利，以稽核之职，而滥用公款，挟势擅权，不顾大局"⑥	谕令周学熙察看整顿	查实该署长"措置乖谬、虐民病国"，周学熙认为，姑念其"才尚可造，著有前劳，加宽著，免去本职，发往四川交巡按使差遣"⑦

---

① 专电 [N]．时报，1915-03-27 (0002)．
② 译电 [N]．时报，1915-08-14 (0005)．
③ 专电 [N]．时报，1915-03-27 (0002)．
④ 专电 [N]．时报，1915-04-25 (0002)．
⑤ 大总统申令（中华民国四年十二月三日）[J]．浙江公报，1915 (1370)：2．
⑥ [J]．政府公报，1915 (1225)：10-11．
⑦ 大总统申令（中华民国四年六月二十日）[J]．政府公报，1915 (1220)：2-3．

续表

序号	提起时间	被纠弹人	纠弹事由	纠弹决定	处理结果
9	1915年9月11日	福建巡按使许世英	封疆大吏许世英自上任,"专事铺张",且在任期间"凡关于吏治、教育、财政、巡警,皆在败坏黑暗之中","劣迹昭著、贻害地方"	交由王祖同查明	1. 查证结果为,许世英被弹劾的"诸端多有传闻之误",但其也有失察之处,因"过不掩功,著从宽免其置议"。 2. 其余牵涉下属官吏,交由文官高等惩戒委员会惩戒①
10	1915年10月16日	前津浦铁路局局长赵庆华	都肃政史庄蕴宽等呈铁路局的时弊,大总统认为应当整顿,特交肃政厅查办。肃政史王瑚、蔡宝善认为,赵庆华"奉迎权要、虚糜公款、朋开公司、营私舞弊"	交由平政院审理	1. 平政院裁决认为"朋开公司、侵吞路款"的事实存在,"用人太滥、废弛路政、滥发免票"等行为均属实,但不存在违法行为,应交付文官高等惩戒委员会惩戒。② 2. 文官高等惩戒委员会给予"褫职并夺官,非满六年不得开复"之处分③
11	1915年10月23日	前陆军次长徐树铮	肃政史依职权对徐树铮在工作中"蠹国营私、植党揽权、营私舞弊、侵吞巨款"等提起纠弹	交由朱启钤、周学熙会同查办	查证并无纠弹相关事实,且已经免职,呈请"免其置议"④

---

① 大总统申令(中华民国四年九月十日)[J]. 政府公报, 1915 (1202): 7-8.
② 津浦铁路一案平政院裁决书(附平政院及都肃政史等原呈)[J]. 铁路协会会报, 1915 (36): 50-56.
③ 文官高等惩戒委员会议决书:四年第一百六十九号[J]. 政府公报, 1916 (41): 34-35.
④ 大总统申令(中华民国四年十月二十二日)[J]. 政府公报, 1915 (1242): 4-5.

在表3所列的弹劾案中,有的被弹劾人受到了追究,有的被弹劾人却"毫发无伤",这主要不是肃政史的过错,因为他们的权限也仅此而已。上述弹劾案中有几个在当时影响巨大,肃政史的功劳不可低估。

1. 王治馨鬻官纳贿案

王治馨鬻官纳贿案是肃政厅成立后弹劾高官的第一案,舆论界、政界及司法界都颇为关注。该案的揭发并非偶然,先是有肃政史风闻其事,后由新上任的顺天府尹察觉了王治馨卖缺的事实,并清退了由买缺得官位的知事。其中3名知事联名控告于代理都肃政史夏寿康处,同时,在霸县知事刘鼎锡一案中,刘鼎锡牵扯出买官的事实,并称"非只此一案"。由此,由代理都肃政史夏寿康牵头,张超南主稿,江绍杰、周登皞署名,联名向总统提出弹呈。弹劾称,王治馨在1914年上任顺天府尹之后的半年时间内,将顺天府所属的24个县的县知事职位标价售卖,并且"任内至少赢积七八万元,顺天二十四县竟卖去二十二县"。不仅如此,王治馨还涉嫌贩卖鸦片、侵吞公款等。

袁世凯在接到弹呈后,召集国务卿密议对该案的处理,他认为:"王治馨虽为吴之旧属,然决不能徇私蔑法,且现当肃政史言事之始,若无效力,必致有妨言路,遂不得已而有拿办之命令。"[①] 总统特将该案交平政院审理,所有的案件材料都由肃政厅移交至平政院。平政院审理后,认为该案所呈的事实与证据充分,于是制作了裁决书,并将涉及刑事的部分交由大理院审理。大理院审理后,认为王治馨枉法犯赃的数额达到《官吏犯赃治罪条例》第2条所规定的"枉法赃至五百元以上者处死刑"的条件,判处王治馨死刑。此案中,为王治馨求情的人员众多,但袁世凯认为,王治馨案件的处理关乎国家的威信,此前所惩办的霸县知事刘鼎锡一案则是严惩墨吏的标志,如果同罪异罚,置司法公信力于何处?所以力排众议,要求依法执行。

[①] 大总统对于王治馨案之态度 [N]. 大公报(天津), 1914-07-01 (0002).

2. 应德闳的"八厘公债案"

前江苏民政长应德闳被纠弹案，就是民国时期十分轰动的"八厘公债案"。民国初年，为解决政府财政危机，南京临时政府发行了以阳历周年八厘为息的公债，并制定了《八厘公债章程》，明确还付本息的方法与期限以促进公债的发行。八厘公债发行后，民众的购买欲望偏低，公债由各省都督预领为军费，江苏都督程德全认领500万元作为军费，而在筹措不到款项的情况下，其把剩余的360多万公债抵押给上海各商号，在抵押期满后，都督府无法支付，便以六五折的价格将债票抵押给了西门子洋行。1914年，江苏省公债用途上报后，审计院发现其所上报的公债用途不明，随后财政部电令其说明情况。与此同时，由于江苏省到期未偿还所欠的公债本息，德商叶六合起诉于法院追偿。这引起财政部的重视，并对此事进行了调查，经过调查发现确实存在问题，便电令江苏省财政厅调查。江苏省财政厅将所调查的意见呈于财政部，并呈报于大总统处。大总统谕令特交此案于肃政厅复查，肃政厅复查后，便根据所调查的事实对应德闳等人提起纠弹，认为八厘公债的抵押存在巨大问题，一是抵押没有经过财政部的批准，属擅自抵押，二是折价抵于西门子洋行的事实存在前后矛盾之处，应德闳与西门子厂买办管祥麟之间的交易，以及高价收购毫无生产能力的日晖呢厂，伪造中美合办银行计划，等等，证明应德闳存在伪造报销、蓄意侵占的事实。平政院裁决认为，前江苏民政长应德闳伪造报销、意图侵占，业已涉及刑事范围，应先行褫职，交司法官署依法办理。

大理院预审后认为，平政院所认定的意图侵占罪名的证据不足，于1915年6月22日作出了免予起诉的判决。大理院在关于公债债票提取方面，没有采纳肃政厅查出的江苏省银行账目上的公债往来记录证据，在债票抵押于西门子洋行一事中，由于相关卷宗遗失，不能仅凭证人的证言，尤其是事后的回忆，作为定案的主要依据。[①] 对比平政院的裁决书与大理院的预审判决书，

---

① 司法部呈奉令交办应德闳一案经大理院预审决定免诉缮具决定书及附录证据请钧鉴文（民国四年六月二十二日）[J].政府公报，1915（1130）：20-37.

平政院倾向于依据肃政厅与财政部的调查,而大理院则更倾向于依据应德闳与程德全提供的材料。此判决引起了轩然大波,肃政史不满大理院的审理结果,复又对应德闳提起弹劾,北京1915年7月23日专电称:"应德闳又被财政部、肃政史弹劾,再交平政院。"① 同时,肃政史认为大理院的推事在审理过程中存在受贿徇私的情况,于是在弹劾应德闳的同时,语涉大理院,认为董康及第一审判庭庭长姚震、预备推事朱学曾,均有嫌疑。② 此案到此又衍生出新案,且不提同一案件在审理后能否再次纠弹,肃政史对法官提起纠弹就并不合法,在纠弹法中,肃政史的纠弹对象并不包括司官,最终由于时局原因,此案的后续衍生案并未得到处理。"八厘公债案"不仅涉及平政院与大理院的管辖问题,更涉及肃政监察干涉司法独立的问题,但由于肃政厅存续时间较短,肃政监察并未在实践中完善这些问题。

3. 其他高官纠弹案

在对高官的纠弹中,由于被纠弹对象身居要职,并非所有由肃政史纠弹的案件最终都会交由平政院审理,交由平政院审理的高官纠弹事件,包括上述的前顺天府尹王治馨案、前江苏民政长应德闳案、京汉铁路局局长关赓麟案及前津浦铁路局局长赵庆华案。关赓麟案与赵庆华案所认定的事实都未涉及刑法所规定的违法行为,因此最终由文官高等惩戒委员会进行惩戒,并未交付司法审判。其他的高官纠弹案并未交由平政院审理,而是由总统交由同级或更高级别的官员查办。

在肃政史弹劾"巡按使"及以上级别的官员时,一般由总统特交财政部部长或内务部部长查办,或者由被纠弹的巡按使自行呈报说明被纠弹的事项。如甘肃巡按使张广建、内务部总长朱桂莘,在被纠弹后,大总统命令其自行说明纠弹事由,并采纳了其说明的理由,并未追究责任。③ 在肃政史弹劾陆建章"禁烟不力"时,也是采用同样的处理方式。纠弹前陆军次长徐树铮、

---

① 专电[N].时报,1915-07-24(0002).
② 专电[N].时报,1915-07-25(0002).
③ 肃政史参案之种种[N].新闻报,1915-06-18(0005).

福建巡按使许世英的案件则由财政部部长和内务部部长查办,查针对徐树铮的纠弹并不属实,针对许世英的纠弹事由中也"多有传闻之误",最终都免于置议,但在查办过程中牵涉出的下属官吏违法失职案件则交由文官高等惩戒委员会处理。财政次长张弧的案件,则是交由其上级财政总长周学熙察看整顿,经调查,张弧确实存在违法失职行为,周学熙认为应当免去其职,发往四川交巡按使差遣。对这些高官的纠弹,总统曾手谕谓之:"肃政史建言,当务远大,不得毛举细故,故内政中有关涉外人视听者,尤当慎重。"①

对高官的纠弹多是由肃政史依职权或依人民告诉告发而提起,肃政史的审查权限有限,因而难以查出与违法行为相关的具体证据,一般仅能针对高官的政治作风问题和行政治理能力等进行纠弹。而在弹呈至总统处时,亦由总统交付其他高官查办,肃政史甚少能够参与查办。在查办过程中,肃政史难以起到监督作用,司法机关也不能介入其中,因而针对高官的纠弹事件多数免于置议,最严重的仅为褫夺官职,并未交由刑事审判。

当然,肃政史的纠弹在政界仍然引起了一阵惶恐。在蒙藏院的纠弹案中,都肃政史庄蕴宽与肃政史夏寿康等5人联名弹劾蒙藏院,谓其总裁喀喇沁亲王贡桑诺尔布"庸懦溺职、任用私人、事务废弛且勒索受贿",在肃政史查办其任用的官吏文斌的过程中,贡桑诺尔布闻风辞职了。②

二、肃政史对地方官吏纠弹的业绩

民国时期,各省巡按使对辖区内的官吏也有弹劾权,但该权的行使对象仅限于县知事一级,"非如前清之督抚,可以弹劾司道者可比,以故政务厅长财务厅长及荐任以上之官吏,巡按使明知其违法,而不过问,亦权力所限耳"③。各省巡按使由于地缘与管辖的便利性,对地方官吏的监督作出了巨大

---

① 肃政厅劾官记 [N]. 新闻报,1915-08-09 (0003).
② 专电 [N]. 时报,1915-06-30 (0009).
③ 肃政厅无聊之近况 [N]. 新闻报,1915-09-05 (0005).

贡献，多数针对地方官吏的弹劾是由该省巡按使直接提起的，因而由肃政史提起的纠弹事件所占比重并不大。

肃政史纠弹地方官吏主要是通过两种方式获取案件信息，一是由人民告诉告发于肃政厅，二是由肃政史在各省巡查时自行查出。并非所有人民告诉告发于肃政厅的案件都能提起纠弹，肃政史会先对告诉告发的案件进行审查，包括书面审查案件的材料是否齐全与真实，以及证人证言与原告的担保等，审查完毕后，一般会咨请该省的巡按使复查，在获得充分的证据后，肃政史才会向大总统提起纠弹。在层层的程序壁垒下，最终能够提起纠弹的案件并不多，有些案件在肃政史提起纠弹后于内务部留中不发。

肃政史依职权提起纠弹的案件，包括"风闻其事"的案件与在各省巡查时发现的案件。肃政史巡视各省，是肃政厅在认识到自身制度设置上的局限性后，向总统提出的建议。据《时报》记载，肃政史曾被派往四川、江苏等地调查政务。1914年12月，派遣肃政史蔡宝善调查四川政务。"四川政治之腐败，达于极点，官吏卖缺，匪徒蜂起，中央迭有所闻。大总统因顺天时报载有川省匪名并官吏败政，已派蔡肃政史入川调查，业经启程，希密速升饬速将本年以来所办之匪，查明案由，各纂成册，务须精细周详预备将来蔡史调查之资料。"① 同时，派遣夏寅官、俞明震先后调查江苏政务。1915年1月，"肃政史夏寅官来宁，会晤齐巡按使调查各项政治及各县知事成绩之优劣"②。2月17日，"肃政史余明震来宁，会晤军民两使，调查江苏政务"③。

根据《政府公报》《司法公报》《时报》等的记载，肃政史纠弹地方官吏的情况如表4所示。

---

① 肃政史赴川查案先声［N］．新闻报，1914-12-12（0005）．
② 专电［N］．时报，1915-01-30（0002）．
③ 专电［N］．时报，1915-02-17（0006）．

表4 1914—1916年肃政史纠弹地方官吏概况

序号	提起时间	被纠弹人	纠弹事由	纠弹决定	处理结果
1	1914年7月29日	霸县知事刘鼎锡	被纠弹人在任期间"枉法婪赃"，收受贿赂，利用职权恐吓他人、收取财物等	交由平政院审理	1. 平政院裁决认为所纠弹事由属实，先于刑事审判前直接撤去职务。由于刘鼎锡为委任代理知事，未经正式任命，毋庸呈请褫职。 2. 涉及刑事部分的，交由主管官署办理。① 3. 经刑事审判，被判处死刑
2	1914年8月16日	塞北征收局局长虞维铎	肃政史王瑚纠弹虞维铎在拍卖新泰兴羊毛案中，吞没款项		查清虞维铎无侵蚀赔银情形，已由财政外交两部会同了结，毋庸审理②
3	1914年9月17日	鄢陵县知事王松寿	王松寿在工作中"贪虐违法"	交由河南巡按使田文烈查办	查出该知事并无贪虐行为，但在办理案件过程中有未经查明事实便戒伤当事人的事实。由于王松寿未经正式任命，已直接撤职，免交文官高等惩戒委员会惩戒③
4	1914年12月25日	光山县知事张利见	张利见"纵容科员浮收验契经费"	交由河南巡按使田文烈查办	1. 查证纠弹事由属实，且情节严重，交由文官惩戒委员会先行褫职。 2. 与同案人员一并发交法庭归案讯办④

---

① [J]. 政府公报, 1914 (804): 26-27.
② 大总统批令（中华民国三年八月十六日）[J]. 政府公报, 1914 (820): 10.
③ [J]. 政府公报, 1914 (854): 26-29.
④ [J]. 政府公报, 1914 (951): 21-24.

续表

序号	提起时间	被纠弹人	纠弹事由	纠弹决定	处理结果
5	1914年12月28日	湖北造币分厂厂长文定祥	文定祥"营私舞弊、破坏币制"	交由湖北巡按使段书云查办	查出事实与纠弹事由有不符之处，但文定祥仍有减轻铜元重量和自行搭铸银币的行为，交由文官高等惩戒委员会惩戒①
6	1915年3月3日	前直隶昌黎县知事郝继贞	郝继贞"浮收取利、滥罚冒销、纵丁婪赃"	交由平政院审理	1. 部分查证属实，依法裁决，并先行褫职。2. 涉及刑事部分的，另案移送司法官署照例办理②
7	1915年4月4日	湖北襄阳县知事郑寿彝、道尹朱佑宝	湖北襄阳县知事郑寿彝在工作中"勒索规费、滥用非刑"。朱佑宝作为郑寿彝的上级官员，"失职失察、徇庇纵容"	交由湖北巡按使段书云查办	1. 经查办所呈事由属实，郑寿彝交由文官高等惩戒委员会从严处理。朱佑宝失察，官降一阶。③ 2. 涉及刑事部分的，提交法庭讯办④
8	1915年6月13日	前湖北咸宁知事张德柄	张德柄"浮收查验费、枉法营私、滥发营业证、蒙混舞弊"	交由平政院审理	平政院裁决认为，根据所呈证据，张德柄于验契事项尚无枉法营私的事实。但由于误解条例，滥发营业证，且未能随时督查办事员役，有失察之咎。张德柄著交文官高等惩戒委员会惩戒，交内务财政两处查照⑤

① 大总统申令（中华民国三年十月二十八日）[J]．政府公报，1914（953）：6-7.
② [J]．政府公报，1915（1016）：21-25.
③ 大总统申令（中华民国四年四月四日）[J]．政府公报，1915（1044）：3-4.
④ 大总统申令（中华民国四年六月九日）[J]．政府公报，1915（1110）：4-5.
⑤ [J]．政府公报，1915（1120）：21-24.

第五章 肃政监察的实绩与局限

续表

序号	提起时间	被纠弹人	纠弹事由	纠弹决定	处理结果
9	1915年6月24日	河南西华县知事刘泽青	刘泽青"藉公舞弊、枉法勒赃、勒贿浮收、纵役纵匪"	交由平政院审理	1. 平政院裁决认为，被纠弹人刘泽青奉上级官厅饬办的命案，不彻究详报，而收受被告贿赂；以工作之便，浮收图利。以上两项属违法行为，涉及刑事部分的，应交付司法审判。① 2. 先行褫职，再交由司法审判
10	1915年6月25日	前直隶雄县知事丁纶恩	丁纶恩在任知事期间，"浮收税款、颠倒案情"	交由平政院审理	1. 平政院审理认为，该知事在禁烟案中，擅自将直隶高等审判厅宣告无罪之人监禁数月，属于滥用职权、私擅监禁，应交付司法审判。浮收税款一事，是由错误认知引起的，无舞弊图利的主观意图，但有失察的责任，应呈请褫职。② 2. 先行褫职，再交由司法审判（后被特赦）
11	1915年7月14日	浙江泰顺县知事张元成	浙江省瓯海道尹举发该知事"藉烟扰民、焚屋酿命"等行为于肃政厅，肃政史提起对张元成在任期间"营私舞弊、溺职殃民"的纠弹	交由平政院审理	1. 平政院审理认为，张元成"藉烟扰民"，波及全村，任意勒罚，属于滥用职权，应当交付司法官署审理。③ 2. 先行褫职，再交由司法审判。 3. 大理院判决认定张元成系"损坏建筑物罪"

---

① [J]. 政府公报，1915（1126）：15-21.
② [J]. 政府公报，1915（1127）：15-18.
③ [J]. 政府公报，1915（1146）：16-19.

续表

序　号	提起时间	被纠弹人	纠弹事由	纠弹决定	处理结果
12	1915年11月15日	前归绥丰镇县知事项致中	项致中"溺职殃民"	交由平政院审理	1. 平政院审理认为，该县知事在任期间废弛捕务，对于下属刑讯、纳贿、分赃之事毫无察觉，虽无受贿诬良的事实，但确有不称职的情况，应付惩戒。 2. 相关的其他违法的下属由官吏缉拿后另案结办①

三、肃政史为平民洗清冤屈的业绩

在肃政厅存续期间，肃政史为平民请命的呈文较多，其中多数是针对不特定的平民，例如1916年北京政府滥发纸币，导致中国银行北京总行发生挤兑风潮，北京政府下发了全国停止该行钞票兑现令，肃政史蔡宝善、王瑚两人便以"政府取消停止兑现令，迄无准期，商民困苦状况日甚一日"等理由为民请命，特于1916年6月19日封递长篇说帖一件，恳请大总统严惩停止兑现主动之人（梁士诒、周自齐）。②

为特定平民昭雪的案件也不少，多数是人民告诉告发于肃政厅的案件，如县知事张元成溺职殃民案，也有通过见闻而得知的平民冤案，如海军部留学生案。下文将对这两起典型案件进行分析。

1. 海军部留学生案

海军部留学生案的起因是海军部军法司司长许继祥滥用职权处罚留日学生。赴日的留学生有19名，学监吴宗瑸按照规定发给每人川资100元。留学

---

① 平政院裁决书：第二十三号（中华民国四年十一月十五日）[J]. 政府公报, 1915 (1274)：31-32.

② 两肃政史为民请命[N]. 益世报（天津版），1916-06-22.

生因费用不足，要求增加经费。吴宗瑺便向陆公使借款，增发每人300元。吴宗瑺回国后向海军部报告当日学生要求增加经费的状况，担心自己擅自增发川资会受到责罚，便将所有责任推卸给留学生。海军部军法司司长许继祥听说后，认为应当以军法治罪，便下令逮捕留学生。其中仅有李震华一人因未到而幸免，其余18人则被逮捕，并交由军事法庭审判。最终吴建、沈一奇、何豪3人，以主犯"强暴胁迫"之罪，处一等有期徒刑（12年以上监禁），其余15人以从犯"附和助势"之罪，处四等有期徒刑，后经总长减为罚金百元。

此案判决后，引起了轩然大波，当即便有报刊连发四问：一问"海军学生要求加旅费是否胁迫，如云胁迫，则监督当然拒绝，即不能拒绝，何不先电军中"；二问"监督不过呈明情形，海军部即谓旅费太多，学生不当要求，亦不过申竟而已，断不能竟治学生以罪"；三问"学生诚有罪矣，此种犯罪绝不含军事性质，只在管理学生规则以内，何根据须开军法裁判"；四问"学生要求增加旅费是何大事，竟判以十二年以上监禁，本何军法为定罪之标准"。此外，还质疑该案"决无成立犯罪事实之理由，可奇者，总长非之，部员皆非之，许司长以何神力竟得悍然定狱也"[①]。

1914年10月，肃政史夏寿康、夏寅官、张超南、周登皞、俞明震、云书6人，联名弹劾许继祥违法滥刑，认为此案有诸多不合理的地方，并请求派员查办。[②] 参政院汪有龄等亦提出海军部滥用职权、举措失当的建议案。后海军部各参事司长亦以许继祥引律不当、审判不公，联名详请海军总长饬司再审。后袁总统批交高等军事裁判处再审。

高等军事裁判处详细审讯后，呈复称留日学生并无"坐索增资、聚众强暴胁迫"之事，不应入刑事范围。按照《海军惩罚令》议处吴建、沈一奇、何豪，这3人违反了"不依上官指挥，既于长官前抗言倨傲之款"，处以"停升一年，管束十五日"，其余15人违反了"不依上官指挥之款"，处以

---

① 暂生. 海军学生案［J］. 雅言（上海），1914（11）：7-9.
② ［N］. 时报，1914-10-31（0003）.

"停升六个月"。同时,大总统批准撤销原判,并以许继祥"审核失当、手续亦多错误",交文官高等惩戒委员会议处。① 文官高等惩戒委员会最终作出褫职处分,但海军部上呈称编定海军法律需要人才,请求"可否准予矜恕或降等调用"。大总统最终批准了该呈。②

震惊当时社会的"海军部留学生案"最终得以平反,18 名留学生也随即出狱。尽管涉事的主要官吏并未受到相应的惩罚,但社会上产生了许多对肃政厅的正面评价。可以说,这是肃政厅成功干预司法的第一案,由于缺乏有效的救济手段,在当时各项制度未完善的情况下,也算最快捷有效的救济方式了。

2. 张元成溺职殃民案

此案与禁烟有关。泰顺县知事张元成于 1913 年 3 月到任,当时烟禁十分严厉,自中央会勘之令下,由于所管辖区域甚广,且山路崎岖,知事一身势难兼顾,便委托本署科员汪厚昌、审检所书记娄倬分投各处竭力搜查,有种烟苗情愿认罚者,即随时就地罚办。

1914 年 3 月 20 日,村民夏长久不知从何处拔来两株烟苗,前往县署报告称,在夏兆受的田内发现有遗苗两株。张元成遂备文交付夏长久,嘱托娄倬便道办理。22 日,娄倬便带领法警和防兵等 20 余人吹军号前往。吕岗在村民面前将涉事的 3 位村民锁缚,当晚,夏桂清向娄倬交罚款 300 元,请求免除焚烧房屋。第二日,娄倬却推翻前议,随即将夏兆受、夏兆昌、夏兆良等几家的 24 间房屋焚烧,又因地势平坦,致使其余 13 间房屋亦被焚毁。所有粮食、器具都被烧毁,夏兆受的哥哥因病在床,被民兵拖到宗祠后 3 日毙命。娄倬遂驱防兵骚扰勒罚,39 家村民共筹集罚款 1028 元。村民听闻张元成知事在办理他处禁烟案件时,与此案相同,也不敢前往告发。

娄倬回署后,并未据实报告。张元成在查核切结时,载明罚七三洋 600 元,与该书记所报收支细账相符,至于焚烧房屋一事,因无人投诉,自不得知。

---

① 隐. 中国大事记:海军部留学生巨案 [J]. 中华杂志, 1914 (12): 3 - 7.
② 大总统批令(中华民国三年十二月二十七日)[J]. 政府公报, 1914 (952): 11 - 12.

后娄倬赴新昌县任职,新昌县知事与他并无交情,后娄倬因他案被撤职,随即离泰。

1914年8月,瓯海道成立。夏兆受在瓯海道成立后,前往告发该案,后瓯海道于11月派员来泰顺县查勘,逐一对39家村民取证,将整个案件查实清楚,确有房屋焚毁、满地瓦砾,罚款过付清单共有1028元,且田地出现两株烟苗一事,可能系与夏兆受有宿怨的夏长久所为。道委到泰欲提审娄倬,咨请新昌县知事查明此事,新昌县知事称娄倬可能逃逸,遂道尹饬属通缉娄倬。

因瓯海道尹对县知事并无处罚或弹劾的权力,遂将此案举发于肃政厅。肃政厅遂以泰顺县知事"营私舞弊、溺职殃民"为由,据实纠弹于总统处。1915年1月27日,大总统谕令平政院审理此案。平政院第二庭审理了此案,张元成被提至平政院,预审时由于关键证人未到案,遂电浙江巡按使补提原告夏兆受、夏良学,证人毛凤池、吴谦光送京,以质证。①

在审理过程中,娄倬所为是否为张元成指使是该案的关键。张元成称除罚款七三洋600元外,对焚屋酿命、勒罚1028元等事毫不知情,但由于关键被告娄倬未被缉拿归案,无法进行质证,夏兆受等亲供张元成尚无指使的实据,因此,此节只能等娄倬被缉拿后再行环质。

平政院于7月14日作出裁决称:"于罚款一案,张元成并未传提被罚之人到案讯问,澈究虚实,仅据娄倬所执切结载明六百元之数,即认为正当办法列诸册报。就令原案属实,发现烟苗不过两株,其罪案亦不能成立,乃竟波及全村,任意勒罚殊属滥用职权,自应依照纠弹法第十二条规定,将张元成交付司法官署审理,其娄倬一犯应擒获后归案讯办。"②

此案到此,似已为村民昭雪,但本案的关键被告未被缉拿,且因无国家赔偿法,村民所受的损失也无法得到弥补。尽管该县知事张元成被先行褫职,

---

① [N]. 时报,1915-06-11(0003).
② 平政院呈审理纠弹事件依法裁决请将浙江泰顺县知事张元成先行褫职文并批令(附裁决书)(中华民国四年七月十四日)[J]. 政府公报,1915(1146):16-19.

且将受到司法审判,但仅在事实上证明了该县知事有错,村民无辜受累而已。

1916年1月,大理院对张元成一案进行了审理,大理院判决认定张元成系"损坏建筑物罪"。同年10月,张元成被浙江省省长任命为永康县知事,省议会质问任用知事张元成一事,该省长公署回应称:在对张元成的刑事审判中并无褫夺公权之宣告,同时知事若受到惩戒委员会的惩戒并褫职,按照惩戒条例之规定应当不能任用,但张元成之"先行褫职",未经惩戒委员会决议,与《知事惩戒条例》中的规定不同,大理院亦未判决褫夺公权,因此其任用当然不受限制。①

此时肃政厅已被裁撤,原有的各省议会重新拥有弹劾官吏的权力,但官场乱象丛生,议会仅有弹劾权没有处置权,并不能遏制官员的腐败现象。

第二节　肃政厅对复辟帝制的抵制

一、宋育仁复辟谬说论弹劾案

最早公开意图复辟清室,主张"还政于清"的是清室遗老劳乃宣,袁世凯在1913年平定二次革命之后的举动,"一切政治有复旧之势,新人物逐渐屏退,旧人物连翩上任"②,给了复辟人士政治上的错觉,使其发表了复辟的言论。1914年7月1日,政事堂礼制馆成立,欲聘请刘廷琛为顾问,刘廷琛拒绝了,并在《复礼制馆书》中将辛亥革命后纲常伦理的堕落归因于共和政体的运用。随后,劳乃宣致书徐世昌,力言民主之制不适合中国,徐世昌转呈袁世凯,袁世凯阅后置之。其后,时任国史馆协修、总统府政治顾问的宋育仁,发表了还政清室的演说,又向袁世凯递交了呈文。参政院依照《约

---

① 浙江省长公署咨复省议会质问任用知事张元成等由(中华民国五年十月二十四日)[J].浙江公报,1916(1660):4-5.
② 复辟谬论余谈[N].新闻报,1914-11-26(0005).

法》，代立法院向政府提出建议案，建议对此"谬说希图扰乱治安者，即照刑律内乱罪从重惩治"[①]。

在复辟言论愈演愈烈的时候，肃政厅深恐此风如不遏制会酿成大祸，于1914年11月13日向大总统递上呈文，称近日所闻的主张变更国体、还政清室的论说实是谬说，并请总统饬内务部将此等言说严行查禁。呈文从3个方面进行陈诉：一是清帝逊位之后并未征诛清室，反而优待清室，民国建立是名正言顺的；二是清室退位是晚清失政、皇族失民心所致，民国的建立是顺势而为、大势所趋；三是民国初立、政局不稳，此时的复辟言论引起国内不稳，使得他国渔利。陈诉层层递进，并认为第三点是最应该重视的，"民国甫建，风雨飘摇，若又倡改弦更张之议，则是自求扰乱与暴徒二次破坏，用意何殊？……他国且利用此以收渔人之利，中国之危亡将万劫不可复"[②]。

同时，夏寿康在呈文中加上了附呈，表明此检举行为不是意图造成大狱，而是防微杜渐，认为："宋劳之徒，本属迂儒，不成事理，观其拙作，全是食古不化……故宽其既往而禁将来，为解决此事最当之办法。"[③] 袁总统命内务部查办该案。此外，在肃政史呈文后，各省巡按使亦纷纷致电要求查禁复辟谬说。

11月17日，宋育仁被步军统领衙门逮捕询问，并"大骂玉初（劳乃宣）误我"，将责任推给劳乃宣。11月20日，内务部发文，要求嗣后如遇有诞妄之徒散布此等谣言者，以刑律中的内乱罪分别惩办。[④] 11月23日，袁总统发布申令，申明此事既往不咎，但嗣后如有造谣或者立书著说，以及开会集议以紊乱国宪法者，则以内乱罪从严惩办。

此案中，劳乃宣在听闻风声后，便在上任参政院参政途中返回青岛，刘

---

① 复辟谬说之反响［J］. 善导报，1914（19）：15-17.
② 肃政史夏寿康等呈请杜乱防嫌保全清室请钧鉴文并批令（中华民国三年十一月十三日）［J］. 政府公报，1914（910）：23-24.
③ 复辟谬论案之余波［N］. 申报，1914-11-29（0006）.
④ 内务部通咨各都统、参赞、巡按使等政事堂交夏寿康等呈请杜乱防嫌保全清室等情奉批交内务部查照相应咨行查照转饬遵照文（中华民国三年十一月二十日）［J］. 政府公报，1914（917）：22-23.

廷琛则是在听闻宋育仁被捕消息后逃亡至租借地。宋育仁最终则是根据总统申令的"既往不咎",被送回四川原籍,并给予了随时察看的处分,直到1915年4月8日,该察看处分才被四川巡按使向袁世凯呈请销去。

二、杨度、孙毓筠筹安会弹劾案

筹安会于1915年8月14日成立,杨度、孙毓筠、严复、刘师培、李燮和、胡瑛等发表《筹安会宣言书》,云:"我国辛亥革命之时,国中人民激于情感,但除种族之障碍未计政治之进行,仓促之中,制定共和国体,于国情之适否,不及三思,一议既倡,莫敢非难。"① 文中还以南美各共和国的乱事为证,认为君主实较民主为优,中国尤不能不用君主国体,并言筹安会成立的目的是研究君主国体与民主国体何种适合于中国,专以学理是非、事实利害作为讨论范围,范围之外的其他事项,筹安会概不涉及,讨论所得成果将贡献于国民。② 在《筹安会宣言书》中,筹安会对自己的定位是纯学术研究团体,不涉及政治,但8月24日,筹安会又向各省通电,认为所研究的议题关系国家根本,请各省派遣代表来京共同研究。袁世凯在筹安会成立后,亦认为"此种研究之举只可视为学人之事,如不扰及秩序自无干涉之必要"③。

嗣后,杨度在《东方杂志》的"关于筹安会之辩论"专栏上发表了《君宪救国论》,认为"中国之共和,非专制不能治也",只有君主立宪才能救国。④ 尽管梁启超与汪凤瀛在同一专栏下发文《异哉所谓国体问题者》与《致筹安会与杨度论国体书》以反驳杨度的观点,但杨度的唯君宪论以及其成立筹安会的举动仍然引起了广泛的关注。各省巡按使与将军在此问题上表现出赞成变更国体的意向,使得复辟问题愈演愈烈。

肃政厅对是否应当阻止筹安会研究国体问题一事,意见并不统一。1915年8月底至9月初,肃政厅召集了数次肃政厅总会议,讨论如何处置筹安会。

---

① 中国大事记:筹安会之成立 [J]. 大同月报, 1915 (9): 35.
② 中国大事记:筹安会之成立 [J]. 大同月报, 1915 (9): 35.
③ 关于筹安会之各面观 [N]. 申报, 1915 - 08 - 20 (0006).
④ 杨度. 君宪救国论 [J]. 东方杂志, 1915 (10): 5 - 15.

赞成纠弹的一派认为，筹安会的组织者均为行政官员，其中李燮和更是军人，参与政治结社，与政令不符，并且自宋育仁复辟案之后，曾命令公开集议紊乱国宪者，以内乱罪论处，筹安会的行为与法令不符，应由肃政厅提起纠弹。反对纠弹的一派则认为，可以从事实方面向政府提请和平解散筹安会。① 最终赞成纠弹的人居多，于是在9月9日，都肃政史庄蕴宽以肃政厅的名义向总统提起了纠弹。

肃政厅在弹呈中提请取消筹安会，并称："自筹安会成立以来，虽宣言为学理上之研究，然各地谣言蜂起，大有不可遏抑之势。杨度身为参政，孙毓筠曾任约法议长，彼等唱此异说，加以函电交驰，号召各省军政两界，各派代表，加入讨论，无怪人民惊疑。虽经大总统派员在参政院代行立法院发表意见，留切声明，维持共和，为大总统应尽之职分，并认为遽尔变更国体，为不合时宜。然日来人心并不因之稍安，揆厥所由，无非筹安会依然存在之故。应恳大总统迅予取消，以靖人心。"② 不久，袁总统作出了答复："世界各国有君主、民主之分，要不外乎本国情为建设，以达其巩固国家、保全种族之宗旨。中国当君主时代，历禁讨论民主政体，而秘密结社，煽惑不绝，一旦爆发，更无研究之余地。前车可鉴，可为寒心。讲学家研究学理，本可自由讨论，但须具有界说，不可逾越范围。着内务部确切考查，明定范围，示以限制。"③

在筹安会的推动下，国民请愿要求恢复帝制，参政院委员会于9月13日议定该请愿书为正式提议案。肃政厅都肃政史庄蕴宽在听闻国民请愿后，召集肃政厅总会议，表示"筹安会之发起，本厅早应干涉，近且愈出愈奇，居然请愿，非根据约法严行干涉不可"④。内务部在9月19日对该弹劾案作出了回复，要求"警厅应严重考查，务令（筹安会）不逾越政谈集会当守之范围，倘认为有扰乱秩序之虞及其他秘密之行为，警察、官吏职有专司，自当

---

① 关于筹安会之各面观 [N]．申报，1915-08-20（0006）.
② 肃政厅呈请取消筹安会 [J]．东方杂志，1915（10）：8.
③ 肃政厅呈请取消筹安会 [J]．东方杂志，1915（10）：8.
④ 庄都头态度坚决 [N]．时事新报，1915-09-16（0002）.

加以干涉……筹安会应严守范围,通饬考查限制"①。内务部与袁总统的回复几乎一致,意味着在筹安会不扰乱治安的情况下,政府并不会干涉。

在筹安会鼓吹帝制一事上,肃政厅内部虽对该以何种方式进行干预产生过分歧,但自始至终的对外态度均为反对复辟帝制,在袁世凯称帝后,据北京1916年2月19日东方通讯社电,"肃政史全体会议决议,取消洪宪年号,解散参政院,裁撤大典筹备处等建议案"②。由此可见肃政厅的立场。从结果上来看,肃政厅对筹安会的纠弹以失败告终,但不论是在宋育仁的复辟案、筹安会案,还是袁世凯称帝事件中,肃政厅始终为维护民主共和、反对帝制而努力。

第三节 舆论对肃政厅纠弹行为的反应

一、肯定性评价

肯定肃政史纠弹行为的评论,一般是对肃政史风骨与勇气的称赞。肃政厅成立之初,多数民众对肃政史抱有很高的期望,认为"肃政史者,盖犹古之谏官,所以翼主德,纠官僚,凡上自国计,下逮民生,关系利害得失之巨,罔不应侃侃直言,以尽建言之职"③。

在肃政厅接连纠弹刘鼎锡与王治馨,并使二人迅速获审并被移送惩戒后,肃政厅一时名声大振。1914年6月13日,《时报》上登载一篇对肃政史的评论:"肃政史者,其职专为弹劾官吏者也。故既设肃政史,自不能无弹劾。今已发弹劾之第一声矣,自后必源源而至,所谓官吏又将多一束缚矣。或曰肃政史者,所以代议会也,议会可以弹劾官吏,肃政史亦可以弹劾官吏。不

---

① 内务部呈遵定筹安会应守范围通饬考查限制请钧鉴文并批令(中华民国四年九月十九日)[J]. 政府公报, 1915 (1213): 19-21.
② 译电 [N]. 时报, 1916-02-20 (0003).
③ 顽佣. 论肃政史建言当力持大体 [N]. 时报, 1914-07-10 (0002).

知议会之弹劾官吏往往多为大官大吏，肃政史之弹劾官吏往往多于小官小吏，其说非是。"① 该评论无疑表达出对肃政史的信任，以及对肃政史肃清官场、从严治吏的厚望，从语气中透露出振奋之情。

王治馨案后，舆论对肃政史的弹劾成效也给予了肯定。有评论说："肃政史自参倒王治馨后，无日不从事与观看动静，以为弹劾之资料。迄于近数月，闻参劾之呈查办之使，联翩络绎不绝于耳内，而各部院外面各行省，罔不在风声鹤唳之中。政界中谈及肃政厅咸不禁有谈虎色变之势，称为大活跃时代。"② 这也反映了在肃政厅成立不久时，多数民众对肃政厅的欣喜之态。

但随即在肃政厅连续对中央多位高官进行纠弹且无果后，民众对肃政厅的期待值越来越低。同时由于肃政史的激进、对司法权的干涉以及卷入党派倾轧之中，舆论对肃政厅的评价几乎都变得负面了，仅在1915年9月28日的《新闻报》中出现一篇为肃政史"横冲直撞、立异鸣高"而发声的文章，其称："北京某报，谓肃政史横冲直撞、立异鸣高，阅之足增人慨矣。今日如此横冲直撞、立异鸣高者，复有几人哉。人之禀性不殊，何以有不敢横冲直撞者，则有所畏忌为之也；何以有不敢立异鸣高者，则有所顾恋者。非所以维持国家元气者，以天下滔滔之今日，犹有维持国家元气之人，吾固不能不乐观。然而维持国家元气之人，仅此少数，而所居地位又卑不足道，则吾又安得不尽然以悲也。"③ 其认为在当时的社会环境中，仍然能够勇于维护国家的人并不多见，肃政史的行为是值得肯定的。

其后在新闻界对肃政史的报道中，出现越来越多关注肃政史以及肃政厅动向的文字，间或出现一些对肃政史或肃政厅表现的负面评价，舆论的关注点也转向肃政厅在特定政制约束中的困境与局限。其后风闻袁世凯有意称帝一事，肃政厅立场坚定地进行抵制，并打算对鼓动称帝之人提起纠弹。加之，宋育仁大倡复辟说，杨度、孙毓筠等人组织筹安会，都被肃政史列入弹劾计

---

① 肃政史之第一声［N］. 时报，1914-06-13（0003）.
② 政海潮音［N］. 时报，1915-07-15（0006）.
③ 新评［N］. 新闻报，1915-09-28（0003）.

划之内。因此，民众对肃政厅的态度又从消极转为积极。

二、质疑性评价

在舆论中，对肃政史的质疑性评价也不少，其中包括对肃政史干涉司法权、卷入党争以及纠弹能力不足的质疑。此外，还有对肃政史队伍良莠不齐的现状进行了评价，冷嘲热讽皆有。例如有记载说："肃政院之人物，虽有一二佼佼者，然寒蝉仗马，究居多数。有某肃政自命不凡，分其同类为七类：一曰敷陈大计，二曰毫无顾忌，三曰孤行己意，四曰吹求苛细，五曰不敢放屁，六曰揣摩风气，七曰因以为利。又曰，一二三类今尚无其人，不过虚悬一格，四类以下较多耳。"①

1. 肃政纠弹权对司法权的干涉

在民国成立之时，三权分立的思想就已被多数国人所接纳，认为司法权应独立行使而不受干涉，因此当肃政史对司法权的行使产生了干扰时，舆论便立即"炮轰"肃政厅。首先是在应德闳的"八厘公债案"中，肃政史对大理院作出的对应德闳免予起诉的判决不满，认为在大理院的审判中，第一审判庭庭长姚震与预备推事朱学曾有徇私枉法的嫌疑，便又对应德闳提起纠弹，同时语涉大理院法官有徇私枉法之嫌。其后又因不满大理院对京张铁路参案的处罚结果，复又提起纠弹。② 时评肃政史道："肃政史为言责之官，然试问其是否复有干涉司法之权，今则往往于参案处罚不大满意，八厘公债案表示于前，京张铁路案继承于后，虽二案间是非自有公论，特吾不解，既弹劾之于前，而又复纠绳之后，将如何而令肃政诸公满意耶。"③ 这是对肃政史越界行使纠弹权的极度不满。

此外，肃政史干涉司法权的方式不仅限于纠弹行为。肃政史周登皞、张超南、夏寿康等曾联名向总统提出撤审判厅民事执行查封处。起因是一京师

---

① 复公．肃政种类［J］．余兴，1917（30）：74．
② 专电［N］．时报，1915-12-01（0002）．
③ 时评肃政史［N］．时报，1915-08-16（0010）．

商店因债务问题涉诉，法院的民事执行查封处将该店查封，该商人请求先行调处，肃政史认为京商困苦，应当设法保护。此行为严重激怒了民众与司法界人士，反对声讨的言论如潮。司法界认为民事执行查封处的设立解决了民事案件中债务的偿还问题，保障了债权人的利益，是司法的一大进步，如果仅有一纸胜诉状，那么"任被告永不偿还，则告诉人告诉之效果何在，利益又何在。所以民国以前，虽民刑不分，而旧律涉于刑事者，除办罪不计外，专以追偿为要旨"①。

2. 弹劾沦为派系倾轧之工具

在舆论看来，肃政史卷入派系倾轧是因为"个人机械"问题，表现在肃政史反复对同一官员提起纠弹，或先后对同一派系的高级官员提起纠弹这种行为上。在海军部留学生案中，肃政史对海军部军法司司长许继祥提起纠弹后，认为刘冠雄袒护了许继祥，又全体署名提出对刘冠雄的弹劾，并称刘冠雄与乱党有关。②肃政史对同一派系一究到底的态度，很容易让人认为其参与了派系争斗。后北京政界中粤皖两派之间的斗争趋于白热化，而皖派的财政次长张弧与交通次长叶恭绰，先后因肃政厅的纠弹而被免官。此外，在前津浦铁路局局长赵庆华一案中，粤派仍在不遗余力地进行检举，试图一网打尽皖派。肃政厅当时正在着手调查赵庆华一案，身处旋涡之中，舆论认为此倾轧的结果可能会波及陆军部。③

舆论认为："国家而有监督政府之正当机关，本无藉于此。都肃政史至肃政史而入于党派倾轧之旋涡，恐为个人之机械，则身之不肃，何以肃人。不然今日病民之事，如三省弛禁鸦片等举，为与谕所诟病，而彼之所谓肃政史，则噤若寒蝉，其将以此与党派倾轧个人机械均无关着耶。"④肃政厅在没有切实证据的情况下，即对粤派检举的官员进行弹劾，卷入党争实不仅仅与"个人机械"有关。

---

① 司法人物之一习话 [N]. 新闻报, 1915-02-15 (0005).
② 专电 [N]. 时报, 1914-12-10 (0002).
③ 译电 [N]. 时报, 1915-06-22 (0003).
④ 对于肃政史之教训 [N]. 时报, 1915-06-30 (0006).

肃政厅对于民众认为其是"党争的工具"一言作出了回应。肃政厅总会议紧急议决:"鉴于党派倾轧,嗣后弹劾案须有切实证据,令其无从规避,庶不至于个人之机械。"①

3. 对肃政史其他行为的批判

肃政史的个人反常言行也会导致民众对其进行批判。个别肃政史在条陈中提出一些陈腐的建议,遭到国民讥讽。据《申报》披露,1914年年底,有肃政史向政府建议,请求"恢复拜跪之礼"。该肃政史条陈说:"总统为一国元首,官民觐见,宜用拜跪古礼,方足以别上下尊卑。"不过,应与古代不完全相同,古代君王对于官民的拜跪之礼,坐而受之;今日则宜立而受之,以示区别。② 针对上述肃政史的拙劣表现,就连都肃政史庄蕴宽都深感不妥。他致函国务卿徐世昌,指出肃政史中"流品太杂,须淘汰",并且认为向政府条陈建议恢复拜跪之礼的肃政史程崇信、李应庚之辈,应在淘汰之列。③ 时人认为程崇信颇娴于简练揣摩,当时新闻以及舆论将"请复私塾之程大参政与程大肃政称为二难",使得肃政厅全厅人员"黯然无色"。但该呈留中未发,外界也不知上呈一事的真假,一年过去后,政事堂忽然奉令"交谕肃政厅建言宜识大体,并即引程(崇信)去年请复跪拜一事以为榜样,而予以严重之申戒","交令传观之余,于辞色之间,由抱怨之意,以一人之躁妄累全体制声光"。④ 后程崇信自行请辞肃政史之职。

民众也对某些肃政史无独立见识及信口开河提出批评,特别是对他们所提出的一些建议嗤之以鼻。某肃政史曾以账务筹款类似于彩票,呈请总统禁止该行为。有评论认为:"就表面而言,此种建议何尝不是(令人齿冷)。如广东之山铺票,明明借筹办水为名,而仿照彩票办法。假令肃政史果欲禁阻,则未批准之前,其章程条例之显含彩票性质,此曹岂不见不闻,何待其早经

---

① 专电 [N]. 时报,1915-06-30 (0003).
② 古礼回复之建议 [N]. 申报,1914-12-20 (0006).
③ 北京电 [N]. 申报,1914-12-25 (0002).
④ 政海潮音 [N]. 时报,1915-07-15 (0006).

批准，而后以请禁塞责，谓非无聊而何。"① 民众认为这种事后的建议是肃政史"表态"的一种"表演"，如果肃政史确有决心阻止，应当在章程条例被批准前递上呈文禁止。但肃政史的职能为纠弹，其并没有参与政府章程条例制定的权力，这种评价未免有些苛刻。

又如肃政史曾经呈上了有关救亡图存的条陈，认为政府的当务之急是简军实、张国权、明赏罚、兴教化，并着重强调"简军实"的重要性。《新闻报》当即刊载了一篇评论肃政史救亡条陈的文章，并提出了不同的观点，认为："肃政史救亡之见解，所谓补救之方者四，根本之图者二，夫教育实业二者诚根本也，然非旦夕间可观厥，成则肃政史之意或者不在根本，而转在补救之四端乎。虽然军费之冒滥，财政之沉冗，吏治之不能恤民生，人才之不能应时变。自北京政府统一以来，已三年于兹矣，自肃政史设立以后亦一年有余矣，政府不能整饬于平时，而所谓肃政史者，又不能于中日交涉未起以前痛陈利弊，岂先时竟无闻见，至今日而始察觉耶。亡羊补牢是否非晚。我故不论其一篇大文，果足救亡与否，而独惜其言之已迟。"②

又如，1916年3月初，肃政厅上奏祀孔典礼时请派纠仪肃政史折，要求在祀孔典礼上钦派两名肃政史充当纠仪官。③ 1916年3月中旬，肃政厅又上奏折，提出在关岳庙春祭时应派肃政史二人充任纠仪官。④ 可见，在肃政史队伍中，并非皆为刚正不阿之士，也有阿谀奉承之徒。

第四节 肃政厅纠弹实践中显现的局限

肃政厅在纠弹实践中的局限表现在以下几个方面：一是人民检举告发的意愿不强烈；二是人民告诉告发程序十分严格；三是肃政厅只在中央设置，

---

① 新评[N]. 新闻报，1914-12-19（003）.
② 评论[N]. 新闻报，1915-05-27.
③ 肃政厅奏祀孔典礼请派纠仪肃政史折[J]. 政府公报，1916（62）：21-22.
④ 肃政厅奏关岳庙春祭开单请派纠仪肃政史折[J]. 政府公报，1916（77）：25-26.

缺乏地方机构；四是肃政厅的调查权受限，导致难以核实纠弹事件。

一、人民检举告发的意愿不强烈

民国初年处于新旧文化冲突融合的时期，在传统纠问式诉讼的影响下，人民怀有厌讼心理，因此建立起人民主动告发官员违法行为的信心尤为困难。在中国传统的社会文化中，人民对因官员滥用职权而产生的伤害，大都处于忍耐状态，就清朝的御史制度而言，人民有"京控"与"叩阍"两种检举控告官员的方式。"京控"是指有冤情的人民在初审后，需要自下而上逐级申诉，控府、控道、控司、控院，不可越级。"叩阍"是指当穷尽各种救济，而尚书、总督、巡抚、按察使等既不处理又不奏闻，当事人及其相关亲属可以到都察院登闻鼓前击鼓鸣冤，由都察院审理。① 击鼓鸣冤之事，应当与军国大事相关，或大贪大恶、异惨奇冤之事，并且有相应的罚则与严格的告状资格。而人民检举官员或控告官员亦有严格的程序与资格等限制，同时在官官相护的政治环境下，人民控告官员不仅过程艰难，而且容易被报复，因此人民检举控告官员的情况很少。

民国初期，尽管在肃政监察制度建立后，鼓励人民告诉告发官员，但人民的告诉告发意愿并不强烈。肃政史在论及肃政厅的局限时也曾提及："肃政厅纠弹官吏，多半根据于人民陈诉，而陈诉官吏获蒙申雪者，十无一二，其搁置不能申理者，官吏顿生一种恶感，且有借端以恣报复者。故上诉至案，许多困难。"②

二、人民告诉告发程序十分严格

《肃政厅告诉告发章程》规定，人民在告诉告发时应由本人前往肃政厅亲自递交告诉告发状，同时带上证人以候询问。该规定是为了确保被告发事件的真实性，避免随意诬告造成司法资源的浪费，但在实践中，此项规定给

---

① 焦利．清代监察法研究［D］．北京：中国政法大学，2006．
② 肃政厅整顿吏治之建议［N］．新闻报，1915－04－21（0005）．

人民带来了极大的不便,使肃政监察活动不能完全发挥效用。

在实践中,偏远或交通不便地区的人民往往难以亲自前往肃政厅告发,一方面是难以携带多名证人前往,另一方面是资费不足,因此肃政厅在制定《肃政厅告诉告发章程》时加入了例外条款,即当确有困难时,可以函电或邮寄告诉告发状。但由于在肃政监察制度实施初期,人民对肃政厅的信心不足,害怕被告发的官员报复,因此"各省上述官吏一案生出数种陋劣现象,或以电文或以私函或不具姓名地址或捏造诡名,以期免祸及"。但此类告诉告发状大大增加了肃政史的工作量,"肃政厅接到此种函电,向例呈之该厅会议时,各肃政史自由检阅酌付审查,有侥幸被检出者,有不幸被取消者。加以函电之中,文字不甚明,通以致呈诉之件,押抑者多,其或列入纠弹之案,又有从该地调查并无其人者,事间儿戏成何体统"①。

此外,《肃政厅告诉告发章程》所规定的告诉告发状中必须要有同乡京官或京中商铺的保结,这也是告诉告发程序中的一大壁垒,因为蒙冤者往往处于社会底层,很难得到相应的保结,因此肃政厅曾指出:"正式呈诉,须用状纸,又须有同乡京官之保结,而蒙冤者能否找出保结,尚不可知,而函电又难全恃。有此种种原因,而官吏劣迹得以上闻者,亦仅矣。"②

三、肃政监察难以辐射地方

肃政厅在设立之时,综合多方因素仅设一中央机构,一是因为当时的政局下,中央对地方的控制能力较弱,如设置地方各级机构,其监察效力将会大幅降低,同时使得监察权分散并且不易被控制。二是因为肃政厅的权威来源于总统授权,总统设置精简的中央肃政厅,一方面能够将权力进一步集中,另一方面能够使肃政厅的监察权更具有权威性。但在实践中,这种基于政治考量的设置,必然会引发诸多问题。

首先,肃政史能够主动提起纠弹的案件,其线索来源于肃政史的耳目闻

---

① 肃政厅整顿吏治之建议 [N]. 新闻报,1915-04-21(0005).
② 肃政厅整顿吏治之建议 [N]. 新闻报,1915-04-21(0005).

见，但肃政厅只在中央设置一机构，对外省的贪官墨吏以及残害公民、徇私枉法的官吏鞭长莫及，极大地限制了肃政史主动提起纠弹事件的范围。同时，在总统进行官制改革后，各省巡按使对下属的弹劾权仅及于县知事，与前清的督抚能够直接弹劾"司""道"相比，权力受到了限制，从而导致在行政系统中，缺乏对高级官吏违法行为的处置程序。因此，对于政务厅长、财务厅长及荐任以上的官吏，巡按使明知其违法，而不过问，因为权力受限。肃政厅的设置填补了官制改革后行政系统内部对高官弹劾的空白，肃政厅的监察权对于政府整顿吏治而言尤为重要，而单一的中央机构使其受限。

其次，因为肃政厅收发条例的限制，对于"人民受官吏之凌虐，势豪之蹂躏，欲诉愿于上，一申其不平之气者"，大部分受害人因能力不足，道途遥远，只能选择邮寄呈词或者电报控告的方式，但受限于收发条例，肃政厅多置之不问。但肃政厅在实践中作出了相应的对策，对于"控词亦有真情者，嗣后对于此种适宜分别参考，如认真确有研究之必要者，则派员或嘱托邻省委员前往密查，以凭办理"①。

最后，精简的中央机构又导致肃政厅在办理案件时出现人员不足的情况。肃政史的额定人员是16名，在肃政厅成立初期，人民告诉告发案件并不多，在肃政厅连续提出几起高官弹劾案件并最终使其受到司法审判后，告诉告发案件便逐渐增多。《时报》于1915年8月发出一则通知，称"肃政厅现清理人民控告官吏之积案"②，此时距肃政厅成立不过一年，案件便已积压。根据《政府公报》的统计，肃政厅造册呈于总统的批驳告诉告发案件，平均每月十几件，且案件都有详细的批驳理由以及调查过程，其中还并未包括肃政厅收到的邮寄呈词与电报控告，可见肃政史的工作量极大，人员严重不足。

在实践中，肃政厅曾制定了巡查制度以解决上述难题，即从中央派员巡查地方，从而搜集各省人民告诉告发案件以及主动调查各省政务，并且为预防"揑名虚控之弊"，肃政史会在巡查的同时，对邮寄以及函电的呈词进行

---

① 肃政厅无聊之近况 [N]. 新闻报, 1915 – 09 – 05 (0005).
② [N]. 时报, 1915 – 08 – 03 (0003).

复核。根据《新闻报》的记载，"刻拟令该庭十六肃政史，每年轮派四人出巡，一面调查已发生之案，一面收受新发生之案，藉以宣泄民情"①。但因此而产生的资费颇高，"每年四人出巡，盖以随员追从，车马杂费每人约需六七百元，四人合计必须二千余元，每年非由三万元常款不敷应用"②。据此，该巡查制度应是每月派4人到各省巡查，但据《时报》的实录统计，肃政厅在后续的实施中，并未严格按照该巡查制度每月派4人巡查，一方面恐因肃政厅案件积压、人员不足，另一方面也有当时财政困难，后续资金不足以长期支持的原因。

四、调查权受限

肃政厅对纠弹事件的调查，在很大程度上需要依赖其他官署的配合，在对高官的弹劾中，一般需要由该官员所在省的最高行政长官对案件进行复查，再回复于肃政史，复查的结果直接关系到能否向总统提起纠弹，但肃政史并不参与复查的过程，复查结果的真实性则依赖于该行政长官的个人品行。如在昌黎县知事郝继贞的案件中，肃政史咨询直隶巡按使复查该案件，该巡按使认为原告对郝继贞的控诉不符，极力为其开脱，呈请免付惩戒，并且欲反坐原告是诬告，该行为导致肃政厅进行了全体纠弹，由都肃政史庄蕴宽牵头，重新提起纠弹，要求该巡按使严查，第二次提起纠弹后，该案由总统交由平政院进行审判。

郝继贞的案件属于大案，牵涉甚广，因此能够被肃政史坚持提起纠弹，但还有一些难以查实的案件，仅依靠官署的调查或原告的举证皆难以查证。如《时报》登载的肃政厅严究豫省冤案中，河南一盲人每日都前往肃政厅哭诉，肃政史询问之后才得知此案与郝继贞案十分相似。其两眼为仇家所挖，案发后便告诉于地方知事，在该知事拘得凶手后，凶手贿赂官员，其又被释放了，此后该知事便置此案于不理。该案原告上京陈诉于肃政厅后，肃政厅

---

① 肃政厅整顿吏治之建议［N］. 新闻报，1915－04－21（0005）.
② 肃政厅整顿吏治之建议［N］. 新闻报，1915－04－21（0005）.

咨询原告所属道尹查证此案，但由于并无其他证据，该案查证十分困难，最终肃政厅并未提起纠弹。①

除此之外，在肃政厅每月呈于总统的未提起纠弹案中，因证据不足无法查实而未提起纠弹的约占1/3，如在1916年5月批驳告诉告发事件的造册中，便有4起因原告举证不足，查无其他实据而被批驳。在京兆武清县人王朝栋等告诉该县知事沈岩营私徇护一案中，原告只是坚称有人行贿该知事，但并不能举出实证，肃政史因此进行批驳。在河南洧川县人张裕增告诉该县前任知事黄凤华溺职殃民案中，肃政史认为涉诉事由已经在上诉中，需等候审判厅的审判，不应越控于肃政厅，而控诉该知事受贿一事，因"无确实证据粘附到厅，疑难核办，抑即知照此批"。在山东长清县人唐彦俊告诉该县知事彭以尤违法滥刑一案中，肃政史根据审查，认为原告所称"该县知事不讯先责，并将伊子严押受苦等情"为一面之词，因此批驳了该案。② 其余因证据不足而批驳的案件大都如此，一是原告难以举证，二是举证难以被查实。

事实上，肃政厅的调查手段也十分有限，法定的调查方式为书面审查、询问以及咨询官署协助调查。在人民告诉告发的案件中，询问规则只规定了对原告与证人的询问，未规定对被纠弹人的询问、讯问等，这导致询问结果会具有偏向性，这在应德闳案件的审理中能够明显看出。该案由平政院审理后，移送大理院审理，但两份判决对于被纠弹人（被告）犯罪事实的认定并不相同，应德闳指出肃政厅对他提供的证据不予采信，只采信原告的证据，"今曾、李两肃政史但与蒋懋熙及其委员曹元渡等秘密接洽，专以原呈之函据为主，而与此等函据之由来、案中重要人证、重要关系、重要情节理由概置不问"③。调查手段受限的另一缺陷则是对被纠弹人无任何限制人身自由的措施，在调查被纠弹人期间，被纠弹人可以闻风而逃，而事实上很多起未进行审判的纠弹案均是因被纠弹人逃逸而被搁置。当纠弹事件交由平政院审理

---

① 肃政厅严究豫省冤案 [N]. 时报，1915-01-14 (0006).
② 肃政厅呈报肃政厅五月份批驳告诉告发事件缮册祈鉴文 [J]. 政府公报，1916 (175)：11-19.
③ 江苏公债票案 [N]. 申报，1914-07-08 (0003).

时，被纠弹人则会被提审入京，此时对被纠弹人的询问权已移至平政院。

　　肃政厅在实践中的局限，除了因制度设计上的缺陷所产生的上述局限，还有因政治原因导致纠弹事件不能达到预期惩处效果的局限。同时由于查处分离，肃政厅对纠弹结果并不可控，多数官员在经过肃政厅纠弹、平政院审理以及大理院审理后，仅由文官惩戒委员会惩戒，或是由大理院对案件进行重新审理。此种后果一方面导致政府肃清吏治的愿景落空，另一方面导致人民对肃政厅的信心逐渐瓦解。一位以"伴僧"为笔名的国民，曾用夏虫来比喻新约法时期的几种机关或官职，他把筹安会比喻为有毒的"蜂"，把政府的顾问官喻为逐臭的"蝇"，把参议院议员喻为"蛙"，却把肃政史喻为"蝉"。他以诗的形式对"蝉"写道："吸露餐霞太廋生，托身高出便长鸣。临风只解随声和，肯为人间诉不平。"[1] 其中，既讴歌了肃政史的高尚职责，也道出了肃政史的困境和无奈。

---

[1] 伴僧. 夏虫语 [J]. 余兴, 1916（20）: 33.

第六章

对肃政监察制的重估

民国初年肃政监察制的创设和实践仅仅两年之余,加之它的存续期间与袁世凯的集权和帝制实践在时间上的重叠,致使一百多年来政界和学界对它的态度,轻则置若罔闻,重则大加挞伐。其实,它作为一个研究对象,评价其本身并不是唯一的目的,对它的认知才格外重要。因此,笔者认为有必要在尊重历史事实的基础上对它进行客观的重估。这里的"重估"不是简单地评论,而是客观地解释。正如赖特(Georg Henrik von Wright)所说,同一个历史事件或事实,"不断被重新发掘","有时被当作是重估过去的过程",这会使人们的判断"似乎成了他本人趣味和偏好之事,就是他碰巧认为什么重要或'有价值'","但实质上,赋予过去事件以新的含义,这并非主观上的'重估'之事,而是在正确性上带有(原则上的)客观检验的解释之事"。[①]

客观上讲,人类的诸多制度,并非突发奇想地被创造出来,而是从前人制度中"习得"的产物。就此而言,"任一过去的事物,我们均不能指称其对现在毫无贡献;我对它所具有的知识就是它的一种贡献"[②]。肃政监察的存在,不能说与国民政府时期的监察院制度无关,也不能说它与我们当今的监察制度建立不起任何联系。对当今而言,如果我们将它放回历史中,"把记忆重新放回到与对将来的期望和当下的现状的相互关系中去,然后看我们今天或者明天用这个记忆能做点什么"[③],这样也颇具研究价值。

---

① [芬]冯·赖特. 解释与理解[M]. 张留华译. 杭州:浙江大学出版社,2016:121.
② [英]迈克尔·斯坦福. 历史研究导论[M]. 刘世安译. 北京:世界图书出版公司,2012:10.
③ [法]保罗·利科等. 过去之谜[M]. 綦甲福等译. 济南:山东大学出版社,2009:21.

第一节 肃政监察:"新瓶"还是"旧瓶"?"新酒"还是"旧酒"?

肃政监察制度创立于民国初年,在新旧政权交替之际,这种有别于议会监察的专门监察机关,使人们难免将其与前清的御史制度相联系。在肃政厅的定位问题上,袁世凯将其作为一个"治官"的机构类比于御史台,在肃政厅成立的演说中,用传统御史台"好上章言事者,非奉迎上意,即被人指使,甚至或有人受人金钱运动,故御史台之名誉扫地尽矣"的"治官"失败原因告诫肃政史,希望肃政史能够"捐除一切顾忌而实心将事平"。同时期许肃政史,如他"苟有过失,亦望有以纠正之"[①]。当时及后来的人们大都认为肃政史与前清御史无异,如谷钟秀认为"平政院虽无可比附,而平政院之肃政厅确为都察院"[②],其余论者认为"肃政史者,盖犹古之谏官,所以翼主德,纠官僚"[③],"夫肃政史本袭御史之实,而更其名"[④]。但实际上,肃政厅与御史台相较而言,除都具有纠弹职能外,其在组织机构、机构职能、规范体系上有很大的差别。

一、肃政监察:"新瓶"还是"旧瓶"?

1."肃政"是新称谓还是旧称谓

民国初年设立监察制度时,为何将监察机关称为肃政厅,其监察官称为肃政史?是因为中国古代曾把御史台改称为"肃政台"(伪周武后把御史台短暂改为"肃政台")。[⑤] 在设立监察制度时,总统袁世凯已有恢复帝制的想

---

① 总统训诫肃政史之演说词 [J]. 教会公报, 1914(263): 68-69.
② 谷钟秀. 论政治复古(三)复古时代之行政组织 [J]. 正谊, 1914(4): 7.
③ 顾佣. 论肃政史建言当力持大体 [N]. 时报, 1914-07-10(0002).
④ 议员庐谔生等质问政府议设肃政史案 [J]. 参议院公报, 1919(1): 127-129.
⑤ 徐式圭. 中国监察史略 [M]. 上海: 中华书局, 1937: 3.

法。在给监察机关命名时，可能费了些心机：如果将监察机关称为"御史台"或"御史厅"，与传统的帝制王朝的监察机关名称相同，可能会暴露其复辟帝制的心思，于是为掩人耳目就沿袭了古代最不常见的一个称谓，最终定名"肃政厅"。

2. 肃政厅与御史台或都察院

肃政厅与传统的御史台相比，尽管在称谓上沿袭了古代曾用过的一个不常见的称谓，但其法定职能单一，职权与职责明晰，与传统的御史监察制度中庞杂的监察体系有很大的区别。此外，肃政厅在纠弹启动机制、纠弹后的处理机制、机构之间的衔接机制等方面，都有系统的法律规定，体现了现代法治的特征，这与传统御史监察制度存在最根本的区别。

（1）在中央组织机构上的差异。

我国传统的监察制度，从秦汉时期建立与发展，东汉光武帝将御史府改称御史台，西汉汉武帝时期将全国分区监察，派刺史为地方监察官。魏晋与唐朝时期，御史制度进一步发展与完善，御史大夫"掌邦国刑宪典章之政令，以肃正朝纲"。御史台下设三院：台院，"掌纠举百僚，推鞫狱讼"；殿院，"掌殿廷供奉之仪式"；察院，"掌分察百僚，巡按州郡，纠视刑狱，肃整朝仪"。从中央到地方设置严密的监察网，御史的权力极大。北宋前期御史台三院的执掌之人是"以他官领之"，御史则是"无定员，无专职"，元丰改制后，定员分职，御史台三院组织结构趋向合并。此外，唐以前的御史，主监察而"不专言职"，元丰改制后，设置了6名言事御史，御史的职能由监察扩展到言事，御史与谏官合为一体，实行"台谏合一"。[①] 元朝承袭前制，但只保留了察院，台院的职权归属于察院，殿院由殿中司替代。明朝时期，御史的地位又进一步提高，并将御史台改为都察院，地方划为十三道，各道常驻监察御史，同时设立了独立于都察院的六科，主要监察中央政府的

[①] "言事"是古时谏官的职能，包括规谏皇帝与参议朝政。元丰改制后，殿院的殿中侍御史"掌言事"，察院的六员御史"三分察，三言事。"参见贾玉英等. 中国古代监察制度发展史 [M]. 北京：人民出版社，2004：66 – 68.

各个职能部门。都察院都御史专司纠弹百官并直接向皇帝负责,监察御史虽隶属于都御史,但可独立向皇帝纠举弹劾。① 清朝沿袭明制,但取消了六科的独立地位,将其一同并入都察院,实行"科道合一"。都察院下设内部事务处理机构与职能机构,职能机构包括:六科、十五道、宗室御史处、稽察内务府御史处、五城察院等。御史的权力达到顶峰,御史不仅监察百官,同时还接受诉讼,参与案件审理。

肃政厅的组织机构较之传统的都察院或御史台而言,过于精简,但肃政厅的组织设计完备,职能机构与内部事务处理机构都有法定的组织规则,衔接紧密,分工细致,并且在财务上自主进行预算决算,由财政部拨款,很大程度上体现了其自主性与独立性。

(2)在地方监察组织上的差异。

古代的地方监察制度从西汉时期便开始,但从唐朝才逐渐变为监察官常驻地方。西汉时期创设刺史制度,"周行郡国,省察治状,黜陟能否,断治冤狱",设立十三州部刺史常驻地方,每年到京都奏事。东汉以及两晋时期,刺史、州牧的权能发展到掌地方军权与行政权,地方监察权俨然成为地方行政长官的兼掌之权。隋朝时期,设立了司隶台,监察包括京畿在内的所有地方官吏,置司隶刺史14人巡查郡县。唐朝时期的地方监察体制主要是御史台中察院的监察御史巡按郡县,其次是皇帝派使臣监察地方官吏,后来逐渐演变为道一级的监察官常驻地方。宋朝在前朝的基础上建立了完备的二级地方监察体制,明朝对地方官吏的监察十分严密,几大地方监察体系并存,主要有提刑按察使司、巡按御史、巡抚与总督都御史等。其中,提刑按察使司置于各道,监察考核地方官吏、地方刑狱,平反冤假错案,等等;巡按御史是由都察院派到各个监察区的监察御史,在外奉敕专事巡察,谓之巡按,巡按御史定期巡回考察地方官员,权力极大。清朝都察院下设十五道监察御史,各道"掌弹举官邪,敷陈治道,各核本省刑名"②,既监察中央,又监察地

---

① 柳正权.中国法制史案例集[M].武汉:武汉大学出版社,2016:208.
② 贺清龙.古代巡视制度史话[M].北京:中国方正出版社,2016:12-38.

方。总督与巡抚已成为掌握地方行政大权的封疆大吏,兼有监察地方的职权,清朝的按察使司则成为一省之内最高的司法监察机关,几大地方监察体系共同运行。

民国初年曾在《平政院编制令草案》中创设了地方监察制度,各地方监察厅作为独立于地方平政院的机构,设在地方平政院内,其职权与职责以及管辖范围等在该草案中都有相应的规定。但在正式公布的《平政院编制令》中,未出现有关地方平政院与监察厅的规定,因此正式的肃政监察制度缺乏地方监察机关,但在肃政厅的监察实践中,有过构建地方监察制度的尝试。

在肃政厅的监察实践中,受传统地方监察经验的影响,肃政厅曾提出3种地方监察方案,一是"肃政史巡查各省",二是"肃政史分掌各省",三是"巡按使加肃政史衔"。第一种"肃政史巡查各省"是由肃政厅每年派出肃政史于各省巡回监察,这一方案是根据肃政厅的实践经验而提出的,"自设肃政史以来,中央已屡次派其外出查案,泊乎政府实行整顿吏治以后,复各省之吏治击毙甚于中央。故前次即有分派肃政史长期巡视各省之说"①。该方案大致为"刻拟令该庭十六肃政史,每年轮派四人出巡,一面调查已发生之案,一面收受新发生之案,藉以宣泄民情"②。第二种"肃政史分掌各省"的方案则更加类似于明清时期御史监察制度中的"十五道"地方监察制度,御史掌各省监察之法。肃政厅总会议还曾就此提议拟定具体的方案,以各肃政史的籍贯确定区划:"拟以旗籍之,云书兼广东三省,直人之王珬、孟锡珏兼山东,汴人之方贞任河南,川人傅增湘任四川,曾人周登皞兼陕西,浙人蔡宝善、余明震兼福建,鄂人夏寿康任湖北,粤人麦秩严任广东,湘人张超南兼广西,皖人江绍杰兼江西,黔人蹇念益、徐承锦兼云南,甘新至江苏之夏寅官、恽毓龄、李映庚、费树蔚以本省地大事烦,不再另兼。已商诸庄

---

① 肃政史巡查各省之风说[N].时报,1915-09-12(0010).
② 肃政厅整顿吏治之建议[N].新闻报,1915-04-21(0005).

都肃政史许可。"① 第三种方案则类似于清朝的督抚监察，一省最高行政长官兼领弹劾下属官员的权力，"自行举发一切积弊"②。上述方案最终均未通过，因为对巡按御史监察制度的固有印象，认为"肃政史则似古时巡按御史之例，亦不能收效一时，且此极有流弊，因此此说遂经搁置"③。

3. 肃政史与御史

尽管人们一直把肃政史等同于前清的监察御史，客观来说，二者确有相似的地方，但肃政史有创新之处。

（1）肃政史与御史任职资格上的差异。

民国初年，由于总统对吏治很重视，因而肃政史的地位颇高，并且依令肃政史皆由总统简任，依官等秩序，简任官在特任官之下，属于高级文官。总统对肃政史的基本要求是"以肃政史官必公正廉直，方可不负职守，拟于前清著名御史中择优拔用"④。更具体的要求则规定在《平政院编制令》中，首先是年龄上的要求，须年满30岁；其次是要有以下任职经历，须"任荐任以上行政职二年以上，著有成绩者"，或者"任司法职二年以上，著有成绩者"。上述两类资格须任意满足一项，且还额外要求不能与京内外简任官以上有亲友关系。

古代在选拔监察官时，首先要求刚正不阿、直言敢谏，其次要求博学多识、明于礼法，最后还需要有地方（基层）任职的经历。唐朝在选拔台谏官时，注重学识、礼仪，一旦发现没有真才实学就会被贬为其他官吏。宋朝以后，御史则多要求进士出身。唐文宗时期，御史中丞高元裕曾上书道："御史府纲纪之地，官属选用，宜得实才，其不称者，臣请出之。"于是将崔郢、魏中庸、高弘简等一批不称职的御史贬为府县官吏。相较而言，民国初年都肃政史与肃政史之间的关系并非上下属的关系，都肃政史对肃政史的奖惩以及任免等无权插手，肃政史独立行使纠弹权。都肃政史庄蕴宽曾意图以"整

---

① 肃政史分掌各省之拟议 [N]. 时报，1915-09-16（0006）.
② 肃政史分掌各省之拟议 [N]. 时报，1915-09-16（0006）.
③ 肃政史分掌各省之拟议 [N]. 时报，1915-09-16（0006）.
④ 平政院组织之近情 [N]. 申报，1914-04-14（0003）.

饬台纲"为理由,向徐世昌致函称"程崇信、方贞、夏寅官、江绍杰、张超南、李映庚六员为不称职,非去其职不可",但徐世昌以"肃政史之职权有一定规定,其去留有一定之保障,与前清时代都御史之得以任意举劾御史者大有不同",以及"肃政史之保障载在官制,不能任意去留,当婉辞"等语回绝了庄蕴宽的函件。① 由此,对于监察官任职期间的保障,肃政监察制度较御史制度更加法治化。

(2)肃政史与御史选任方式上的差异。

古代御史的选任有3种方式:一是行政长官推荐,吏部考选;二是御史台、谏院自辟和台省并举;三是君主亲授。御史选任背后是宰相、台谏长官与君主之间对御史选任权的争夺。国家越是专制与集权,那么君主对监察官的选任就干预得越多。汉唐时期以吏部考选为主要的选任方式,相权对台谏官的选任干预甚多,为了牵制该权,唐朝后期形成了御史台能够自选御史的惯例。宋朝时期的君主为了制约相权,废除了宰相进拟台谏官的制度,基本剥夺了宰相对台谏官的举荐与罢免权,而由君主亲自选任。辽、金时期相权颇重,主要采取宰相进拟制度,元朝则是采取了宪台自辟属官的制度。明清时期,统治者鉴于上述一二种方式的优劣,以及君主亲授监察官的程序烦琐与不便,采取了严格的举荐、考选、差遣、选补、内升、外转等方式,君主在整个过程中仍旧总揽全局,除吏部与台官有举荐资格外,中央及地方有举荐资格的大臣也可进行举荐,但同时也负担保举责任。由此可见,对监察官的选任趋于程式化与规范化。②

就监察官的选任而言,民国初年对肃政史的选任类似明清,但由于肃政厅成立在即,因此在选任程序上较明清时期简略,并没有考试、复核等程序。肃政史由平政院院长、大理院院长、各部总长、高等咨询机关以及各省最高行政长官等密荐于总统,总统在其中选任15人,未被选任的人员则成为候补。

---

① 肃政厅之近闻[N].申报,1914-11-12(0006).
② 贾玉英等.中国古代监察制度发展史[M].北京:人民出版社,2004:325-357.

(3) 肃政史与御史提起纠弹的难易程度。

在对监察官的纠弹要求上，传统的御史监察制度中，御史能够依据"风闻其事"进行弹劾，魏晋南北朝时期，御史台成为专门的监察机构，直接隶属于皇帝，自此开启了"御史风闻奏事"之端。唐朝时期，御史可为不具告当事人姓名，托以"风闻言事"即可。明朝时期，重典治吏，监察官员的地位大幅提升，朱元璋鼓励监察官员"风闻其事"，不需要提出证据就能够进行纠弹。清朝时期，"风闻其事"的弹劾几番兴废，康熙时期为控制政党倾轧斗争，反对风闻言事，要求奏劾必须有证有据，严禁奏劾不实，此举之后，监察官员上书的奏劾就骤然减少了。雍正时期为加强对政敌的监控，又进一步采用密折制度，由此带来了许多弊端，重新打开了"风闻言劾"的大门，此后又将该制度废除。①

但袁世凯认为风闻其事是御史监察的一大弊端，"按御史台旧制，本系法良意美，但后世多不自爱者，每假风闻奏事，希图搪塞责故，使良规大坏"，因此要求现今的肃政史"遇事故当尽言，不可撮拾浮言，蹈前清末委恶习言，凡纠弹事件确须注意者计有三项：（一）不可挟持意见，（二）不可受人嘱托，（三）须有正确证据，不可轻听浮言如风传及报纸之类"。②

二、肃政监察："新酒"还是"旧酒"？

1. 监察职能之旧与新

（1）传统御史监察的职能。肃政厅的职权与都察院的职权有很大差别，肃政厅的职权单一，而传统的监察机关职权较多。肃政厅的法定职权只有提起纠弹，而传统御史的监察权从纠察官吏，逐渐扩充为监督法律的执行、清核公文、监察经济等。在监察对象上，从两晋以前的不能察举"三公"，到宋代以后，监察对象及于所有官吏，"自朝廷至州县，由宰相及于百官不守

---

① 皮纯协等. 中外监察制度简史 [M]. 郑州：中州古籍出版社，1991：86-204.
② 袁总统谆诫言官 [N]. 申报，1914-07-27 (0003).

法典，皆合弹奏"①。监察范围从官吏违法失职等行为，逐渐延伸到经济领域、文化思想领域、社会风俗礼仪领域、军事领域中的不当行为等。

以传统御史监察的集大成时期——清朝的都察院为例，都察院设六科十五道，其监察职能有监察百官及衙门机构、稽查审计财政开支、规谏皇帝、参与朝廷重大事务的决定、参与审理重大刑狱案件、稽查重要监狱、参与并监督官员的考核。总结起来其监察权包括：第一，政治建议权。根据顺治十年的上谕："凡事关政治得失，民生休戚，大利大害，应兴应革，切实可行者，言官宜悉心条奏，直言无隐。"② 此为清代继承唐宋以来的旧制，御史皆可条奏之例。第二，监察行政权。此项权力是基于"科道合一"后，中央以及地方官厅都应向都察院或各科各道报告册籍，各科道得稽核此文卷。第三，考核官吏权。都察院可参与官吏的考核，如果在考核过程中发现有不公或徇私滥保的情形，科道可直接纠参。此外，官吏的惩戒处分如降级罚俸等亦是由都察院察复案例，定议具奏。第四，检查会计权。此项权力是都察院对中央或地方官厅的出纳经费进行审核。第五，会狱重案权。重大的刑事案件需要进行复核，即三司会审，御史同大理寺官面审。各省刑名则由各分道御史与掌道御史一同复核。都察院与刑部和大理寺会同审理，都察院虽无独立的裁判权，但也能以独立的意见拟定判决书上陈君主。第六，监察礼仪权。御史纠仪这一职能，自汉代以来就有，纠仪的范围从朝仪至祭祀礼仪。第七，弹劾官吏权。都察院的御史有独立的弹劾权，只需以御史的名义而无需以都察院的名义即可向君主提起弹劾。弹劾的范围除法律禁止的事项外，还包括官吏的道德问题。此外，还能对风闻传说、未明真相的行为进行弹劾，"凡有政事悖谬，及贝勒大臣有骄肆慢上，贪酷不法，无礼妄行者，许都察院直言无隐，即所奏之事涉虚，亦不坐罪"。第八，辨明冤枉权。这是针对官民冤案的一项救济权力，但有严格的程序规定，人民上告于都察院之前须先向各管辖区域内的上级衙门进行控诉，不能越级上告，若上级不准或审断冤枉

---

① 高一涵. 中国御史制度的沿革［M］. 上海：商务印书馆，1925：82-89.
② 高一涵. 中国御史制度的沿革［M］. 上海：商务印书馆，1925：82-89.

才能赴都察院上告。①

（2）肃政监察职能的继受与创新。肃政监察制度中，肃政史的法定职能只有纠弹官吏这一项。虽然此项职能是对御史弹劾官吏权力的沿袭，但肃政史纠弹权的内涵以及行使该权力的方式与御史有很大的差别。首先，在主动纠弹上，御史能够风闻奏事，并且以虚构的事实进行弹劾也不会被治罪，而肃政史必须据实纠弹，需要有确实证据才能进行弹劾。在纠弹事由上，御史纠弹的范围极广，从官吏违法失职到官吏的道德问题等都能进行弹劾，可谓无所不弹，而肃政史只能根据法律规定的事项进行纠弹，不涉及对道德伦理问题的纠弹。在纠弹对象上，御史能够弹劾所有官吏，而肃政史只能纠弹行政官员，不涉及司法官。其次，在人民告诉告发的被动纠弹中，肃政监察制度的创新之处在于简化了"上告"程序，保障了人民权利。在御史监察制度中，人民的冤案几乎都是由行政官造成的，而行政官掌司法权，人民需要逐级控诉后才能上告于都察院或御史台，而肃政监察制度中，人民可直接告诉告发于肃政厅，降低了在案件流转过程中发生下级迫害原告等情形的概率，最大限度地保障人民的权利。

除此之外，在肃政监察制度中，肃政史并无向总统建言等古时谏官的权力，在肃政厅成立之初，肃政史认为此政治建议权有沿袭的必要，肃政史全体特意向总统提出要求。肃政史认为："据官制，该厅专司纠弹，应请降明令，开直言不讳之路，否则拘文牵义，将以越职言事为嫌，至敷陈大计，入告嘉谟，举凡时政得失关于国计民生者，士民皆可上书，言官尤宜建议。"②此外，还包括对监察礼仪权的沿袭，但该权很少使用，只在祭祀孔庙、祭天等场合使用。

2. 监察机制之旧与新

（1）御史监察机制的制度化。清朝以前的监察立法比较简略，一般只有几条有关监察的规定。早期的汉惠帝制定了监察法规《监御史九条》，汉武

---

① 高一涵. 中国御史制度的沿革［M］. 上海：商务印书馆，1925：82-89.
② 平政肃政之近闻［J］. 大同报，1914（20）：52.

帝在此基础上制定了《六条察郡之法》，后世称为《六条问事》，并对中国监察立法产生了重要影响。到监察立法发展的中后期，唐朝制定了"六察制度"，较之以往，将监察对象从中央扩展到地方。宋朝制定了针对监察官员的监察法规《考课令》。元朝是监察立法发展的一个重要时期，制定了御史台纲36条，称为《设立宪台格例》，后又陆续制定了地方性监察法规总汇《察司体察等例》等系列监察法规，并编入《元典章》。明清是监察立法的集大成时期，明朝制定了《风宪总例》这一监察基础法规，又制定了规范监察行为的《出巡事宜》《照刷文卷》等，总体是以加强监察官员自律为出发点。清朝时期制定了中国古代最完备的监察法典《钦定台规》，该法典共8卷，分别是训典、宪纲、六科、五城、各道、稽查、巡察、通例，规定了监察机构的性质、地位、职责，以及对监察机构自身的管理与约束。[①]

　　御史监察制度中，人民上告的机制与肃政监察制度不同。御史监察制度中，人民上告规则规定得极为严苛，第一，人民须逐级上告，不能越级上告，且上告后仍可发回原审机关审理。《钦定台规》中规定："凡有奏告之人在外者，应先于各该管司道府州县衙门控诉，若司道府州县官不与审理，应于该管总督巡抚巡按衙门控诉，若总督巡抚巡按不准或审断冤枉，再赴都察院衙门击鼓明冤，都察院问果冤枉，应奏闻者，不与奏闻，准赴通政使司衙门具本奏闻。在京有冤枉者，应于五城御史及顺天府宛大二县告理，若御史府县接状不准，或审断不公，再赴都察院衙门通政使司衙门具奏申告。"但是人民上告于上级后，也通常被发回原审，冤案无法被辨明，就算是最终上告于都察院，都察院也能"令行该督抚复审昭雪"。第二，人民也可越级上告于御史机关，但有严格的规定。《钦定台规》中规定："官民有冤枉者，许赴院辨明，除大事奏闻外，小事立予裁断，或令行该督抚复审昭雪。"在越级上告中，无冤上告者要负刑事责任，此处的"无冤"是指都察院审理后认定的无冤，同时监察御史对上告的冤案的审理结果须负责任，若徇私或"朦胧辩

---

① 复公. 肃政种类[J]. 余兴, 1917 (30): 75-94.

问",与上告者一同杖一百,徒三年。《大清律例》中规定:"凡监察御史、按察司辨明冤枉,须开具所枉事迹,实封奏闻,委官追问得实,被诬之人,依律改正,罪坐原告、原问官吏。若无冤枉,朦胧辨明者,杖一百,徒三年。"第三,人民可直诉于登闻鼓告发,但"击登闻鼓不实者杖","非打冤及机密重情不得击,击即引奏"。此种情形下,司法机关不能以越诉为借口而拒绝审理,但此方法对上告者的要求更为严格,"击登闻鼓申诉,不实者,杖一百,事重者,从重罪论;得实者,免罪"①。

（2）肃政监察机制的创新化。在监察制度的法律体系化问题上,肃政厅较之传统的御史监察制度而言,体现了法制现代化。肃政监察制度中,既有宪法性质的顶层设计,又有具体的组织规范与操作规范,在实践中具有完整的程序规范,同时有与其他程序（如审理与惩戒）衔接的冲突规范设计,此处不赘述,将在下文介绍。

肃政监察机制的创新体现在两处,一是规定了简易的人民告诉告发程序,二是将纠弹权与审理权、惩戒权分离,并制定了相对完善的冲突规范。肃政监察制度中,人民对官吏违法失职行为的告诉告发程序相对较简易,并且在人民告诉告发官吏后,即便肃政厅查无实据,其处理方式也仅为批驳该告诉告发,并不会追究告诉告发者的责任。就人民"诬告"于肃政厅是否构成诬告罪这一问题,大理院曾发"人民向肃政厅诬告人民不能成立犯罪函"②,根据该函的内容,首先,肃政厅对人民诬告人民的行为"无受理职权,其诬告者自不备诬告罪之条件,不成立犯罪";其次,对人民诬告官吏的行为,肃政厅对普通人民无监察权,肃政厅对普通人民的诬告予以批驳;最后,大理院认为"对于曾经任职之员,告诉告发其在职之行为者,以告诉告发官吏论,其诬告者仍构成诬告罪"③。在肃政监察的"查处分离"模式中,肃政史的纠弹权与审理权、惩戒权、执行权等分离开来,这使得在

---

① 李交发. 中国诉讼法史 [M]. 湘潭:湘潭大学出版社,2016:199-209.
② 例规:刑事:人民向肃政厅诬告人民不能成立犯罪函 [J]. 司法公报,1915 (45):61-62.
③ 例规:刑事:人民向肃政厅诬告人民不能成立犯罪函 [J]. 司法公报,1915 (45):61-62.

整顿吏治中，不会因肃政史的权力过大而走向另一个极端，权力在行使过程中便被分化了，因此即便总统赋予肃政厅过多的权力，也不会导致肃政监察权的滥用。

第二节　肃政监察制中规范体系的创造

肃政监察制区别于以往监察制度的一个重要特征是，其在规范体系方面有创新之处：肃政监察制度的规范，从层次结构上来讲，既有宪法上的顶层制度设计，又有一般法上的组织规范与操作规范；从规范的内容层面上来看，既有实体规范，又有程序规范。此外，为保证肃政监察制度的有效实施，还制定了一系列与平政院、大理院、惩戒委员会等机构的衔接规范。

一、规范体系的层次结构

1. 宪法性设计规范

中华民国成立以后，在宪法性层面就有监督与控制官吏违法侵权的制度设计，在《临时约法》第二章第 10 条有关人民的权利中规定了"人民对于官吏违法损害权利之行为，有陈诉于平政院之权"。《临时约法》虽规定了人民的这一权利以及相应的保障机构，但当时并未成立平政院，也并未制定相应的一般法。其后在《天坛宪法草案》的制定中贯彻了人民的这一"告诉权"，在其第三章第 14 条有关人民的权利中规定了"中华民国人民依法律有请愿及陈诉之权"，在制度设计中，将法院作为处理官吏违法侵权的权力机构，在第八章第 86 条有关法院的规定中，以兜底的形式规定了"法院依法律受理民事、刑事、行政及其他一切诉讼，但宪法及法律有特别规定者，不在此限"。随着国会的解散，《天坛宪法草案》亦被废止。

紧接着，约法会议开始制定新的宪法，新的宪法保留了《临时约法》中对人民陈诉机构的规定。在 1914 年 5 月 1 日公布的《中华民国约法》中，将人民对官吏违法侵权的"告诉权"具体化,规定了保障该权利行使的机构——平政院。《中华民国约法》第二章第 8 条规定:"人民依法律所定,有请愿于行政官署及陈诉于平政院之权。"该条概括地规定了人民的行政诉讼权以及人民对官吏违法侵权的告诉告发权。实际上,在《中华民国约法》出台前,有关平政院与监察机关的一般性法律文件就已经在制定过程中了。在平政院编制令的几版草案中,尽管监察机关的名称与组织不同,但都是附设在平政院下的独立机关。约法会议于 1914 年 3 月 18 日召开会议,此时《中华民国约法》尚未议决完成,但正式的《平政院编制令》于 3 月 31 日便以教令的形式颁发了。《平政院编制令》规定了肃政厅的职权以及组织等,创立了肃政监察制度,《中华民国约法》以条文形式确定了或者说是追认了这一制度。

2. 组织规范

肃政监察制度的组织规范是《平政院编制令》,《平政院编制令》是 1914 年 3 月 31 日以教令形式公布的一般性法律。根据 1912 年 11 月袁世凯公布的《公文书程式》[①] 第 2 条,"教令"是一种由大总统公布或签署的公文书,以大总统令的方式公布,加盖总统印,由国务总理或其他国务员、主管国务员记入年月日副署,具有普通法律的效力。在国会解散后,约法会议暂时替代履行其部分职能,议决了附属于约法的重要法案,其中便包括《平政院编制令》《纠弹条例》《纠弹法》《行政诉讼条例》《行政诉讼法》《纠弹事件审理执行令》《肃政厅处务规则》等与肃政监察相关的法律与法规。

《平政院编制令》规定,行使肃政监察权的组织是附设在平政院下的独立机构——肃政厅。《平政院编制令》对肃政厅的职能组织以及内部事务组织都进行了简要规定,也成为肃政厅制定具体行为规则的依据。该令第 12 条规定肃政厅独立于平政院履行其职务,确立了肃政厅的地位;第 9 条与第 10 条规定了肃政史的纠弹职能以及监视平政院裁决执行的职能;第 19 条与

---

① 要闻:公文书程式令发表 [N]. 申报,1912-11-13 (0003).

第20条规定了肃政史在职期间不得兼任的其他身份,以及不得干涉审理或兼审理事务;第21—24条则规定了肃政史的人身保障、惩戒及离职情形;第25条规定了肃政厅的内部事务组织。《肃政厅处务规则》在《平政院编制令》的基础上进一步明确了肃政厅的职能组织与内部事务组织,同时规定了肃政史行使纠弹权的程序规范。《肃政厅总会议规则》则具体规定了肃政厅总会议这一职能组织在召集以及议事方面的规则。

3. 操作规范

肃政监察中的操作规范包含两类,一类是肃政史行使纠弹权的操作规范,另一类是纠弹权与平政院审理权、大理院审理权、文官惩戒委员会惩戒权之间的冲突与衔接规范。肃政史行使纠弹权的操作规范主要是肃政监察的程序性规范,下文将会详述,此处主要讲纠弹权与其他权力的衔接规范。

《平政院裁决执行条例》是最早规定纠弹事件由平政院审理,而大理院只执行平政院裁决的规范。此后由于平政院与大理院对纠弹事件审理权的争执,参政院制定了《纠弹事件审理执行令》、《官吏犯罪特别管辖令》与《修正官吏犯罪特别管辖令》来规范两院之间的审理权限。最终规定纠弹事件先由平政院进行审理,在审理裁决后,涉及刑事范围的则由大总统交司法机关审理,具体的审理机关根据管辖范围确定。此外,上述法令与《纠弹法》一起确立了肃政厅与检察厅就官吏犯罪问题的管辖原则。《官吏犯罪特别管辖令》第5条规定:"未被纠弹之官吏犯罪事件,仍由管辖该案之检察厅依现行管辖之例办理。但其情节重者,大总统得令先行褫职,逮交总检察厅向大理院提起公诉。"此条规定的含义即两厅对官吏犯罪事件的"先占"原则,肃政厅已经纠弹的官吏犯罪事件,由肃政厅办理,未纠弹的则依原有管辖规则办理。

平政院依《纠弹事件审理执行令》,大理院或各级审判厅依《官吏犯罪特别管辖令》《刑事诉讼法草案》《官吏犯赃治罪条例》对纠弹事件进行审理,情节重大者,由大理院审理,轻者则适用《刑事诉讼法草案》关于管辖的规定由各级审判厅审理。适用的实体法依据除《暂行新刑律》外,还包括

《官吏犯赃治罪条例》中对官吏犯赃的特别量刑规定。

二、规范体系的内容

1. 实体规范

肃政监察的实体规范有三类：一是参政院制定的用以规定肃政监察实体与程序的《纠弹条例》《纠弹法》等；二是肃政史纠弹官吏违法失职时的依据，如官吏应当遵守的《官吏服务令》等；三是总统对肃政厅监察事项的特别指示性规范。

《纠弹法》是肃政监察制度中最主要的实体规范，它明确了纠弹的对象与事由、纠弹事件的类型、肃政史不予纠弹后的处理方式、肃政史的调查权限，以及平政院与大理院就纠弹事件的审理权限，等等。《纠弹条例》为《纠弹法》未公布前的暂行条例，《纠弹法》修正了《纠弹条例》中关于纠弹权行使范围的规定，将非在职官吏列入纠弹范围，并完善了纠弹程序，确定了纠弹权的行使。《官吏服务令》规定了官吏在执行职务时应遵守的规则，以及官吏在职时的禁止性事项，《官吏服务令》类似于现今的《公务员法》，规定了官吏不得受贿、介贿，不得滥用职权，不得假借权力图本身或他人之便，不得有嘱托公事之酬宴，不得与包办官署工程者、经管官署来往款项之银行庄号、承办官署应用物品之商号、受有官署补助费者有借贷关系，等等，如有官吏违反该令或违反刑法的规定，肃政史得依法进行纠弹。此外，《官吏服务令》还规定了官吏应遵守的道德性准则，如不得狎妓、聚赌等。

总统对肃政厅监察事项的特别指示性规范也是肃政厅所应遵守的规则，虽然不是以规范形式确立的，但也是肃政监察实践中肃政史应遵循的重要的行为准则或命令。1914年7月，总统谆诫肃政史在纠弹中应注意"不可挟持意见，不可受人嘱托，须有正确证据，不可轻听浮言如风传及报纸之类"[①]。1914年8月，总统以大总统申令发布《申禁官吏牌赌冶游》，该令规定严禁

---

① 袁总统谆诫言官 [N]. 申报，1914-07-27（0003）.

官吏牌赌冶游,若违反该令,肃政史可直接参揭,"一经查定,即提交惩戒,从严议处"①。1915 年 3 月,总统以总统令的形式发布了《官吏有违法关说请托,着准受人举发》②,在该令中总统重申了官吏应当遵守的准则,为了杜绝官吏"违章滥用权力"的行为,要求"嗣后各官吏有违法关说请托者,均准接受之人举发,仍由肃政史查察纠弹"。1915 年,总统密谕肃政厅 6 项监察规定,令都肃政史转谕各肃政史:"监察京外官吏应即证实举发者六项:一、各机关有密受属员或他项机关之包苴者;二、各官吏有荒废职务而溺情丝竹或秘密赌博者;三、对于司法机关,有敢用个人名义关说案情者;四、属员有不职贪墨而主管领袖失于察觉者;五、各省官吏如劣迹发觉而有私结京外大员,代为摆脱希图庇护者;六、藉口增加税收,而巧立非法定名目以扰商民者。"③ 此项规定是对《纠弹法》的特别补充,是实践中上述情形增多以至于影响吏治整顿而作出的特别规定,该总统特别指示使司法人员也成为监察对象之一,但纠弹事由仅限于以个人名义关说案情,其余有关司法人员的审判等不受纠弹。

2. 程序规范

肃政监察制度的程序性规范十分完善,一是对肃政史行使行政公诉权的程序进行规范,二是对肃政史行使纠弹权的程序进行规范。《行政诉讼法》规定了肃政史的行政公诉权,包括提起行政公诉的主体资格要件、客体要件、受案的范围、审理的程序等。其中详细规定了行政公诉案件与一般行政诉讼案件在受理程序、审理程序以及案件撤销程序之间的差异。

肃政厅肃政史纠弹权的行使规则由《纠弹法》《肃政厅处务规则》《肃政厅肃政史办事细则》《肃政厅收发专则》《肃政厅收案及售状专则》《肃政厅告诉告发章程》《肃政厅询问当事人及证人规则》规定。除《纠弹法》与

---

① 大总统申令:申禁官吏牌赌冶游(中华民国三年八月二十九日)[J]. 政府公报分类汇编,1915(6):104.

② 大总统令官吏有违法关说请托着准受人举发文(四年三月十日)[J]. 司法公报,1915(30):33-34.

③ 时事要闻:大总统指定监察之六项[J]. 善导报,1915(25):75.

《肃政厅处务规则》外，其余规则与章程皆由肃政厅于1914年9月自行议决并发布，其对外具有部门规章的效力。《纠弹法》规定了纠弹事件类型，分别是肃政史依职权纠弹的案件与大总统特交肃政厅的案件、人民告诉告发的案件。《肃政厅处务规则》与《肃政厅肃政史办事细则》则将《纠弹法》规定的纠弹事件类型进行细分。其中，《肃政厅肃政史办事细则》分为总则、查办、审查、纠弹、提起行政诉讼、调查证据、附则七章内容，共计36条，将肃政史的职能与权限逐章列出并逐一规定，内容十分详尽细致。《肃政厅肃政史办事细则》并不是一经制定便不能轻易修改，该细则最后一条规定："本细则公布施行后，有肃政史四人以上之同意，得提出于总会议增删修改之。"肃政厅总会议以多数决的方式表决，且每周开议一次，因此该办事细则是极易被修改的。在肃政监察的实践中，确有增加肃政史巡查各省的方案讨论，但最终不了了之。

《肃政厅收发专则》《肃政厅收案及售状专则》《肃政厅告诉告发章程》《肃政厅询问当事人及证人规则》则规定了在人民告诉告发的案件中，人民告诉告发的程序与要求，肃政史的询问规则，以及肃政史对人民告诉告发案件的审查规则，等等。

三、内部管理规范的特色

肃政监察制的内部管理规范主要是有关肃政厅这一监察机关的内部管理制度，其中包括肃政厅的处务规则、肃政史的办案规则以及与平政院之间的行政权限的管理规则。

《肃政厅处务规则》是1914年8月10日以教令形式颁发的，其效力位阶等同于一般法律，囊括了肃政厅的内部组织机构、假日规定、保密规则、肃政厅总会议以及肃政史的办案细则等内容。其中前4项的规定比较简略，均为概述性规定，为制定相关细则明确了方向，而在肃政史的办案细则方面，则规定得十分详细。在肃政史办案方面，规定了肃政史的回避原则、肃政史调查证据的方式方法、肃政史询问原则、肃政史办案意见不同时的处理方法、肃政史提起行政诉讼的方式与适用情形等。

肃政厅的办事细则由《肃政厅书记处办事细则》《肃政厅收发专则》《肃政厅保管案卷专则》《肃政厅收案及售状专则》规定，这几部规则由肃政厅总会议议决后，以肃政厅饬令的方式于1914年8月14日发布。其中《肃政厅书记处办事细则》的规定最为详尽，全文共16条，对书记处下设的会计科、记录科、庶务科、文牍科的工作内容以及相互之间的工作衔接问题都作出了具体规定。《肃政厅保管案卷专则》《肃政厅收案及售状专则》等的规定，确保了肃政厅内部之间文件流转的可追溯性，预防与杜绝相关重要资料的遗失与销毁，使在内部之间能够进行追责。

《平政院肃政厅行政权限管理办法》是1916年3月以肃政厅通告的形式发布的，在此之前，肃政厅一直致力于在组织设置上与平政院分立，并未出台相应的权限管理办法。该办法共有5条内容：一是肃政史的奖惩进退事宜由平政院院长依法办理；二是肃政厅荐任、委任书记的奖惩进退事宜由都肃政史办理；三是肃政厅与各官署之间的行文事宜，除法令另有规定外（如肃政史嘱托官署调查时，以肃政厅的名义署名），由平政院院长依法办理；四是肃政厅预算决算事宜由都肃政史主持，但须报告于平政院院长；五是院厅通知文件有须存案者，得用公函行之，不用印咨。上述规定基本上明确了肃政厅在财务上与行政人员的管理上独立于平政院，但在对肃政史的管理以及对外行政上，肃政厅依旧隶属于平政院。

第三节　对肃政监察制度的检讨

一、"一事能再提"的纠弹权

"一事能再提"是指肃政史对同一案件进行反复弹劾，直到该案的处理结果与肃政史的预判结果相符，这是肃政厅在当时被诟病的缘由之一。一方面，它似乎彰显了纠弹权行使的无限性，但另一方面，又反映出肃政监察权的脆弱性。

一般而言，多次弹劾往往发生在这样的情形下。首先是因纠弹事件的处理结果不符法律要求或监察预期而提出多次弹劾。其中，最典型的案件当属"八厘公债案"，该案由平政院审理，平政院认为：前江苏民政长应德闳伪造报销、意图侵占，业已涉及刑事范围，应先行褫职，交司法官署依法办理。该案最终由大理院审判，大理院根据双方提供的证据，认为控诉应德闳侵占的证据不足，作出了对其免予起诉的判决。肃政厅与平政院认为大理院对该案的审判有着严重的问题，遂向大总统提起了对审理该案的推事朱学曾的纠弹，认为其存在舞弊的可能。此后，司法界与肃政厅、平政院之间就该案争论不断，但及至肃政厅被裁撤都未解决，最终不了了之。

其次是在纠弹事件的调查中，肃政史认为嘱托调查的官署，其调查结果与事实不符，未尽职调查，从而再次提起对同一官员的纠弹。如前直隶昌黎县知事郝继贞浮收冒销、纵丁婪赃案，肃政史通过原告田炳镇的告诉告发，对郝继贞提起纠弹，同时咨该省巡按使调查，该巡按使调查后认为不存在原告所诉的事实，呈请对郝继贞免付惩戒。肃政厅接到该调查报告后，认为原告提交的证据充足，该巡按使有包庇下属的嫌疑，复又以全厅的名义，由都肃政史提起纠弹。该案最终由总统交由平政院裁决，平政院认为该案纠弹状中部分内容查证属实，应对郝继贞先行褫职，涉及刑事部分的，移案处理。

最后是肃政史对处理结果不满而复行提起纠弹。许多高级官员在被纠弹后或免于处置，或从轻处置，或置之不理，是肃政史复行提起纠弹的动因。如肃政史弹劾福建巡按使许世英案，肃政史依职权主动提起纠弹后呈请总统裁决，总统将该案交由王祖同查办，王祖同就地考察证实，认为针对许世英被弹劾的多项事由"多有传闻之误"，实为其下属存在违法失职的行为，但其本人有失察之过，因"过不掩功，著从宽免其置议"。该处理结果明令发表后，肃政史认为该案不应如此轻易处理，又向总统提起纠弹，《新闻报》报道了该行为，并称"某肃政史亦弹劾许世英、白简中之一人，自见此项命令发表后,义愤交集,再提出弹劾。闻弹章已于十八日呈递,措辞极为激烈,并引各大参案之结果,有历观各大参案之从宽免议,然后知政刑既失,而贪墨之风愈不可遏"①。尽管如此,总统并未就此案继续给予答复。

除此之外,还有其他复行纠弹的案例。1915年8月18日,《时报》要闻称肃政史之四大参案:"近来肃政厅闻又由肃政史多人提起四大参案,其参呈已于昨日前亟上呈,参案之内容,特录之如下:(一)关冕均案,京张铁路关冕均虽仅以撤职了争,然肃政史谓关实有舞弊云云之评判。若如此从宽处置,似于平政院查办之初意,稍觉矢出云。(二)吕调元案,其罪状仍为禁烟不力云。(三)孟宪彝案,前次之参案,虽由查办员报告完竣,而呈送吉林监狱所,演出之大反狱案,肃政史谓孟为巡按,实不能辞其咎。于是复拟起弹劾云。(四)金永案,金氏前虽有去职之说,然据最近消息,似又不成为事实。肃政史此次之弹劾,闻仍为金之吸收鸦片,又加入贿差卖缺等。"② 上述案件中,除关冕均案经由平政院审理,并移交大理院审判,其他案件中的被纠弹人都身处高位,其处理结果往往较轻或被免于处置,因此肃政史会反复提起纠弹。

在纠弹案中,反复纠弹也引起了不少反作用,如当时政令命令禁烟,因禁烟不力而受到纠弹的高级官员甚多,但对禁烟效果的弹劾往往涉及行政官员的行政能力。一旦出现反复纠弹,容易导致行政官员采取过激的行动,矫枉过正,民众受害更深。例如,陕西一吕姓巡按使违法禁烟,殃民辱国,被肃政史弹劾,"虽经帮办陕西军务刘承恩氏极力洗刷,然措置失宜,一时姑息之咎到底难辞。乃今矫枉过正,忽有厉行禁烟、加重治罪之呈请"③。

二、对肃政史的监督缺乏

在肃政监察制度中,并没有对肃政史进行监督的相关条例。在肃政厅成

---

① 肃政史再劾许世英 [N]. 新闻报,1915-09-22 (0005).
② 肃政史之四大参案 [N]. 时报,1915-08-18 (0005).
③ [N]. 新闻报,1915-07-16 (0006).

立之时，便有应当监督肃政史和平政院的声音，戏称"肃肃政史，平平政院"。在肃政监察制度运行一年后，更有人认为应当有相应的监督机关："肃肃政史、平平政院在当日已有此语，而今日更觉此语非仅为一游戏之名词。盖肃政能肃人，而不知己之亦当肃，平政欲平人，而不知己之亦当平。然则，肃肃政史、平平政院之机关，又何在乎？诸君亦知，何以令国家无此最高监督机关乎？盖吾国少此最要之一物，曰国会而已。"①

缺乏对肃政史的监督，这是制度设计上的缺陷。缺乏监督的权力，难免被滥用。在肃政厅时期，似乎并未出现肃政史腐败渎职的现象，但这并不能证明监察权没有必要被监督。在肃政厅成立两年之余，没有出现过肃政史重大违法渎职的情况，原因有二。其一是袁世凯选拔的肃政史都是品行与德行俱佳且有名望的人，同时担任过前清御史的优先。尽管肃政史的个人品行并不必然与在工作中尽职与否有关，但从肃政厅对高官的系列纠弹事件以及后期对袁世凯称帝的坚决抵制中能看出其一腔孤勇与正直，个人品质的优劣与贪腐还是存在一定关系的。其二也是最重要的原因，肃政史监察权的有限配置将弹劾与裁判、执行分离开来。肃政史并不能左右纠弹事件的结果，即便在肃政史行使监察权的过程中出现了不公正的地方，也不会对结果产生很大的影响。

但对肃政史监督的缺乏又使得肃政史的诸多行为得不到有效约束，如肃政史最受诟病的"一事能再提"的纠弹权，就因没有监督与约束机制而被滥用。

三、肃政监察权对总统权力的依附

从肃政监察的运作机制来讲，肃政监察权受总统直接控制。肃政史在主动提起弹劾后，需要总统核定批准，之后才能继续行使纠弹权。而在肃政史依据人民告诉告发而被动提起纠弹的案件中，也需要总统核定。从肃政监察

---

① 肃肃政史平平政院 [N].时报，1915-08-10 (0003).

的运行结果来讲，其效力或者说权威性来源于总统。肃政监察权来源于总统的授权，确保了肃政监察的权威性，这种权威性正是整顿吏治所必需的。在保证肃政监察权威性的同时，又要保证肃政监察的绝对独立性，这是在肃政监察制度设计过程中无法回避的一大矛盾。

　　肃政监察制度最大的缺陷便是其有效运行必须依赖于总统，总统在该制度中是决定性的因素，总统虽不能直接左右纠弹事件的处理结果，但能通过不同的处理方式影响纠弹事件的走向。这主要体现在肃政史依职权主动提起的纠弹事件中，肃政史将弹呈递交总统后，须由总统指定人员进行查办。而在肃政史被动提起的纠弹事件中，肃政史递交弹呈后，也要由总统决定此案是否交由平政院审理。

　　总统指派查办人员的安排中，有肃政史与中央官员一同查办的情形，有两名中央官员协同查办的情形，有一名中央官员单独查办的情形，也有指定地方最高行政长官查办的情形，一般根据被纠弹人的职位而有所不同。从纠弹事件的统计情况来看，涉及高级官员（荐任官及以上官员）的案件，总统一般会指派中央的一名或两名高级官员进行查办。查办过程并未有其他人或机关进行监督，亦缺乏肃政史进行协同调查。在此查办过程中，因其处理结果往往较轻，只有极个别免职的惩戒处罚，一些高级官员甚至只须就弹呈内容对总统进行书面解释，其公正性也被当然质疑。同时，根据当时行政系统内部监督的规定，巡按使（一省最高行政长官）只能弹劾知事及其以下级别的官员，并送由文官惩戒委员会惩戒，所以对高级官员的弹劾主要依赖肃政史。而弹劾高级官员的结果往往与总统对待该纠弹案的态度有关，与其指派的查办人员有关，以及后续是否移交平政院审理，都与总统有关。因此，杜师业认为："肃政厅之机关乃不外一辅助大总统行使行政监督之机关。"[①]

　　对于肃政史主动纠弹一般官员的案件，总统一般会交由肃政史查办，如肃政史依职权纠弹前津浦铁路局局长赵庆华案及京汉铁路局局长关赓麟案等，

---

① 杜师业.《约法》第四十三条与纠弹条例之解释问题[J]. 中华杂志，1914（3）：1-6.

都交由肃政史查办,并经由平政院审理。也有交由该省巡按使查办的情形,如肃政史纠弹湖北襄阳县知事郑寿彝勒索规费、道尹朱佑宝询庇纵容案,湖北造币分厂厂长文定祥营私舞弊、破坏币制案,与鄢陵县知事王松寿贪虐违法案,总统将纠弹案交由各自所属的巡按使查办,巡按使根据所查事实进行处理,涉及惩戒方面的,直接交由文官高等惩戒委员会进行惩戒,涉及刑事方面的,则移送至法庭讯办。

在人民告诉告发案件中,一般是对知事一级的官员进行纠弹,肃政史在审查案件的过程中,已对该类案件进行了调查核实,总统在接到此类弹呈时,一般会直接交由平政院审理。审理的结果反馈于总统后,涉及刑事犯罪的部分,总统会直接交由大理院审判。

袁世凯成立肃政厅的初衷是"肃清吏治",在任何一个朝代,整顿吏治都需要强有力的政治力量来支持,民国亦不例外。从清末至民初,尽管西方法治思想对中国传统文化与政治带来了巨大的冲击,但多数民众并未真正了解过西方法治思想,分权与制衡的法治理念也仅是用于"救亡图存"的工具,多数人民仍旧信仰具有权威的政治首脑。正如罗文斯坦(Karl Loewenstein)所说:"所有的政治体制都要通过制度和意识形态来运行。制度是工具,通过它,权力在一个国家运行,意识形态则是一种连续和统一的思想和信仰模式。"① 民国初年的专制主义意识形态并未因清政府灭亡而消失,至少在短时间内并未消失。

从历史实践来看,辛亥革命之后反复的持续革命,都是指向"政统"的君主制,但对作为"道统"②的专制主义意识形态却少有着墨。田解曾论道:"人之习于专制而深中其毒,初不解共和政治之为何物,恒以其观察恶浊之专制者而逆臆高尚之共和,故亦以其可假借而亵玩也,而尝试焉,不复知循理守正,束身自好,为法律上之生活也。彼袁氏既膺民选而为总统,则弄共

---

① [美]卡尔·罗文斯坦. 现代宪法论[M]. 王锴、姚凤梅译. 北京:清华大学出版社,2017:7.
② 此处的"道统"不是儒家意义上的道统,而是一种意识形态。参见王怡. 宪政主义:观念与制度的转换[M]. 济南:山东人民出版社,2006:304.

和于股掌之上，改新约法，伪造民意，以求所大欲，而盲从之徒亦复蚁结峰屯，群以为得计，皆此恶性根作祟耳。"① 这种民众对权威政治首脑的信仰，导致在民国初年，人民反而觉得直接隶属于总统的肃政厅才更具权威性。

源于上述信仰，许多人民将肃政厅当作"上达天听"的通道从而向其递交诉状。例如，1914年有一浙江绍兴人马尚公被推为"公民代表"，代表绍兴人徐守范（当时被羁押）到肃政厅告发绍兴县知事与标统扰民并滥用私刑等。据马尚公称，徐守范曾为地方上的小官，在民国建立后不久曾被地方军队带兵到家"骚扰"，意图未果后，被绍兴县知事与标统逮捕入狱并严刑拷打，徐守范曾上诉到中央，在军事法庭审理后反被定为诬告罪。马尚公认为肃政厅"背靠"总统，权力极大，因此在诉状的结尾道："乘此有平政院、肃政厅秉公纠察，吾民可得重见天日、申冤之时，叩求我都肃政史圣明天鉴、爱民如子、铁面无私。叩求天恩钦派大员莅浙访察军官骚扰、承审官袒庇串虐……"从"天恩""钦派"等词可以看出，马尚公在面对肃政厅时完全呈现出一种"臣民""子民"的姿态。但由于该案涉及军队，最终并没有下文。

此外，还有国民电呈肃政厅请求转呈大总统的文件。1915年8月，福建龙溪县花农代表为请撤销"水仙花捐"而呈文致肃政厅，请求肃政厅"据情转呈，令饬撤销，以苏民困事"。事件大致经过为该县花农曾每年认缴2600元用以筹助兴学（实际为苛捐杂税的一种），但由于水灾决堤、花田沙壅，经道尹核实后，福建省巡按使批准免捐。但数月后，龙溪县设立了专门机关专抽"水仙花捐"，年认缴3600元。事实上，地方兴学，花农已负担了每年1200元的经费，相加后花农实际负担4800元，又加上地方的其他私捐以及厘金、关税等，"公私层层敲剥，委实难再负担"，故上下奔走呼号免捐。该代表在电报中写道："千求万恳，哀乞院长大人俯赐垂怜敝社被灾，民力困惫，元气未复，恩准据情转呈大总统矜怜格外，令饬闽省该管官厅撤销前项

---

① 田解. 制定我国适用之宪法［J］. 宪法公言，1916（1）：10-11.

包办水仙花捐,以救敝社数千人生命,免有菜色饿殍之虞功德无量,一字一泪,哀哀切禀。"①

总体来说,肃政监察制度在历史上存续时间不长,其监察权的权威性往往并不源于自身,而是源于总统。肃政厅能够在成立之初因民众的信仰而产生公信力,部分是基于总统个人的威权。不管监察权的权威如何,过度依赖总统权力的监察权也会因总统权力的消失而失效,因此在袁世凯去世后,肃政厅也难逃被裁撤的命运。

第四节　肃政监察制在当代的启示与借鉴

一、监察权中行政公诉权、行政裁决执行监督权的配置

肃政监察中,监察权不仅仅指纠弹权或弹劾权,还包括行政公诉权和行政裁决执行监督权。这两种权力从表面上看,并无实质性的强制要素,往往只是其他权力的发动性权力和实现裁判结果的督促性权力,但是其在行政诉讼中开创了"权力对抗权力"的新模式,在当时行政权对民权的侵犯成为常态的时期,具有划时代的意义,同时对当代"民告官"单一的行政诉讼模式有一定的启迪意义。

1. 行政公诉权设立的价值

关于肃政监察权与平政院裁判权之间的关系,民国初年学者钱端升认为:"肃政厅一方固为平政院之一机关,他方亦复独立行使其职权,平政院具法院之性质,肃政厅则具检察官之性质。"② 他之所以如此认定,主要在于肃政史对官署及官吏侵害民权的行为,有类似于检察院对犯罪案件提起公诉的权

---

① 中国第二历史档案馆.地方税及其他税捐[C].中华民国工商税收史料选编(第5辑).南京:南京大学出版社,1999:1559-1560.
② 钱端升,萨师炯等.民国政制史(上册)[M].北京:商务印书馆,2018:126.

力，因此民国初年学者于右任称肃政厅为"行政检察机关"。设置这一诉讼权力的最大意义在于它增设了"民告官"之外的另一条渠道，意味着增加了治官保民的举措。在一个官权侵犯民权成为传统或常态的时期，这一制度创设的意义不可低估。

当然，从权力的属性来讲，在整个吏治中，肃政监察权中的行政公诉权只是一种发动性权力，它的效能的实现要依赖于平政院裁判权。行政公诉权是指肃政厅以行政诉讼原告的身份参与行政诉讼，对人民经过陈诉期限而未提起陈诉、经过诉愿期限而未提起诉愿的，向平政院提起行政诉讼，行使原告的权利，参与对人民的救济。《行政诉讼法》对肃政史提起行政诉讼有严格限制：一是该案件符合平政院的受案范围；二是已经过陈诉期、诉愿期，而人民未提起行政诉讼；三是肃政史提起行政公诉，得于陈诉期、诉愿期经过后的60日内。这一严格限制是为了防止肃政厅过多地干预平政院独立裁判权的行使。

肃政史行使行政公诉权与一般公民行使行政诉讼权略有不同。两者最大的差别在于根据《行政诉讼法》第19条的规定，对于肃政史提起的行政公诉，平政院不能附理由驳回，只能受理；而对于人民提起的行政诉讼，平政院审查后认为不应受理时，可附理由驳回。① 因此，行政公诉权是当人民的行政诉讼权利无法得以实现时，以公权力对私权利进行救济的一种有效方式，同时也能激发人民通过法律手段保障自身权利。

在当代行政诉讼中，行政相对人只有在法定期限内提起行政诉讼，才能获得司法救济。如果相对人超过法定期限起诉的，人民法院将对其起诉不予受理或驳回起诉，其合法权益就难以通过行政诉讼获得保护。行政公诉权的设置为我们带来一定的启示，即构建另一途径保障公民的合法权益。

2. 行政裁决执行监督权设置的意义

肃政厅的行政裁决执行监督权是由《平政院编制令》第10条与《平政

---

① 《行政诉讼法》第19条规定："诉状经平政院审查，认为不应受理时，得附理由驳之。但诉状仅违法定程式者，发还原告，令其于一定期限内改正。肃政史提起之诉讼，不适用前项之规定。"

院裁决执行条例》第3条所确立的。根据上述规定，肃政厅能够对平政院审理的行政诉讼案件的裁决执行进行监督。在宪制设计中，肃政厅设立的主要目的是实现吏治的清明，以及对行政权行使进行有效监督。其中赋予肃政厅行政裁决执行监督权，是为了保证行政裁决在实践中的执行效力，以确保人民的权益能够得到最大限度的保护。

民国初年，行政审判制度处于探索阶段，相较强势的行政权而言，除了平政院本身的权威，还需要一个权威的机关对行政裁决的执行进行监督，以确保行政裁决的确定力、拘束力、执行力等有效发挥。在此之前，并没有专门监督平政院裁决执行的机关，行政裁决执行监督权的重要意义不言而喻。

二、监察权风险的防范：查处分离

查处分离是肃政监察制度的主要特征。此处查处分离中的"查"是指"纠查"，具体指肃政厅的纠弹权与调查权。"处"则有"审理、处分、处置"的含义，具体指平政院对纠弹事件的审理权，大理院对涉及刑事的纠弹事件的审理权与刑罚执行权，文官惩戒委员会的惩戒权，等等。上述权力的行使是吏治的完整过程，在以往整顿吏治的实践中，往往会出现一个具有绝对行政权威的机关，但绝对的权力会导致腐败，从而使吏治整顿走向另一个极端。因此，如何控制"治官"的权力则成为一个重点。

在对权力的控制中，有些是对权力进行过程控制，有些是进行结果控制。在控制权力行使过程中，即使出现问题，所带来的后果也并不严重，肃政监察的查处分离就是对权力行使过程的控制。这种通过控制权力行使过程而非通过权力互相制约的控权模式，能在权力有效运行的同时预防权力一旦被滥用所造成的严重后果。在权力配置上，肃政厅拥有对纠弹事件的调查权，以及对案件是否提起纠弹的决定权，但对于纠弹提起后的结果无法进行干预与控制，平政院在审判纠弹事件后，对涉及官吏惩戒部分的交由惩戒委员会处理，对涉及官吏刑事犯罪的部分则交由大理院进行审判，肃政史的弹呈并不会决定案件的结果。监察权在其行使过程中便出现了限制，即便该权力被滥用，对最终结果也不会造成巨大影响，从而降低因一种权力"脱轨"所带来的风险。

1. 纠弹与平政院裁判

从权力的属性来讲，肃政监察权中的纠弹权只是一种发动性权力，其效能的实现要依赖于平政院裁判权。肃政厅在将纠弹事件移送平政院后，便不再参与调查过程，也不参与审理。平政院在审理时，对肃政厅的调查结果及其移交的案卷材料并不是当然采纳，而是在充分询问被纠弹人并质证后，进行综合考量。根据对平政院裁决书的整理，在实践中，平政院对纠弹事件大都是依据肃政史所控诉的事由作出裁决，但有的裁决也并不是完全采纳肃政史弹呈中的纠弹事由。如在河南西华县知事刘泽青纠弹案中，该知事被指控"勒贿浮收、纵役纵匪"，经查明是书吏差役串诈婪索，该知事并不知情，故该项指控不能成立。①

从权力的行使上来看，平政院裁判权针对的对象有两类，一是普通原告起诉官吏，二是肃政史提起的纠弹事件，即通俗意义上的"民告官"和"官告官"案件。对于肃政史提起的纠弹事件与国民提起的行政诉讼，平政院会区别对待，主要体现在：一是一般行政诉讼提起时不合法定程式或诉讼条件的，可以省略报告，直接驳回；肃政史提起的纠弹事件则不能。二是平政院对纠弹事件的被告可采取特别措施，一般行政诉讼案件则不能。如规定对纠弹事件的被告可以拘传、看管和搜集证据，这些措施由就近的司法或行政官署代为执行。三是审理纠弹事件时往往适用某些特别的规定，如"专任审查评事对于纠弹事件认为必要时，得依评议会之议决，推定评事一人或二人于开庭前，预为询问"。又如，在庭审时，两类诉讼的证人入庭秩序不同。"开庭时，如系行政诉讼，应令全案人证先行入庭，各就座席。如系纠弹事件，则俟平事就席后，由审理长酌量先后，命巡警分别导入人证入庭。"四是裁决宣告方式或裁决书中的某些事项不同。如行政诉讼的裁决应以送达缮本为

---

① 平政院呈审理纠弹事件依法裁决并请将河南西华县知事刘泽青先予褫职文并批令（附裁决书）（中华民国四年六月二日）[J]. 政府公报，1915 (1126)：15-21.

宣告，而弹劾事件之裁决应开庭宣告；行政诉讼裁决书必须载明原告和被告，而弹劾事件之裁决书不列原告。①

2. 纠弹与惩戒

肃政监察的纠弹权与文官惩戒委员会的惩戒权之间是单向的权力关系，纠弹权发动的结果之一则是对官吏进行惩戒，即现代意义上的行政处分。文官惩戒委员会分为文官高等惩戒委员会与文官普通惩戒委员会，文官惩戒委员会能够对包括简任官在内的所有官吏实施惩戒处分，是审查和议决惩戒官吏处分的机关。惩戒案的来源包括经肃政厅纠弹、平政院审理后需要惩戒的案件，巡按使对下属官吏的弹劾案件，各部总长对属官的弹劾案件，等等。

被付惩戒的案件是否经过纠弹，会影响文官惩戒委员会对该案的审查与议决。一般情况下，未经肃政史纠弹的案件，其审查与议决的依据是提出该惩戒案的长官所提供的证据，在惩戒委员会委员认为证据有疑点时，会要求被付惩戒人提出书面意见详细答复，或命其亲临会议，当面询问。根据《文官惩戒法草案》第16条，被付惩戒人有参与惩戒审查的权利，"惩戒委员会对于长官所送证据，认为确有疑点时，得经由该长官通知本官，令其提出意见书，详细答复，或令其莅会，面加询问"。这是针对经由长官弹劾属官的惩戒案，当事人有面询的权利。

而经过肃政史纠弹的案件，其审查与议决分为两种情形：一是经过肃政史纠弹、平政院审理裁判的惩戒案，由惩戒委员会直接根据平政院裁判书所列的证据进行审查，并依此进行惩戒。如在前津浦铁路局局长赵庆华纠弹案中，平政院将原案证据及文书等抄送至文官高等惩戒委员会，文官高等惩戒委员会在议决书事实认定部分采纳了平政院的审理结果，"本会详核原裁决书所列事实，认为审查无异，"后给予赵庆华"褫职并夺官，非满六年不得开复"的处分。② 二是经过肃政史纠弹、未经平政院审理裁判的惩戒案由总统派专员查办后直接交由文官高等惩戒委员会审查议决。如肃政史纠弹海军

---

① 平政院各庭办事细则（民国三年十一月二十四日）[J]. 法律周报，1914（50）：393-396.
② 文官高等惩戒委员会议决书：四年第一百九十六号[J]. 政府公报，1916（41）：34-35.

部军法司司长许继祥一案，总统交文官高等惩戒委员会审查议决，"原呈到会后，复经本会咨调全案，公同审查，谨将认定事实如左：一、学生所犯仅有不依长官指挥，及在长官前抗言倨傲之行为，核诸新刑律所定骚扰罪毫不相干；二、学监吴宗璜供述请部长惩处，无非警诫学生，并无控告意思，彼本不谙法律，军法会审所具报告书亦系军法司长所授意；三、该军法司长于军法会审讯结，拟定罪名更想请总长请处吴建、沈一奇、何豪等三人以死刑"①。此处认定的事实与肃政史纠弹呈文相比更为具体，文官高等惩戒委员会则是依照军事裁判处以及专员调查的证据而进行事实认定。最后惩戒委员会以"许继祥专用重典、违法逞残，种种行为实属居心暴戾、办事荒谬"等"违背职守义务"的理由议决给予褫职的处分。上述两种惩戒案中，一般没有被付惩戒人参与惩戒审查的情形。因为经过纠弹的案件，如果有应付惩戒的情形，要么是经过平政院的审理裁决，已有确凿的证据，要么是总统派专员调查，有应付惩戒的确实证据，都属于"证据无疑点"的惩戒案。

在肃政监察的实践中，我们能从肃政史对同一事件的反复纠弹看出，肃政监察所欲达成的目的是"治罪"，而吏治的目的在于"治官"，因此在权力配置的逻辑起点上就有不相一致之处。最终在肃政监察权的配置中，才会采用查处分离的模式，如果肃政史一旦能够独立对监察对象进行"处置"，那么就意味着监察机关同时拥有纠弹权和审理权，这会导致监察机关权力过于集中。

3. 纠弹与司法审判

肃政监察的纠弹权也是司法审判权的发动权之一。按照《暂行新刑律》所规定的官吏职务违法与犯罪内容，各级司法审判厅与大理院对官吏的职务违法犯罪行为具有当然的管辖权，本不需要对违法犯罪的官吏提起纠弹，但一方面由于当时的司法刚独立，司法权尚不足以制衡行政权，因此需借助行政系统内部的力量，即肃政监察纠弹权来实现治罪的目的。另一方面由于人

---

① 文官高等惩戒委员会议决书：三年第五十二号 [J]．政府公报，1915（1049）：36-37．

民厌讼以及怯于"民告官"的传统心理,需要专门的机关来重塑人民的信心,鼓励人民勇于告发。因此导致肃政厅与检察厅同时对官吏的违法犯罪行为具有管辖权,此项管辖争议最终由《官吏犯罪特别管辖令》进行规范,该令采用"先占"原则确定管辖权,未经肃政厅纠弹的案件才由检察厅依《刑事诉讼法草案》中的管辖规定办理。此外,平政院就纠弹事件的审理权与大理院产生了旷日持久的争执,上文已经详述,此处不再赘述。最终,平政院对纠弹事件的审理成为一项刑事审判前的预审,裁决书中的事实与证据认定只成为文官惩戒委员会的惩戒依据。

当平政院的审理成为预审后,纠弹事件的最终处理结果可能会与肃政史的预料结果相悖。司法机关并不完全采纳平政院认定的事实与证据,而大部分事实与证据都是肃政史调查而得,这导致肃政史对司法机关的审理结果并不认同,从而出现反复纠弹的情形,如"八厘公债案"。也有纠弹事件的处理结果与肃政史的预期相符的情形,如昌黎县知事郝继贞案,大理院判决郝继贞"为浮收、侵占二罪具发,一罪处四等有期徒刑,一罪处五等有期徒刑,合处徒刑一年一个月"①。也有在司法审判后处以轻罪的情形,如泰顺县知事张元成营私舞弊、溺职殃民案,张元成的"藉烟扰民、焚屋酿命"行为最终被大理院认定为"损坏建筑物罪"。②又有在司法审判后予以特赦的情形,如河南西华县知事刘泽青"藉公舞弊、枉法勒赃"案,平政院认为刘泽青对奉上级官厅饬办的命案不彻究详报,而收受贿赂,以工作之便,浮收图利,应予以刑罚,但该官上司河南巡按使田文烈上奏总统恳请"援案特赦",后总统就该案事实"确系事属因公,款非入己其情不无可原",依《约法》第 28 条特赦了刘泽青。③此外,还有前直隶雄县知事丁纶恩案,该知事在禁烟案中,擅自将直隶高等审判厅宣告无罪之人监禁数月,属于滥用职权、私

---

① 郝继贞已宣告处刑 [N]. 申报,1915-06-29 (0006).
② 浙江省长公署咨复省议会质问任用知事张元成等由(中华民国五年十月二十四日)[J]. 浙江公报,1916 (1660):4-5.
③ 命令 [N]. 申报,1916-01-09 (0002).

擅监禁，后直隶巡按使朱家宝认为事属因公，请求总统特赦。①

肃政监察创制的主要目的是"肃清吏治"，创制之初的预设是由平政院审理裁决，大理院执行裁决中有关刑法的部分，但这会导致平政院、肃政厅"治官"的权力过于集中从而形成腐败，最终博弈的结果是纠弹权、审理权、执行权、惩戒权相分离。就肃政纠弹实践而言，司法审判认定的事实与罪名往往轻于平政院的裁决，这与平政院审理裁决时没有充分采纳被纠弹人提供的证据有关，大理院为保障被纠弹人的诉讼权利，在审理时会充分听取当事人双方的证词，从这个角度而言，审理权的分离也在一定程度上遏制了"重典治吏"的行为。

4. "查处分离"模式在民国后期的沿用

查处分离模式在民国后期被沿用。在国民政府初期的监察制度中，监察院依职权主动进行的检举以及人民告诉告发案件，得在预审后起诉于惩吏院。在惩戒官吏时发现有刑事犯罪行为的，则将刑事部分移交司法机关审判。此处的惩吏院于1926年1月成立，5月奉裁结束，后由审政院替代之，但直到军政时期结束都未成立，惩治的各案由监察院径行处分，刑事部分除外。虽然此时并未实际贯彻查处分离模式，但在其制度设计中采纳了查处分离模式。② 在国民政府后期，即训政时期的监察制度中，监察院的职权与职责逐渐完善。监察委员弹劾、审查公务人员都在监察院进行，在弹劾案经审查认可后，即移交惩戒机关。根据惩戒对象的不同，惩戒机关分为中央党部监察委员会、国民政府政务官惩戒委员会、公务员惩戒委员会、军事长官惩戒委员会。其中，公务员惩戒委员会为司法院的直辖机关。③

---

① 直隶巡按使朱家宝等呈前直隶雄县知事丁伦恩因公获罪情有可原恭恩特赦文[J]．政府公报，1915（1240）：27-28．

② 钱端升等．民国政制史（上册）[M]．上海：世纪出版集团、上海人民出版社，2008：235-240．

③ 钱端升等．民国政制史（上册）[M]．上海：世纪出版集团、上海人民出版社，2008：364-378．

三、肃政监察制对我国现代监察制度建设的启示

1. 建设中的我国监察制度

自推行监察制度改革以来,我国监察制度就在不断地健全与完善。就监察制度的规范而言,有关监察制度的司法解释与实施细则随着监察制度的体系化而不断出台,但仍有需要进一步完善的地方,如有关监察的党内法规对同一事项的规范名称不一、内容冲突,甚至监察机关直接援引国家行政机关、司法机关、企业事业单位等内部的惩戒规则作为执法依据,而这些规则是其他机关内部自治的核心。监察机关的监察权覆盖面及与其他权力机关内部自治之间的界限问题等都亟须得到解决。[①] 此外,由于监察机关与党的纪检机关合署办公,监察派驻机构的存在导致监察机构具有复杂性,监察机构内部的统一与协调问题等都需要通过制定体系化的监察规范来解决,以期规范监察法的内部与外沿。

就监察制度的实施机制而言,其非明确化或抽象化的问题也亟待解决,如在监察调查过程中,对于监察官能够采用的调查手段以及限制措施等缺乏明确规定,一旦监察机关采取了过度限制措施,将会对公民的个人权益以及社会秩序产生极大的危害,而制度设计上的空白与不周延将会给监察机关怠于履职或不当拖延等行为留下空间,这在很大程度上依赖执法者的执法能力与主观判断。

此外,关于公民参与监督的程序缺乏系统化的制度规范,也是现今监察法实施机制中亟待解决的一个重点问题。公民的信访与举报是现今监察机关获取监察线索的重要来源之一,虽然针对公民检举行为已制定了《纪检监察机关处理检举控告工作规则》(以下简称《检举规则》),但仍缺乏信访制度与监察机关的有效衔接规范,信访制度与监察机关的检举制度在整合方面的问题也需要解决。同时,《检举规则》也有需要进一步完善的地方,例如案

---

① 秦前红.监察法学教程[M].北京:法律出版社,2019:6-18.

件的处理期限、对反复信访与举报行为的处理等。此外，对公民举报行为缺乏严密的审查，也容易导致诬告行为频发，造成对监察资源的浪费以及对监察对象基本权利的损害。

最后，我国现今的监察制度缺乏有效的监督机制。任何权力都应当受到监督与制约，这是民主法治社会的必然要求。现行《监察法》中规定监督监察委员会的机关是人大及其常委会，但缺乏具体的实施细则。有学者认为，监察委员会具有地位高以及权力大的特点，因为监察委员会集合了反腐资源，统一了原本分散的反腐权力，如果缺乏对监察权的有效制约，那么国家权力的运行就可能偏离宪法所预设的轨道。[1]

2. 肃政监察制中的法律体系化启示

肃政监察制在规范的体系化方面相对完备，有宪法层面的顶层设计、健全的实体法与程序法，以及监察权与其他权力的冲突与衔接规范。相较而言，我国现今正在逐渐完善的监察法规则显得较为粗疏。现今的国家监察立法没有采用传统的立法路径，即先确立组织法，再创设实体法、程序法等，而是采用了"综合立法模式"，在一部法律中，即《监察法》中体现了所有的立法元素。从法教义学的立场而言，法律体系化能够系统地阐释法律规则的细节以及它们的相互关联、具体的适用情形。拉伦茨（Karl Larenz）就法律规范的体系化问题曾说："以体系的形式将之表现，乃是法学最重要的任务之一。"[2] 也就是说，以体系化的形式来表现法律制度各要素，是立法的重要使命之一。民国初年的肃政监察规范体系能够为我国监察立法的体系化提供一些借鉴。

就监察权配置的逻辑起点而言，肃政监察以"吏治"为主要目的，而我国现今的监察权配置以"高效权威的反腐"为目的。我们可以在技术上借鉴肃政监察制度规范体系的建构模式，即在监察法规范体系中构建一套完整的内部规范与外部规范。就目前我国监察法律体系而言，内部规范相对欠缺，

---

[1] 童之伟. 对监察委员会自身的监督制约何以强化 [J]. 法学评论, 2017（1）: 1-8.
[2] [德] 卡尔·拉伦茨. 法学方法论 [M]. 陈爱娥译. 北京: 商务印书馆, 2003: 317.

外部规范还未成体系，特别是监察各主要环节的立法仍很粗疏。

从肃政监察的实践教训来看，依赖权力进行吏治与反腐只是一种治标的手段，并不能从根本意义上解决腐败问题。肃政监察制度是在袁世凯威权政治的支持下依靠强大的行政权力运行的，在当时起到一定的震慑作用，但过度依赖权力的"后遗症"在肃政监察后期就能明显看出，当肃政厅强力反对帝制而与袁世凯意见相悖时，纠弹事件的数量呈断崖式下降。现今的监察制度呈现出一种强力反腐状态，监察权显示出一种极其强硬的姿态，尽管在当下能够迅速解决贪腐问题，但如果缺乏对监察权的限制，就极易产生腐败。因此我们应当在汲取经验的同时，建立完善的监察法规范体系，通过法治与民主手段共同推进反腐，而不仅仅依靠权力。

3. 肃政监察制对监察权风险防范机制的启示

肃政监察制度中并没有监督肃政监察权的机制，一是因为肃政监察权的有效行使在很大程度上依赖总统的行政权，二是肃政监察权权能的实现依赖其他机关的权力行使。肃政监察权主要体现在弹劾上，因此即使肃政监察权有腐败的可能，其他权力也能够对违法或不当纠弹进行纠正，最终并不会对监察对象产生实质性的影响。可见，采用"查处分离"模式可能是防范监察权违法或不当行使最有效的方式之一。

我国《监察法》规定，地方各级监察委员会对本级人民代表大会及其常务委员会和上一级监察委员会负责，并接受其监督，但具体的实施细则有待制定。此外，为建立有效的监督制约机制，还应当从监察权与司法权、行政权之间的制约着手。在监察体制改革前，监察机关与司法机关主要是"分工合作、互相配合、互相制约"的关系。

4. 肃政监察制中人民参与机制的启示

肃政监察制度明确支持人民参与吏治、参与监察，监督官吏守法尽责。肃政监察中的人民参与主要是依靠人民对官吏的告诉告发制度来进行，其中，为鼓励人民告诉告发，肃政厅发布了系列饬令规定了人民告诉告发的程序，如专门规范《肃政厅告诉告发章程》，以及辅助性规范《肃政厅询问当事人及证人规则》《肃政厅收发专则》《肃政厅收案及售状专则》《肃政厅保管案卷专则》等。对于人民告诉告发的事件，肃政厅从收案及售状起就会登记在册，案件在肃政厅内的流转过程都有相关的簿册记录。为保障人民告发官吏的权利，肃政厅总会议还会规定相关案件的审查时间，对于不予纠弹的案件会抄录缘由并送达告诉告发人。上述规则确保了人民告诉告发过程的公正性，此外，肃政史对人民告诉告发事件严格的形式审查也能在很大程度上提高审查效率，同时避免肆意诬告的情形。

我国现有的监察制度获取问题线索的途径有3种：一是根据《监察法》第34条的规定，由其他机关移送受理；二是监察机关在日常监督中获取；三是人民信访举报。这3种途径可以分为主动依职权的获取与被动依检举的获取。在国家监察制度实践中，人民的信访举报几乎是问题线索的主要来源和"主渠道"，[①] 而人民的信访举报，根据《监察法》第35条的规定，是按照"有关规定处理"。在信访检举机制不明确的情况下，容易产生两种极端的后果：一是因缺乏受案与反馈机制，可能导致人民反复上访，不仅浪费公共资源，容易激发人民与政府的矛盾，引起广泛舆论，从而影响案件处理的公平性，还容易滋生暗箱操作等腐败问题。二是因缺乏对案件受理审查程序的制度性引导，容易导致人民滥用检举权。

我国现有的信访制度是依据2005年国务院出台的《信访条例》而建立的，2022年2月25日，国务院发布了《信访工作条例》，同时废止了《信访条例》。《信访工作条例》全面规范了信访工作，实现了对各级各类机关单位的全面覆盖，且各个行政机关都依据此条例制定了相应的细则。该条例针对信访事项的提出和受理，对"诉访分离"制度进行了进一步明确与落实。该条例第22条规定了"对属于纪检监察机关受理的检举控告类信访事项，应当按照管理权限转送有关纪检监察机关依规依纪依法处理"，但仍未细化与监察制度相衔接的具体机制。在检举制度上，2020年1月21日，中共中央办

---

① 杨晓超. 适应深化国家监察体制改革要求 推动新时代纪检监察信访举报工作高质量发展[J]. 中国纪检监察（10），2018：8-10.

公厅印发了《纪检监察机关处理检举控告工作规则》，该规则规范了监察机关对检举控告的接收、受理、办理和处置程序。在接收与受理方面运用了互联网技术和信息化手段，建立了举报平台，并规定了分级受理程序。但一些具体的实施机制仍有待解释以及细化，如第 13 条第 1 款第 3 项规定了"仅列举出违纪或者职务违法、职务犯罪行为名称但无实质内容的"，不予受理，但未对"实质内容"进行进一步说明。在案件处理与反馈中也有类似的不明规定，对案件处理逾期以及怠于履职的情形缺乏有效监督。此外，现今的监察法在人民诬告方面无法进行有效的甄别，《检举规则》虽对查处诬告陷害行为进行了明确规定，但缺乏在受理阶段进行甄别的相应规定。当案件移送至审查调查部门再进行甄别时，可能已经对当事人采取了某些限制或强制性措施，可能会损害当事人的一些权益。因此，可以借鉴肃政监察制，对检举监察对象的违法犯罪行为，在案件受理阶段即建立法律上的具体甄别机制。

参考文献

一、中文文献

（一）基本法律法规

[1] 修正中华民国临时政府组织大纲［J］．临时政府公报，1912（1）（2）．

[2] 中华民国临时约法［J］．临时政府公报，1912（35）．

[3] 中华民国约法［J］．政府公报，1914（712）．

[4] 平政院编制令［J］．内务公报，1914（7）．

[5] 纠弹条例［J］．政府公报，1914（692）．

[6] 行政诉讼条例［J］．政府公报，1914（729）．

[7] 纠弹法［J］．政府公报，1914（793）．

[8] 诉愿法［J］．政府公报，1914（793）．

[9] 纠弹事件审理执行令［J］．政府公报，1914（793）．

[10] 行政诉讼法［J］．政府公报，1914（793）．

[11] 官吏犯罪特别管辖令［J］．政府公报，1914（793）．

[12] 修正官吏犯罪特别管辖令［J］．政府公报，1914（906）．

[13] 官吏违令惩罚令［J］．政府公报，1914（823）．

[14] 肃政厅处务规则［J］．政府公报，1914（814）．

[15] 肃政厅书记处办事细则［J］．政府公报，1914（819）．

[16] 肃政厅收发专则［J］．政府公报，1914（820）．

[17] 肃政厅收案及售状专则［J］．政府公报，1914（820）．

[18] 肃政厅保管案卷专则［J］．政府公报，1914（820）．

[19] 肃政厅总会议规则［J］．政府公报，1914（831）．

[20] 肃政厅询问当事人及证人规则［J］．政府公报，1914（831）．

[21] 肃政厅告诉告发章程［J］．政府公报，1914（837）．

[22] 肃政厅肃政史办事细则［J］．政府公报，1914（853）．

[23] 平政院肃政厅行政权限管理办法［J］．政府公报，1916（72）．

[24] 平政院裁决执行条例［J］．政府公报，1914（751）．

[25] 修正平政院裁决执行条例［J］．政府公报，1919（1388）．

[26] 官吏服务令［J］．政府公报，1913（243）．

[27] 官吏犯赃治罪条例［J］．政府公报，1914（748）．

(二) 报刊和史料编辑

[1]《申报》(1914年至1916年)

[2]《庸言》(1912年至1917年)

[3]《政府公报》(1914年至1916年)

[4]《东方杂志》(第11卷至第13卷)

[5]《时报》(1912年至1916年)

[6]《新闻报》(1912年至1916年)

[7]《临时政府公报》(1912年1月至2月)

[8]《宪法新闻》(1913年第1期至第23期)

[9]《大同报》(1912年至1914年)

[10]《民国汇报》(1913年至1915年)

[11]《共和言论报》(1912年第1期)

[12]《甲寅》(1914年至1915年)

[13]《时事汇报》(1913年至1915年)

[14]《余兴》(1915年至1916年)

[15]《盛京时报》(1913年至1914年)

[16]《法学会杂志》(1911年至1914年)

（三）著 作

[1]［美］E. 博登海默. 法理学——法哲学及其方法［M］. 邓正来，姬敬武译. 北京：华夏出版社，1987.

[2]［美］齐锡生. 中国的军阀政治（1916—1928）［M］. 杨云若，萧延中译. 北京：中国人民大学出版社，1991.

[3]［法］保罗·利科，等. 过去之谜［M］. 綦甲福，等译. 济南：山东大学出版社，2009.

[4]［英］迈克尔·斯坦福. 历史研究导论［M］. 刘世安译. 北京：世界图书出版社，2012.

[5]［德］黑格尔. 哲学史讲演录（第一卷）［M］. 贺麟，王太庆译. 北京：商务印书馆，2011.

[6]［美］费正清，费维恺. 剑桥中华民国史［M］. 刘敬坤译. 北京：中国社会科学出版社，2006.

[7]［意］G. 萨托利. 政党与政党体制［M］. 王明进译. 北京：商务印书馆，2006.

[8]［德］克劳斯·冯柏伊姆. 当代政治理论［M］. 李黎译. 北京：商务印书馆，1990.

[9]［德］德罗伊森. 历史知识理论［M］. 胡昌智译. 北京：北京大学出版社，2006.

[10]［奥］凯尔森. 法与国家的一般理论［M］. 沈宗灵译. 北京：中国大百科全书出版社，1996.

[11]［法］托克维尔. 论美国的民主［M］. 董果良译. 北京：商务印书馆，1997.

[12]［美］阿兰·布鲁姆. 文本的研习［M］. 丁耘. 什么是思想史. 韩潮译. 上海：上海人民出版社，2006.

[13]［美］杰克·普拉诺. 政治学分析辞典［M］. 胡杰译. 北京：中国社会科学出版社，1986.

[14]［德］齐佩利乌斯．德国国家学［M］．赵宏译．北京：法律出版社，2011．

[15]［美］卡尔·罗文斯坦．现代宪法论［M］．王锴，姚凤梅译．北京：清华大学出版社，2017．

[16]［芬兰］冯·赖特．解释与理解［M］．张留华译．杭州：浙江大学出版社，2016．

[17]［美］黄宗智．法典、习俗与司法实践：清代与民国的比较［M］．上海：上海书店出版社，2007．

[18]［美］黄宗智，尤陈俊．从诉讼档案出发：中国的法律、社会与文化［M］．北京：法律出版社，2009．

[19]［美］徐中约．中国近代史［M］．香港：香港中文大学出版社，2002．

[20] 黄远庸．远生遗著（第2册）［M］．上海：商务印书馆，1924．

[21] 白鹏飞．行政法总论［M］．上海：商务印书馆，1927．

[22] 常乃真．中国政治制度小史［M］．上海：爱文书局，1928．

[23] 陈茹玄．民国宪法及政治史［M］．上海：上海书报流通社，1928．

[24] 贾士毅．国债与金融［M］．上海：商务印书馆，1930．

[25] 邱昌渭．议会制度［M］．上海：世界书局，1933．

[26] 桂崇基．政治学原理［M］．上海：商务印书馆，1933．

[27] 张知本．宪法论［M］．上海：法学编译社，1933．

[28] 贾士毅．民国财政史上［M］．上海：商务印书馆，1934．

[29] 李剑农．政治学概论［M］．上海：商务印书馆，1934．

[30] 于右任．监察制度史要［M］．南京：汉文正楷印书局，1935．

[31] 杨幼炯．近代中国立法史［M］．上海：商务印书馆，1936．

[32] 徐式圭．中国监察史略［M］．上海：中华书局，1937．

[33] 朱采真．行政诉讼及诉愿［M］．上海：商务印书馆，1937．

[34] 钱端升．民国政制史［M］．重庆：商务印书馆，1946．

［35］陈茹玄．中国宪法史［M］．上海：世界书局，1947．

［36］陶菊隐．北洋军阀统治时期史话［M］．北京：三联书店，1959．

［37］陶百川．比较监察制度［M］．台北：三民书局，1978．

［38］陈志让．军绅政权——近代中国的军阀时期［M］．北京：三联书店，1980．

［39］李延寿．北史2［M］．北京：中华书局，1985．

［40］周继中．中国行政监察［M］．南昌：江西人民出版社，1989．

［41］章士钊．甲寅杂志存稿［M］．上海：上海书店出版社，1990．

［42］石俊超，刘彦伟．比较监察制度［M］．郑州：中州古籍出版社，1991．

［43］邱永明．中国监察制度史［M］．上海：华东师范大学出版社，1992．

［44］张静如．北洋军阀统治时期中国社会之变迁［M］．北京：中国人民大学出版，1992．

［45］王建华．法律监督概论［M］．北京：人民出版社，1992．

［46］陈晓枫．中国法律文化研究［M］．郑州：河南人民出版社，1993．

［47］王人博．宪政文化与近代中国［M］．北京：法律出版社，1997．

［48］黄建武．法的实现——法的一种社会学分析［M］．北京：中国人民大学出版社，1997．

［49］关文发，于波．中国监察制度研究［M］．北京：中国社会科学出版社，1998．

［50］王永祥，杨世钊．中国现代监察制度史论［M］．福州：福建人民出版社，1998．

［51］邱永明．中国封建监察制度运作研究［M］．上海：上海社会科学院出版社，1998．

［52］张晋藩．中国法制通史［M］．北京：法律出版社，1999．

［53］来新夏．北洋军阀史稿［M］．天津：南开大学出版社，2000．

［54］童之伟．法权与宪政［M］．济南：山东人民出版社，2001．

［55］王健．西法东渐——外国人与中国法的近代改革［M］．北京：中国政法大学出版，2001．

［56］唐德刚．袁氏当国［M］．南宁：广西师范大学出版社，2004．

［57］贾玉英．中国古代监察制度发展史［M］．上海：上海人民出版社，2004．

［58］何勤华，李秀清．外国法与中国法——20世纪中国移植外国法的反思［M］．北京：中国政法大学，2005．

［59］何勤华．中国法学史［M］．北京：法律出版社，2006．

［60］王怡．宪政主义：观念与制度的转捩［M］．济南：山东人民出版社．2006．

［61］李俊清．现代文官制度在中国的创构［M］．上海：三联书店出版社，2007．

［62］薛恒．民国议会制度研究（1911—1924）［M］．北京：中国社会科学出版社，2008．

［63］钱端升，萨师炯．民国政制史（上）［M］．上海：上海人民出版社，2008．

［64］王宠惠．王宠惠法学文集［M］．北京：法律出版社，2008．

［65］石柏林．旧中国宪法五十年——国家权力配置研究［M］．长沙：湖南大学出版社，2008．

［66］桂万先．北洋政府时期审判制度研究［M］．北京：中国政法大学出版社，2010．

［67］张宪文，薛恒．共和肇始：南京临时政府研究［M］．南京：南京大学出版社，2012．

［68］方强．中国上访制度史话——公元前11世纪—1949年［M］．北京：中国青年出版社，2013．

［69］邱之岫．民国初期行政法院发展史研究［M］．北京：知识产权出

版社，2014.

［70］严泉. 历史变迁的制度透视［M］. 北京：新星出版社，2014.

［71］刘绍唐. 民国人物小传（第10册）［M］. 上海：三联书店，2014.

［72］张超. 平政院、大理院与1914年王治馨卖官案的审判实践［C］. 中山大学法律评论. 第13卷第1辑. 南宁：广西师范大学出版社，2015.

［73］贺清龙. 古代巡视制度史话［M］. 北京：中国方正出版社，2016.

［74］李交发. 中国诉讼法史［M］. 湘潭：湘潭大学出版社，2016.

［75］秦前红. 监察法学教程［M］. 北京：法律出版社，2019.

［76］刘正权. 中国法制史案例集［M］. 武汉：武汉大学出版社，2016.

［77］南华居士. 国体问题：首卷（下册）［M］. 北京：华新印刷局，1915.

［78］商务印书馆编译所. 中华民国法令大全补编［M］. 上海：商务印书馆，1915.

［79］景亮钧. 文牍［C］. 京师第一监狱，1916.

［80］印铸局官书科. 法令辑览［M］.1916.

［81］商务印书馆编译所. 中华民国法令大全［M］. 上海：商务印书馆，1924.

［82］徐百齐. 中华民国法规大全［M］. 上海：商务印书馆，1937.

［83］故宫博物院明清档案部. 清末预备立宪档案史料［M］. 台北：中华书局，1979.

［84］北洋政府公布之新华储蓄银行储蓄票章程. 中华民国金融法规选编［M］. 北京：档案出版社，1989.

［85］张国福. 参议院决议汇编［M］. 北京：北京大学出版社，1989.

［86］政协沈阳市委员会文史资料委员会. 沈阳文史资料：第21辑［M］. 沈阳：政协沈阳市委员会文史资料委员会，1994.

［87］季啸风，沈友益. 中华民国史史料外编——前日本末次研究所情报资料［M］. 桂林：广西师范大学出版社，1996.

[88] 韩信夫，姜克夫．中华民国大事记［M］．北京：中国文史出版社，1997．

[89] 中国第二历史档案馆．地方税及其他税捐［M］．中华民国工商税收史料选编：第5辑．南京：南京大学出版社，1999．

[90] 蔡鸿源．民国法规集成［M］．合肥：黄山书社，1999．

[91] 张宪文，方庆秋，黄美真．中华民国史大辞典［M］．南京：江苏古籍出版社，2002．

[92] 何勤华，李秀清．民国法学论文精萃：宪政法律篇［C］．北京：法律出版社，2002．

[93] 夏新华，等．近代中国宪政历程·史料荟萃［M］．北京：中国政法大学出版社，2004．

[94] 李贵连．民国北京政府制宪史料［M］．北京：线装书局，2007．

[95] 中国第二档案史馆．北洋政府档案［M］．北京：中国档案出版社，2010．

[96] 张卓群，宋佳睿．《甲寅》通信集［M］．福州：福建教育出版社，2016．

[97] 赖骏楠．宪制道路与中国命运：中国近代宪法文献选编［M］．北京：中央编译出版社，2017．

（四）论　文

[1] 内阁制度论［J］．民国汇报，1913（3）．

[2] 楣梁．敬告国民敬告官吏［J］．共和言论报，1912（1）．

[3] 平政院编制之大略［J］．大同报，1912（41）．

[4] 王旭．论弹劾权［J］．国民（上海1913），1913（2）．

[5] 秋桐．弹劾发微［J］．独立周报，1912（13）．

[6] 张东荪．行政裁判论［J］．庸言，1913（23）．

[7] 临时约法上之弹劾问题［J］．宪法新闻，1913（2）．

[8]［日］有贺长雄．共和宪法持久策［J］．法学会杂志，1913（8）．

[9] 论设立评平政院事 [J]. 民国汇报, 1913 (2).

[10] 汪叔贤. 论平政院说明不必特设平政院之理由 [J]. 庸言, 1914 (4).

[11] 石秋. 平政院职权之争论 [J]. 雅言杂志, 1914 (8).

[12] 监察官代行御史台之职权 [J]. 大同报, 1914 (10).

[13] 新约法与旧约法之比较 [J]. 夏星, 1914 (1).

[14] 杜师业.《约法》第四十三条与纠弹条例之解释问题 [J]. 中华杂志, 1914 (3).

[15] 总统训诫肃政史之演说词 [J]. 教会公报, 1914 (263).

[16] 肃政史特权 [J]. 说报, 1914 (12).

[17] 谷钟秀. 论政治复古（三）——复古时代之行政组织 [J]. 正谊, 1914 (4).

[18] 伴僧. 夏虫语 [J]. 余兴, 1916 (20).

[19] 田解. 制定我国适用之宪法 [J]. 宪法公言, 1916 (1).

[20] 余估红. 民国时期的监察制度评析 [J]. 华北水利水电学院学报（社科版）, 2002 (2).

[21] 谢志强. 行政公诉权理论依据解构 [J]. 国家检察官学院学报, 2003 (4).

[22] 杨绍滨. 北洋政府平政院研究 [J]. 安徽史学, 2003 (3).

[23] 刘永. 论民国初年的检查制度机制与效能 [J]. 廊坊师范学院学报, 2005 (3).

[24] 罗旭南, 黄丽环. 北洋政府的平政院制度与司法独立 [J]. 理论界, 2005 (9).

[25] 李归成. 清末民初关于设立行政裁判所的争论 [J]. 现代法学, 2005 (5).

[26] 赵勇.《平政院编制令》草案与正式文本的比较探析 [J]. 河北法学, 2015 (8).

[27] 蔡舌．平政院与北洋时期的行政诉讼制度［J］．民国档案，2008（2）．

[28] 聂鑫．从三法司到司法院——中国中央司法传统的断裂与延续［J］．政法论坛，2009（1）．

[29] 胡译之．平政院评事、肃政史选任及履历考评［J］．青海社会科学，2016（2）．

[30] 童之伟．对监察委员会自身的监督制约如何强化［J］．法学评论，2017（1）．

[31] 吴欢．清末民初行政诉讼法制中的"民告官"传统遗存［J］．北方法学，2014（2）．

[32] 聂鑫．民国时期公务员惩戒委员会制度研究［J］．法学研究，2016（3）．

[33] 张翔．国家权力配置的功能适当原则——以德国法为中心［J］．比较法研究，2018（3）．

[34] 杨晓超．适应深化国家监察体制改革要求推动新时代纪检监察信访举报工作高质量发展［J］．中国纪检监察，2018（10）．

[35] 黄泽南．民国初年的监察制度述论［D］．南昌：江西师范大学，2002．

[36] 何增光．民国监督制度研究［D］．杭州：浙江大学，2004．

[37] 严泉．民国初年的制宪与民主转型［D］．上海：上海大学，2004．

[38] 李孝猛．社会变迁与制度建构［D］．上海：华东政法大学，2004．

[39] 宋玲．清末民初行政诉讼制度研究［D］．北京：中国政法大学，2007．

[40] 李唯一．民国初年平政院制度研究（1914—1916）［D］．北京：中国政法大学，2007．

[41] 杨梦然．国财政监察制度研究［D］．湘潭：湘潭大学，2015．

[42] 李琦．北洋政府时期肃政厅研究［D］．北京：中央民族大学，2016．

［43］徐德刚. 五权宪法监察权研究［D］. 武汉：武汉大学，2006.

［44］李刚. 论民国监察权的嬗变［D］. 济南：山东大学，2012.

二、外文文献

（一）著 作

［1］Balazs Etienne. Political Theory and Administrative Reality in Traditional China［M］. London：University of London Press，1965.

［2］Louis Henkin. Constitutionalism, Democracy, and Foreign Affairs［M］. Columbia：Columbia University Press，1990.

［3］Carl Schmitt. Verfassungslehre［M］. Duncker & Humblot，1993.

［4］Ch'ien, Tuan-sheng. The Government and Politics of China 1912-1949［M］. Stanford, Calif：Stanford University Press，1950.

［5］Alex Carroll. Constitutional and Administrative Law［M］. Finaneial Times Pitman Publishing，1998.

（二）论 文

［1］Danny S. Hsu. Impeachments and Administrative Litigation in Qing and Republican Law［D］. Ph. D dissertation, University of California，2007.

［2］Pan, Wei-tong. The Chinese Constitution：A Study of Forty Years of Constitution Making in China［D］. Washington, D. C.：Institute of Chinese Culture，1945.

［3］林素鳳. 日本と台湾における行政争訟制度の比較研究［D］. 北海道大学大学院法学研究科，1997.

［4］QiangFang. Hot Potatoes：Chinese Complaint Systems from Early Times to the Late Qing（1898）［J］. The Journal of Asian Studies，November 2009（4）.

附录一

肃政史履历

肃政史履历表[①]

序号	姓名	籍贯	生卒年份	传统功名	新式教育	任职时间	任职经历
1	王瑚	直隶定州	1865—1933年	甲午进士		1914年5月7日—1916年6月29日	曾任清廷东三省官,直隶县知事。1910年任吉林伊兰兵备道
2	曾述棨	河南固始		壬辰进士		1914年5月7日—1914年8月29日	民国时期曾任外务部右丞、外交部参事兼税务处提调、平政院评事
3	蹇念益	贵州遵义	1876—1930年	举人	日本早稻田大学,法政科	1914年5月7日—1914年8月7日	曾任清廷河南财政副监理官。1912年当选贵州议员。1913年2月当选国会议员
4	夏寿康	湖北黄冈	1871—1923年	光绪进士	京师大学堂进士馆,进修法政	1914年5月7日—1916年6月29日	曾当选湖北咨议局副议长。民国时期曾任都督府政事部副部长,后为湖北民政长、巡按使。1913年任国务院铨叙局局长

[①] 参见:刘寿林.辛亥以后十七年职官年表[M].北京:中华书局,1966;李盛平.中国近现代人名大辞典[M].北京:中国国际广播出版社,1989.

续表

序号	姓名	籍贯	生卒年份	传统功名	新式教育	任职时间	任职经历
5	俞明震	浙江山阴	1860—1918年	庚寅举人		1914年5月7日—1914年8月7日	清廷翰林院庶吉士,甘肃提学使
6	蔡宝善	浙江德清	1869—1939年	举人		1914年5月7日—1916年6月29日	曾任清廷多地知县。民国时期先后任浙江海宁县知事、内务部秘书等
7	周登皞	福建闽侯		举人		1914年5月7日—1916年6月29日	辽沈道监察御史
8	程崇信	湖南衡阳	1864—1933年	举人		1914年5月7日—1915年7月10日	曾任清廷御史大夫
9	夏寅官	江苏东台		庚寅进士		1914年5月7日—1916年6月29日	曾任清廷翰林、江苏咨议局议员、资政院议员。民国时期当选众议院议员
10	张超南	福建永定		甲午进士		1914年5月7日—1916年6月29日	曾任清廷湘潭、善化、衡阳等县县知事。民国时期任大理院推事,平政院评事
11	恽毓龄	江苏阳湖		光绪举人		1914年5月7日—1914年7月23日	清廷安徽庆阳府知府

续表

序号	姓名	籍贯	生卒年份	传统功名	新式教育	任职时间	任职经历
12	李映庚	江苏海州	1845—1916年	己丑举人		1914年5月7日—1916年1月8日	曾在清朝时期担任多地知府
13	江绍杰	安徽旌德	1877—1932年	甲辰进士	日本法政大学	1914年5月7日—1914年6月29日	京师高等审判厅推事，江苏高等审判厅厅长，江苏高等检察厅检察长。民国后任安徽省长
14	云书	蒙古瓮鄂尔图特		甲辰进士	日本早稻田大学	1914年5月7日—1916年6月29日	曾任清廷翰林院侍读
15	方贞	河南商城		甲辰进士		1914年5月7日—1916年6月29日	曾任清廷河南咨议局局长。民国时期任众议院议员
16	傅增湘	四川江安	1872—1949年	戊戌进士		1914年8月8日—1916年6月29日	曾任清廷直隶提学使。武昌起义后，任唐绍仪顾问。1917年4月任教育局总长、北京财政整理委员会委员长
17	麦秩严	广东南海		戊戌进士	曾赴日本考察政法	1914年8月29日—1916年6月29日	曾任清廷刑部主事、大理院审判官、福建道监察御史。民国时期曾任平政院评事

215

续表

序号	姓名	籍贯	生卒年份	传统功名	新式教育	任职时间	任职经历
18	徐承锦	贵州铜仁		贡生		1915年7月—1916年2月29日	曾任清廷户部主事、记名御史。民国时期任国会参议院议员、司法部秘书长、平政院评事
19	费树蔚	江苏吴江	1883—1935年	诸生		1915年7月—1915年11月	民国时期曾任信孚银行董事长、吴江红十字会会长
20	孟锡珏	顺天宛平		戊戌进士		1915年7月—1916年2月29日	曾任清廷翰林院编修、奉天提学使。民国时期任北京政府交通部参事
21	徐沅	江苏吴县		举人		1915年11月19日—1916年6月29日	曾任清廷山东聊城县知事。1911年任津海关监督。民国时期曾任外交部直隶交涉员、津海关监督
22	吴敬修	河南光州	1864—1951年	甲午进士		1916年1月9日—1916年6月29日	曾任清廷吏部左参议、后补三品京堂
23	史纪常	江苏宜兴		举人		1916年3月—1916年6月29日	曾任清廷辽阳州知州。民国时期曾任北京政府国务院铨叙局佥事、奉天省政务厅厅长

附录二

肃政监察制度相关条例与规则

1.《平政院编制令》

（1914 年 3 月 31 日教令第三十九号）

第一条 平政院直隶于大总统，察理行政官吏之违法不正行为，但以法令属特别机关管辖者，不在此限。

平政院审理纠弹事件，不妨及司法官署之行使职权。

第二条 平政院审理权以平政院评事五人组织之庭行之。

前项之评事，每庭须有由司法职出身者一人或二人。

第三条 平政院置院长一人，指挥监督全院事务。

院长有事故时，由该院官等最高之平政院评事代理之。官等同者，以任官在前者代理之。

第四条 平政院置三庭，每庭以平政院评事一人为庭长，指挥监督该庭事务。

庭长有事故时，以该庭官等最高之平政院评事代理之。官等同者，以任官在前者代理之。

第五条 平政院依行政诉讼条例及本令第九条之规定，就行政诉讼事件及纠弹事件行使审理权。

第六条 平政院设肃政厅。

第七条 肃政厅置肃政史。

第八条 平政院肃政史于人民未陈诉之事件，得依行政诉讼条例之规定，对于平政院提起行政诉讼。

第九条 平政院肃政史依纠弹条例纠弹行政官吏之违反宪法、行贿受贿、滥用威权、玩视民瘼事件。

第十条 平政院之裁决，由肃政史监视执行。

第十一条 平政院肃政史之纠弹，以由行政职出身及由司法职出身之肃政史二人以上协议行之；意见不一时，取决于都肃政史。

第十二条 肃政厅对于平政院，独立行其职务。

第十三条 平政院肃政厅置都肃政史一人，指挥监督全庭事务。

都肃政史有事故时，以肃政厅官等最高之肃政史代理之。官等同者，以任官在前者代理之。

第十四条 平政院评事及肃政史须年满三十岁，具有左列资格之一：

一、任荐任以上行政职二年以上，著有成绩者；

二、任司法职二年以上，著有成绩者。

第十五条 平政院评事定额十五人，平政院肃政史定额十六人。

第十六条 平政院长、肃政厅都肃政史，由大总统任命之。

第十七条 平政院庭长，由平政院长开列平政院评事，呈请大总统任命之。

第十八条 平政院评事及肃政史，由平政院长、各部总长、大理院院长及高等咨询机关密荐，具有第十四条资格之一者，呈请大总统选择任命之。

密荐规则另定之。

第十九条 平政院评事及肃政史，在职中不得为左列事项：

一、政治结社及政坛集会之社员或会员；

二、国会及地方议会议员；

三、律师；

四、商业之执事人。

第二十条 平政院肃政史，不得干涉审理或兼审理事务。

第二十一条 平政院评事及肃政史，非受刑罚之宣告及惩戒之处分，不得强令退职转职及减俸；但有第二十三条、第二十四条事情者，不在此限。

第二十二条 平政院评事及肃政史之惩戒处分，以平政院惩戒委员会行之。

平政院惩戒委员会置会长一人，委员八人。遇有惩戒事件时由大总统选任平政院长或大理院长为会长。委员由大总统于平政院评事、肃政厅肃政史、大理院推事、总检察厅检察官中选任之。被任为惩戒委员会会长或委员者，与惩戒事件有关系者应声明回避。

第二十三条 平政院评事及肃政史，若因精神衰弱及其他不治之障碍，至不能职务时，由平政院长呈请大总统命其退职。

第二十四条 平政院评事及肃政史，虽因受惩戒调查或刑事诉追被命解任尚未判决者，仍给以俸给之半额。

第二十五条 平政院置书记官，掌理诉讼记录、统计、会计、文牍及其他庶务。

平政院、肃政厅为处理前项事务认为必要时，得置书记官。

第二十六条 书记官须具有左列资格之一：

一、有荐任文职之资格者；

二、有委任文职之资格者。

第二十七条 荐任书记官，由平政院长呈请大总统任命之。委任书记官，由平政院长或都肃政史任命之。

第二十八条 平政院及肃政厅处务规则另定之。

第二十九条 本令自公布日施行。

2.《行政诉讼条例》

（1914年5月17日教令第六十八号）

第一章 行政诉讼之范围

第一条 平政院除法令有特别规定外，对于左列各款行使管理权：

一、中央或地方最高级行政官署之违法处分，致损害人民权利，经人民陈诉者；

二、中央或地方行政官署之违法处分，致损害人民权利，经人民依《诉愿条例》之规定诉愿至最高级行政官署，不服其决定而陈诉者；

三、平政院肃政史依第十一条、第十二条之规定，提起诉讼者。

第二条 平政院不得受理要求损害赔偿之诉讼。

第三条 对于平政院之裁决，不得请求再审。

第四条 平政院因审理之便利或必要时，除地方最高级行政官署之行政诉讼外，得由平政院长嘱托被告官署所在地之最高级司法官署司法官，并派遣平政院评事，组织五人之合议庭审理之。其庭长由平政院长指定。

第二章 行政诉讼之当事人

第五条 行政诉讼之当事人，得委任诉讼代理人。

行政官署得命属官或声请主管长官特派委员，为诉讼代理人。

第六条 诉讼代理人需提出委任书，证明代理之事实。

第七条 平政院得命有利害关系者参加诉讼。其自愿参加者，亦得允许之。

第八条 法律所认之法人，得以其名提起诉讼。

第九条 肃政史纠弹事件，经大总统特交平政院审理者，或由肃政史提起行政诉讼者，以肃政史执行原告职务。

第三章 行政诉讼之程序

第十条 行政诉讼自中央或地方最高级行政官署之违法处分书，或最高级行政官署之决定书到达之次日起，六十日内提起之。

限期之末日遇星期庆祝日及其他休息日，无庸算入。

第十一条 肃政史依左列规定，于陈诉诉愿限期经过后六十日内，提起诉讼：

一、人民依第一条第一款之规定得提起诉讼，经过陈诉限期而未陈诉者；

二、人民依诉愿条例得提起诉愿，经过诉愿限期而不诉愿者。

第十二条 肃政史对于中央或地方行政官署违法之命令或处分，得于六十日内提起诉讼。

第十三条 第十条、第十一条、第十二条规定之限期内，遇有事变或故障，得由平政院之许可展限。

第十四条 行政诉讼未经裁决以前，除法令有特别规定外，行政官署之处分或决定，不失其效力。但平政院或行政官署认为必要，或依原告之请求，得停止其执行。

第十五条 行政诉讼之诉状，应载明左列各款，由原告或代理人书名签押。

一、原告之姓名、年龄、职业、住址，若原告为法人，则其名称及住址；

二、被告之行政官署及其他被告；

三、告诉之事实及理由；

四、证据；

五、年月日。

有证据书状者，须添具缮本。其已经诉愿者，须附录诉愿书及决定书。

第十六条 肃政史提起行政诉讼之诉状，应载明左列各款，署名钤章。

一、姓名；

二、被告之官署及其他被告；

三、告诉之事实及理由；

四、年月日。

第十七条 第十五条、第十六条之诉状及其他必要书状，须具副本提出。

第十八条 诉讼当事人已提起之诉讼，不得请求撤销。但肃政史所提起之诉讼不在此限。

第十九条 诉状经平政院审查，认为无需应受理时，得附理由驳回之。但诉状仅违法定程序者，发还原告，令其于一定限期内补正。

肃政史提起诉讼，不适用前项之规定。

第二十条 受理之诉讼，其诉状副本及其他副本须发交被告，并指定限期，令其提出答辩书。

被告之答辩书须添具副本中，由平政院发交原告。

第二十一条　平政院认为必要时得指定限期，令原告被告以书状为第二次互相之答辩。

第二十二条　被告提出答辩书后，应指定日期，传原告被告及参加人出庭对审。但平政院认为便利，或依原被告之请求时，得就书状裁决之。

第二十三条　原告被告或参加人得于对审时补正已提出之二状，或另举证据。

第二十四条　原告被告或参加人所提出之证据外，庭长认为必要时，得传证人或鉴定人证明或鉴定之。

第二十五条　行政诉讼依平政院编制令第二条所规定，以评事五人组织之庭审理之。其裁决依出席评事过半数之决议，可否同数时，由庭长决之。

第二十六条　评事遇有左列各款情形之一，应自请回避，或由诉讼当事人请其回避。

一、自为诉讼当事人者；

二、曾以行政官资格参与该诉讼事件之命令处分或决定者；

三、与诉讼当事人有亲属之关系者；

四、于诉讼事件曾以私人资格与闻之者。

第二十七条　前项各款规定外，评事与诉讼当事人，或与诉讼案件有特别关系者，得具理由，请其回避。

前项之回避，由各庭评事合议决之。

第二十八条　平政院得派遣评事或嘱托司法官署行政官检查证据。

第二十九条　原告被告或参加人于对审时有不到庭者，其审理不因之终止。

第三十条　审理应行公开，但庭长认为必要时，得禁止旁听。

第三十一条　行政诉讼中，得由当事人在司法官署提起民事诉讼时，经庭长认为必要时，得俟民事诉讼判决确定后，行其审理。

第三十二条　宣告裁决后，须具裁决理由书，由评事书记官署名钤章，并另用缮本发交原告被告及参加人。

第三十三条 行政诉讼裁决之执行方法，另以教令定之。

第三十四条 平政院之裁决，有拘束第三者之效力。

第三十五条 本条例自公布日施行。

3.《行政诉讼法》

（1914 年 7 月 20 日法律第三号）

第一章 行政诉讼之范围

第一条 人民对于左列各款之事件，除法令别有规定外，得提起行政诉讼于平政院。

一、中央或地方最高级行政官署之违法处分，致损害人民权利者；

二、中央或地方行政官署之违法处分致损害人民权利，经人民依诉愿法之规定诉愿至最高级行政官署，不服其决定者。

第二条 肃政史依本法第十二条之规定，亦得提起行政诉讼。

第三条 平政院不得受理要求损害赔偿之诉讼。

第四条 行政诉讼经平政院裁决后，不得请求再审。

第五条 平政院因审理之便利或必要时，除地方最高级行政官署为被告之行政诉讼外，得由平政院长嘱托被告官署所在地之最高级司法官署司法官，并派遣平政院评事组织五人之合议庭审理之。其庭长由平政院长指定。

第二章 行政诉讼之当事人

第六条 行政诉讼之当事人，得委任诉讼代理人。

行政长官为当事人时，得命属官或声请主管长官，特派委员为诉讼代理人。

第七条 诉讼代理人，需提出委任书证明代理之事实。

第八条 平政院得命有利害关系者参加诉讼，其自愿参加者亦得允许之。

第九条 法律所认之法人，得以其名称提起诉讼。

第十条 肃政史提起之行政诉讼，以肃政史执行原告职务。

第三章　行政诉讼之程序

第十一条　行政诉讼自中央或地方最高级行政官署之违法处分书或最高级行政官署之决定书到达之次日算起，除行程日不算入外，于六十日内提起之。

期限之末日，遇星期日、国庆节及其他休息日，无庸算入。

第十二条　肃政史依左列规定，于陈诉诉愿期限经过后六十日内，提起诉讼。

一、人民依第一条第一款之规定，得提起诉讼经过陈诉期限而未陈诉者；

二、人民依诉愿法，得提起行政诉讼之诉愿经过诉愿期限而未诉愿者。

第十三条　第十一条、第十二条规定之期限内，遇有事变或故障致逾期限者，应向平政院声明理由，受平政院之许可。

第十四条　行政诉讼未经裁决以前，除法令别有规定外，行为必要或依原告之请求，得停止其执行。

第十五条　行政诉讼之诉状，应载明左列各款，由原告或代理人书名签押。

一、原告之姓名、年龄、职业、住址，若原告为法人，则其名称及住址；

二、被告之行政官署及其他被告；

三、告诉之事实及理由；

四、证据；

五、年月日。

有证据书状者，须添具缮本，其已经诉愿者，须附录诉愿书及决定书。

第十六条　肃政史提起行政诉讼之公文，应载明左列各款，署名钤章。

一、被告之官署及其他被告；

二、告诉之事实及理由；

三、证据；

四、年月日。

第十七条　第十五条之诉状及其他必要书状，须具副本提出。

第十八条 诉讼当事人已提起之诉讼，非经平政院许可后，不得请求撤销，肃政史所提起之诉讼亦同。

第十九条 诉状经平政院审查，认为不应受理时，得附理由驳之。但诉状仅违法定程式者，发还原告，令其于一定期限内改正。

肃政史提起之诉讼，不适用前项之规定。

第二十条 受理之诉讼，其诉状副本及其他副本，须发交被告，并指定限期，令其提出答辩书。

前项答辩书，应添具副本，平政院发交原告。

第二十一条 肃政史提起之行政诉讼，应由平政院钞发原文，并指定限期，令被告提出答辩书。

前项答辩书，应由平政院以公文通知肃政史。

第二十二条 平政院认为必要时，得指定限期，令原告被告以书状为第二次互相之答辩。但对于肃政史执行原告职务时，以公文行之。

第二十三条 被告提出答辩书后，应指定日期，传原告被告及参加人出庭对审。但平政院认为便利或依原被告之请求时，得就书状裁决之。

肃政史提起之行政诉讼，有对审之必要时，应由平政院通知莅庭。

第二十四条 原告被告或参加人于对审或莅庭时，得补正已提出之书状，或另举证据。

第二十五条 原告被告或参加人所提出之证据外，庭长认为必要时，得传证人或鉴定人证明或鉴定之。

第二十六条 平政院审理行政诉讼事件，以各庭出席评事过半数议决之。

第二十七条 评事遇有左列各款情形之一者，应自请回避，或由诉讼当事人请其回避。

一、自为诉讼当事人者；

二、曾以行政官资格参与该诉讼事件之处分或决定者；

三、与诉讼当事人有亲属之关系者。

评事于前项各款规定外，凡与诉讼当事人或诉讼事件有特别关系者，亦得具理由，请其回避。

前项之回避，由平政院各庭评事议决之。

第二十八条 平政院得派遣评事或嘱托司法官署行政官调查证据。

第二十九条 原告被告或参加人不到庭对审时，审理不因之终止。

第三十条 审理应行公开，但庭长认为必要时，得禁止旁听。

第三十一条 行政诉讼中诉讼当事人同时在司法官署提起民事认讼时，经庭长认为必要时，俟民事诉讼判决确定后，行其审理。

第三十二条 宣告裁决后，须具裁决理由书，由评事书记官署名钤章，并另用缮本，发交原告被告及参加人。

第四章 行政诉讼裁决之执行

第三十三条 行政诉讼裁决后，对于主管官署违法处分应取消变更者，由平政院长呈请大总统批令主管官署行之。

第三十四条 平政院之裁决，有拘束与裁决事件有关系者之效力。

附　则

第三十五条 本法自公布日施行。

4.《纠弹条例》

（1914年4月10日教令第四十八号）

第一条 官吏有左列各款情事之一者，依本条例纠弹之。

一、违反宪法事件；

二、行贿受贿事件；

三、滥用威权事件；

四、玩视民瘼事件。

第二条 平政院肃政厅肃政史认为官吏有第一条各款情事之一者，得依其职权径呈大总统纠弹之。

第三条 大总统认为官吏有第一条各款情事之一者，得特交平政院肃政厅查办之。

第四条　肃政厅对于大总统特交查办事件，由都肃政史指定肃政史二人以上查办之。

第五条　第四条之查办事件，经肃政史查办后认为应行纠弹者，依其职权径呈大总统纠弹之。

第六条　第四条之查办事件，经肃政史查办后认为毋庸纠弹者，应报告于都肃政史，由肃政厅呈复大总统。

第七条　官吏有第一条各款情事之一，经人民告诉或告发于平政院肃政厅者，由都肃政史指定肃政史二人以上审查之。

第八条　第七条之审查事件经肃政史审查后，认为应行纠弹者，依其职权径呈大总统纠弹之。

第九条　第七条之审查事件经肃政史审查后，认为毋庸纠弹者，报告于都肃政史，由肃政厅批驳之。

第十条　第九条之批驳人民告诉或告发，并由肃政厅按月呈大总统。

第十一条　肃政史于纠弹事件，认为情节重大未便泄露者，应密呈大总统纠弹之。

第十二条　肃政史纠弹事件经大总统核定，认为应交平政院审理者，特交平政院审理。

第十三条　平政院于大总统特交审理事件，除由平政院自行审理裁决者外，其属于司法审判或应惩戒处分事件应呈明大总统交主管官署处理之。

第十四条　本条例自公布日施行。

5.《纠弹法》

（1914年7月20日法律第四号）

第一条　肃政厅肃政史除依约法第四十三条之规定外，对于官吏有左列各款情事之一者，依其职权迳呈大总统纠弹之。

227

一、违宪违法事件；

二、行贿受贿事件；

三、营私舞弊事件；

四、溺职殃民事件。

前项纠弹之规定，对于非在职之官吏亦适用之。

第二条 前条之纠弹，得由肃政史一人行之。

第三条 大总统认为官吏有第一条各款情事之一者，得特交肃政厅查办之。

第四条 肃政厅对于大总统特交查办事件，由都肃政史指定肃政史二人以上查办之。

前项指定之肃政史与查办官吏有亲属关系，或与查办事件有特别关系者，应向都肃政史声明理由，自请回避。

第五条 前条之查办事件，经肃政史查办后认为应行纠弹者，依其职权迳呈大总统纠弹之。

肃政史查办后认为毋庸纠弹者，应报告于都肃政史，由肃政厅呈复大总统。

第六条 官吏有第一条各款事情之一，经人民告诉或告发于肃政厅者，由都肃政史指定肃政史二人以上审查之。第二项之规定，指定审查之肃政史亦适用之。

第七条 前条之审查事件，经肃政史审查后认为应行纠弹者，依其职权迳呈大总统纠弹之。

肃政史审查后认为毋庸纠弹者，应报告于都肃政史，由肃政厅驳之。

第八条 前条之批驳人民告诉或告发事件，由肃政厅按月汇呈大总统。

第九条 肃政史于纠弹事件认为情节重大未便泄露者，应密呈大总统纠弹之。

第十条 大总统特交肃政厅查办事件及人民告诉或告发于肃政厅事件，经指定查办或审查之肃政史认为应行调查证据者，得由肃政厅派肃政史或嘱托司法官署行政官署调查之。

第十一条 肃政史纠弹事件，经大总统核定后认为应交平政院审理者，特交平政院审理。

第十二条 前条大总统特交审理事件，有应付惩戒或属司法审判者，由平政院呈明大总统分别交主管官署行之。

第十三条 本法自公布日施行。

6.《纠弹事件审理执行令》

（1914年7月20日教令第一百七号）

第一条 平政院依约法第四十三条审理关于纠弹国务卿及各部总长之违法事件，于审理后呈请大总统裁度。

第二条 平政院审理官吏之被纠弹事件除依法裁决外，其被纠弹事件有涉及刑事范围者，得于呈报裁决情形时申请先行褫职。

第三条 第二条应付司法审判之官吏由应立即向管辖该案之法院提起公诉。

其审判之管辖另定之。

第四条 本令自公布日施行。

7.《官吏犯罪特别管辖令》

（1914年7月20日教令第一百八号）

第一条 刑事诉讼法未公布施行以前，凡官吏犯罪经肃政史纠弹、平政院审理后，大总统于特交司法总长时，量其情节重者，依大理院审判官犯旧例行之，轻者仍适用刑事诉讼法草案关于管辖各节之规定办理。

第二条 前条适用刑事诉讼法草案管辖之案件，如司法总长认为必要时，得饬总检察厅移转管辖于京师地方审判厅。

第三条 大理院审判官犯案件，自总检察厅提起公诉后，应先于各种诉讼事件提前审判之。

第四条 前条案件之判决，除依法宣告外，须将判决书报由司法部呈报大总统。

第五条 未被纠弹之官吏犯罪事件，仍由管辖该案之检察厅依现行管辖之例办理。但其情节重者，大总统得令先行褫职，速交总检察厅向大理院提起公诉。

第六条 本令自公布日施行。

8.《官吏违例惩罚令》

（1914年8月19日教令第一百十九号）

第一条 凡官吏执行职务于大总统发布之教令及其他命令所定事项，而故意违反或私擅变更，情节重者，处六个月以下之徒刑，轻者处二百元以下之罚金。

因而致有妨害内治外交及其他政务之事实者，处一年半以下之徒刑。

第二条 凡官吏执行职务于大总统发布教令及其他命令所定事项，而奉行不力或呈报不实，情节重者，处三个月以下之徒刑，轻者处一百元以下之罚金。

因而致有妨害内治外交及其他政务之事实者，处一年以下之徒刑。

第三条 凡官吏执行职务于法律或教令无明文规定事项，应呈请大总统命令办理而故不请示，情节重者，处六个月以下之徒刑，轻者处二百元以下之罚金。

因而致有妨害内治外交及其他政务之事实者，处一年半以下之徒刑。

其有事关紧急不能请示者，如办理尚协机宜，得于事后陈明理由免其处罚。

第四条 凡不能直接呈请大总统命令之官吏，遇有应请大总统命令事项而故不详由该管长官转呈请示者，依第三条之规定分别处罚。

第五条 中央或地方官署属官，因执行长官所发命令，致违反第一条至第三条之规定者，其原发命令之长官依本令分别处罚。

第六条 违反本令之规定，应处以罚金者，得代以罚俸，应处以徒刑者令先行褫职。

第七条 违反本令之规定，应处以罚金者，由大总统特交高等惩戒委员会议议决行之；应处以徒刑者，由大总统特交司法总长依法办理。

第八条 本令自公布日施行。

9.《肃政厅处务规则》

（1914年8月10日教令第一百一十六号）

第一条 肃政厅得设肃政史总会议，由都肃政史及肃政史组织之。

第二条 应经肃政厅总会议议决之事项，除法令有特别规定外，由都肃政史经肃政史四人以上之同意定之。

第三条 总会议以都肃政史为议长，都肃政史有事故时，准用平政院编制令第十三条第二项之规定。

第四条 平政院初五规则第六条、第七条之规定，于肃政厅总会议准用之。

第五条 都肃政史制定肃政史查办或审查案件时，应将该案全卷交付，以指定书行之。

第六条 都肃政史指定之肃政史因事实上或法律上之事故不能担任该案时，得商请都肃政史另行指定。

第七条 肃政史查办或审查时认为须调查证据者，得以肃政厅名义行文与该案有关系之官署调阅其案卷。

前项之规定，于肃政史依纠弹法第二条提起纠弹，及依行政诉讼法第十二条提起行政诉讼时适用之。

第八条 肃政史查办或审查案件时，得酌量情形，询问该案当事人或证人。

肃政史依前项之规定，有询问之必要时，对于当事人或证人得发通知书。

第九条 肃政史之查办或审查，业经完竣认为毋庸纠弹者，应详述理由，缮具报告书报告于都肃政史。

第十条 肃政史查办或审查意见不一时，须各具意见书，取决于都肃政史。

第十一条 肃政史二人以上处理案件时，应推定一人主稿共同署名。

第十二条 肃政厅遇有人民之告诉或告发者，得令其取具确实铺保，或同乡官之保结。

第十三条 肃政厅设书记处分左列各科，由书记官掌理之。

一、记录科；

二、文牍科；

三、会计科；

四、庶务科。

第十四条 肃政史于查办审查纠弹或提起行政诉讼时，得指定书记官一人承办，拟缮该案文件及关于诉讼之记录事务。

第十五条 肃政厅职员于查办审查纠弹，或提起行政诉讼事件，均应严守秘密。

第十六条 肃政厅处务时间，除例假日停止办公外，依左列时间行之。

一、三月一日至十月末日，午前自九时至十二时，午后自二时至五时；

二、十一月一日至翌年二月末日，午前自十时至十二时，午后自一时至四时。

前项时间遇有特别情形时，得临时延长或变更之。

第十七条 关于各种办事细则，由肃政厅自定之。

第十八条 本规定自公布日施行。

10.《肃政厅书记处办事细则》

（1914年8月14日肃政厅饬十一号）

第一章 通 则

第一条 本细则依肃政厅处务规则第十七条之规定定之。

第二条 书记处人员经办事件，须签盖名章，数员共办即连带盖章。

第三条 书记处人员彼此授受文件以传送簿为凭。

第四条 书记处人员每日办公集散时刻，应于考勤簿内亲笔注明。

第五条 书记处书记官长，主办本厅机要文书，并总核书记处一切事物。

第六条 书记处书记官长应将本厅每日到文签拟办法，送请都肃政史核定，再分别各科办理。

第七条 书记处书记官长应将各科所办稿件核阅编号，连同稿簿送请都肃政史核判。

第八条 书记处各科长会同科员，分在本科事务，其关系两科以上者，由所关各科长会同办理。

第九条 书记处会计科、庶务科办法，依财政部审计院定章行之。

第十条 书记处文牍科、会计科、庶务科录事，统归文牍科缮校员督率。记录科录事由记录科缮校员督率之。

第十一条 书记处各科办事专则，由各科拟定，呈请都肃政史核定之。

第二章　各科事务

第十二条 书记处记录科掌事务如左：

一、关于处务规则第八条第十四条规定事件；

二、保管查办审查及行政诉讼未完毕各案卷；

三、编制总会议议决录，及关于开会事项；

四、缮校本科文卷；

五、其他关于本科一切事务。

第十三条 书记处文牍科掌事务如左：

一、典守印信；

二、撰拟文书；

三、汇造月报；

四、编制统计；

五、保管案卷及图书公报；

六、缮校文件；

七、收发文件及译电；

八、收案及售状；

九、其他关于本科一切事务。

第十四条 书记处会计科掌事务如左：

一、收支及保管本厅款项；

二、编拟本科文书；

三、登录簿记；

四、造报本厅预算决算；

五、其他关于本科一切事务。

第十五条 书记处庶务科掌事务如左：

一、编拟本科文书；

二、关于本厅修缮设备及卫生等事；

三、管理警卫夫役；

四、购置及保存物品；

五、其他关于本科一切事务。

第三章 附 则

第十六条 本细则自公布日施行，有应增修者得随时修正。

11. 《肃政厅收发专则》

（1914年8月14日肃政厅饬十二号）

第一条 收发人员收受文电时办法如左：

一、给付投送文电人收证；

二、黏贴皮面摘由编号填注年月日；

三、登记收文簿依该簿各栏填写。

第二条 收发人员收受密封文件或密电时，除照前条处理外，其案由依封面所载登记。

第三条 收发人员将每日收到文电连同收文簿,于次日上午十钟,汇送书记长官签拟办法,转呈都肃政史核定。

密文密电须随时送阅。

第四条 收发人员发送文电办法如左:

一、普通文电摘由登入发文簿,并依发文簿各栏填注;

二、密封依封面所书密电,依首尾所载分别登记发文簿各栏;

三、丁役送达文电,以送达簿为凭。

第五条 收发人员应需邮电及其他各费,每月以收支流水簿,向会计科预领。月终清结该簿,送会计科长核算盖章。

第六条 收发人揭批时,以揭批簿登记之。

12.《肃政厅收案及售状专则》

(1914年8月14日肃政厅饬十四号)

第一条 本厅收案室收受告诉告发状办法如左:

一、状内所列姓名、住址、执业担保等各款,漏未填注时,令其补正;

二、给付告状人收证;

三、黏贴皮面摘由编号,填注年月日;

四、摘由登入收案簿,依该收案簿各栏填注。

第二条 收案人员将每日收到状纸及其他附件连同收案簿,于次日上午十钟,汇送书记长官签拟办法,转呈都肃政史核定。

第三条 本厅收案室兼售告诉告发状。

第四条 售状人员按月向庶务科长预领空白状纸,登入售状流水簿,并将每状纸背页盖章,用肃政状纸图记。

第五条 售状人员每次售状,登入售状流水簿,月终将该簿清洁连同款项送交会计科长收阅盖章。

13.《肃政厅保管案卷专则》

（1914年8月14日肃政厅饬十三号）

第一条 本厅案卷分档如左：

一、法令档；

二、职员档；

三、案牍档；

四、月报档；

五、统计档；

六、会计档；

七、庶务档；

八、普通档。

第二条 装理案卷办法如左：

一、每卷用一卷套，如一宗有二件以上者，同一卷套；

二、每卷第一件案由摘登卷套上；

三、卷套上依类分档，并编定厅字次号；

四、每卷各件皮面上，号次列登卷套内页。

第三条 案卷归档时依卷套上案由及档号，分别填注案卷保管簿各栏。

第四条 已归档之卷，如有出入时，应登记案卷保管簿附记栏内。

第五条 暂存案卷另置卷厨，并登记案卷暂存簿。

14.《肃政厅总会议规则》

（1914年8月肃政厅饬）

第一条 凡关于本厅全体重要事项，依肃政厅处务规则第二条之规定提出于肃政厅总会议。

第二条 总会议每星期二开，通常会一次，但有紧急事件时得开临时会议。

第三条　会议事件之大要，由议长于开会前一日先行印送于列席肃政史。

第四条　讨论议题时应起立发言。

第五条　一议题经反对赞成者相间讨论后，议长得宣告讨论终止。

第六条　议长宣告讨论终止后，应以赞成或反对之旨宣付表决。

第七条　前条表决之方法，以起立行之。

第八条　肃政史因事请假不能列席或于开会中因事退席，须报告于议长。

第九条　总会议议决之事项应由肃政史分别执行。

第十条　本规则施行后，有肃政史四人以上之同意得提议修改之。

15.《肃政厅询问当事人及证人规则》

（1914年8月肃政厅饬）

第一条　凡查办审查事件，遇有询问之必要时，由肃政史开明姓名，指定日期、钟点，交书记处缮写通知书限时送达。

第二条　本厅设询问室、候询室各一处。

第三条　指定记录科二员充当速记。

第四条　非有特别理由，若经两次传讯不到，所有原告之告诉告发事件不生效力。

第五条　凡送书丁役，不准向当事人或证人需索分文，违者重惩。至当事人及证人通知到厅时，尤不得有留难情形。

16.《肃政厅告诉告发章程》

（1914年9月肃政厅通告）

一、凡人民来厅告诉或告发者，除遵照纠弹法第一条、第六条及处务规则第八条、第十二条规定外，并依本章程行之。

二、凡告诉或告发者，须购买用本厅告诉告发状，并依照状内各栏办理。

三、凡告诉或告发者应令本京确实店铺或同乡京官，于告诉告发状担保栏内亲笔署名盖章。

四、凡非用本厅告诉告发状或以邮电递送者，概不受理，但该状内盖用曾经立案之农商各会钤记或交通不便地方确有急要情形者，由本厅酌量办理。

五、凡告诉或告发者须到本厅收案室投递并取回收证。

六、本厅收案室兼售告诉告发状纸，每张售铜元五枚。

七、本章程自公布日施行。

告诉告发状

中华民国

年

月

日

告事	被告人	原告人
姓名	姓名	姓名
年龄	年龄	年龄
籍贯	籍贯	籍贯
职业	职业	职业
现住址	现住址	现住址

担保人署名盖章

17.《肃政厅肃政史办事细则》

（1914年9月肃政厅通告）

第一章 总 则

第一条 肃政史办事程序，除法令有规定外，悉以本细则办理。

第二条 凡以本厅名义呈大总统及行文各官署，或批示人民时，其事件与肃政史有职务上之关系，须经肃政史核阅稿件署名钤章。

第三条 凡经本厅总会议议决之事件，须由肃政史执行者，应查照议决录分别办理。

第四条 凡文件由都肃政史交肃政史，或由肃政史送都肃政史，授受间均以传送簿为凭。

第五条 肃政史得于必要时调阅书记处案卷及图书。

第六条 书记处收发文件应按日，依摘由簿另缮一份送肃政史办公室备查。

第七条 肃政史应拟缮文件及记录各事务，除遵照本厅处务规则第十四条之规定，指定书记官一人外，得于必要时指定录事一人或二人承办之。

第八条 肃政史办事时间内非因公务概不接见宾客。

第二章 查 办

第九条 大总统特交查办事件，经都肃政史指定查办之肃政史，应协议定期查办之。

第十条 前条查办之事件应就该事件发生地查办之，如该事件发生地或在京外并须聘用书记携带仆役时，所有旅费薪资及其他各费应查照平政院呈定暂行章程办理。

第十一条 因查办之必要询问当事人及证人时，应遵照本厅询问规则办理。

第十二条 查办后报告于都肃政史，应于报告内书内署名钤章。

第十三条 查办之意见不一,取决于都肃政史时,各肃政史意见书内应各署名钤章。都肃政史亦应就决定赞可之意见书内加盖名章。

第十四条 依肃政史之报告呈复大总统时,应遵照本细则第二条办理。

第三章 审 查

第十五条 人民告诉或告发之事件,经都肃政史指定审查之肃政史,应协议定时审查之。

第十六条 前条之审查之事件或一案叠控或数案均系一事者,得并案审查。

第十七条 在审查期中,所有该案文件均归暂存簿,由书记处派员管理之。

第十八条 本细则第十一条至第十三条之规定审查时适用之。

第十九条 依肃政史之报告揭示批驳及汇报大总统时,应遵照本细则第二条办理。

第四章 纠 弹

第二十条 凡纠弹事件钤用厅印于封面时,用印簿内应提起纠弹之肃政史署名钤章。

第二十一条 关于纠弹事件之缮写事宜,应否交书记处承办,由肃政史酌量办理。

第二十二条 总会议议决之纠弹事件,由都肃政史领衔肃政史依次列衔,其不愿列衔者,各依其意见行之。

第二十三条 依纠弹法第二条之纠弹事件,如经提起纠弹之肃政史取得他肃政史同意时,由提起纠弹之肃政史领衔同意之肃政史依次列衔。

第二十四条 查办或审查之纠弹事件,由指定查办或指定审查之肃政史依次列衔。

第二十五条 取决于都肃政史之纠弹事件,由都肃政史领衔同意之肃政史依次列衔。

第二十六条 本细则第二十条至第二十三条之规定呈递陈条时适用之。

第五章　提起行政诉讼

第二十七条　肃政史依行政诉讼法第十二条之规定提起行政诉讼于平政院时，除遵照行政诉讼法第十六条公文程式办理外，遇有左列情事亦应以公文行之。

一、请求撤销；

二、第二次答辩；

三、补正书状；

四、另举证据。

第二十八条　行政诉讼之公文，由肃政史定稿并核发之。

第二十九条　在行政诉讼未结期中，关于文件之保管适用本细则第十七条之规定。

第三十条　行政诉讼之记录，由承办记录之书记官编制后送肃政史署名钤章。

第三十一条　因行政诉讼法第五条事件，肃政史执行原告职务须往莅庭时，适用本细则第十条之规定。

第六章　调查证据

第三十二条　肃政史办理案件须调查证据时，依纠弹法第十条及本厅处务规则第七条之规定，得用调查方法如左：

关于查办及审查者三，调卷、嘱托各官署、派肃政史。

关于纠弹法第二条之纠弹及行政诉讼法第十二条之诉讼者一，调卷。

第三十三条　调卷或嘱托各官署调查时，应遵照本细则第二条办理。

第三十四条　派肃政史调查时应于原经指定查办或审查之肃政史中择一人或二人，由本厅派充之。

第三十五条　前条肃政史之调查，如须出京时，适用本细则第十条之规定，但出京查办之肃政史非因调查证据，由查办地转往他处者，不另支旅费。

第七章　附　　则

第三十六条　本细则公布施行后，有肃政史四人以上之同意，得提出于总会议增删修改之。

18.《平政院肃政厅之行政权限》

(1916年3月)

一、关于肃政史奖惩进退各事宜,由平政院长依法办理。

二、肃政厅之荐、委任书记奖惩进退事宜划归都肃政史办理。

三、肃政厅与各官署行文事宜,除法令规定得行其职权者外,所有全院名义对外行政事宜,由平政院长依法办理。

四、肃政厅会计预算决算事宜得由都肃政史主持办理,但须报告于平政院长。

五、院厅通知文件有须存案者,得用公函行之,不用印咨。

19.《司法官惩戒法》

(1915年10月19日法律第五号)

第一章 总 则

第一条 司法官有左列行为之一者依本法惩戒之。

一、违背或废弛职务;

二、有失官职上威严或信用。

第二条 司法官之惩戒由司法官惩戒委员会议决行之。

第三条 同一事件在刑事诉讼程序实施中,对于被付惩戒人不得开始惩戒会议。

同一事件在惩戒委员会议决前对于被付惩戒人开始刑事诉讼程序时,应暂停止惩戒会议程序。

第四条 同一行为依刑事裁判宣告无罪或驳回公诉,或免诉时,仍得实施惩戒会议程序,其依刑事裁判宣告之刑不致丧失官职者亦同。

第五条 惩戒委员会为惩戒之议决不得侵及刑事或民事法院之职权。

第二章 惩戒处分

第六条 惩戒处分之种类如左：

一、夺官；

二、褫职；

三、降官；

四、停职；

五、调职；

六、减俸；

七、诫饬。

第七条 诫饬由大总统以命令申饬之。

前项之命令由司法总长传知被付惩戒人外，并刊登政府公报公示之。

第八条 减俸期间为一月以上一年以下，其额数为月俸十分之一以上三分之一以下。

第九条 调职指调任同等或同等以下司法职及司法职以外之职务而言。

调职得并减其俸。

调任同等或同等以下之职务者，自调任之日起非经过两年不得叙进。

第十条 停职停止三月以上一年以下职务之执行并停止俸给。

第十一条 降官降为该职初叙官以下之官者并降其职。

第十二条 褫职丧失现职公罪，自褫职之日起并经国三年私最，非经国十年不得再就职，褫职得并降其官。

第十三条 夺官剥夺其现在之官秩。夺官应并褫其职。

第三章 惩戒委员会

第十四条 惩戒委员会议决全国司法官之惩戒事件。

前项司法官指实却，大理院推事、高等以下审判厅厅长及其他之推事、并总检察厅以下之检察长、检察官而言。

第十五条 惩戒委员会以委员长一人，委员九人组织之。

第十六条 惩戒委员长由大总统于左列各职中遴选任命之：

一、大理院长；

二、平政院长。

第十七条 惩戒委员由大总统于左列各职中遴选任命之：

一、平政院评事；

二、大理院推事；

三、检察厅检察长及检察官。

第十八条 惩戒委员长、惩戒委员任期各三年。

惩戒委员每年改任其三分之一，第一次、第二次应行改任之委员以抽签定之。

惩戒委员缺额时，补缺委员以补足前任委员之任期为满。

第十九条 惩戒委员会酌设事务员，由委员长委任之。

第二十条 惩戒会议非合委员长委员七人以上列席不得开议。

惩戒会议非有列席委员三分二以上之同意不得议决。

委员长有事故不能列席，得由首席委员临时代理。

第二十一条 惩戒委员长及委员于关于自己或其亲属之事件不得与议。

第四章　惩戒程序

第二十二条 司法总长对于司法官认为有第一条之行为，应付惩戒时，得呈请大总统交惩戒委员会审查之。

第二十三条 各监督长官对于司法官认为应付惩戒者，应经由司法总长依前条之规定行之。

第二十四条 司法总长依前二条规定为司法官惩戒之呈请时，均须明举事实。

第二十五条 经大总统交惩戒委员会审查之司法惩惩戒事件，应由惩戒委员会将原呈文件抄交被付惩戒人，并指定期日令其提出申辩书。

第二十六条 惩戒委员会接受事实后，委员长得指定委员二人以上调查之，或委托惩戒事件发生地之司法官署或行政官署调查。

第二十七条 惩戒委员会调查事实完竣，经过被付惩戒人提出申辩书期间后，应指定期日令被付惩戒人到会面加询问。

被付惩戒人得委托代理人到会答辩询问。

第二十八条 惩戒委员会为惩戒之议决后，应具惩戒议决报告书呈复大总统。

前项报告书应于主文注明公罪或私罪之种类，并于理由中说明之。

第二十九条 惩戒委员会之惩戒议决报告书，经大总统核准后由大总统交由司法部依法定程序执行之。

第五章 停止职务

第三十条 惩戒委员会对于惩戒事件，认为须受夺官褫职降官停职调职之处分时，得呈请大总统命其停止职务。

前项之规定于司法总长呈请惩戒司法官时准用之。

第三十一条 有左列情形时司法官当然停止职务：

一、刑事诉讼程序实施中被拘留时；

二、依刑事确定裁判受丧失官职之刑罚时；

三、依刑事确定裁判受徒刑之宣告执行尚未终了时。

第三十二条 依前两条之规定，应行停止职务之司法官，其职务上之行为均属无效。

附 则

第三十三条 本法自公布日施行。

20.《审计官惩戒法》

（1915年10月15日法律第六号）

第一章 总 纲

第一条 审计官协审官有左列行为之一者，依本法惩戒之：

一、违背或废弛职务；

二、有失官职上威严或信用。

第二条 审计官协审官之惩戒由审计官惩戒委员会议决行之。

第三条 同一事件在刑事诉讼程序实施中，对于被付惩戒人不得开始惩戒会议。

同一事件在惩戒委员会议决前对于被付惩戒人开始刑事诉讼程序时，应暂停止惩戒会议程序。

第四条 同一行为依刑事裁判宣告无罪或驳回公诉，或免诉时，仍得实施惩戒会议程序，其依刑事裁判宣告之刑不致丧失官职者亦同。

第五条 惩戒委员会为惩戒之议决不得侵及刑事或民事法院之职权。

第二章 惩戒处分

第六条 惩戒处分之种类如左：

一、夺官；

二、褫职；

三、降官；

四、降等；

五、减俸；

六、记过。

第七条 夺官剥夺其现在之官秩。夺官应并褫其职。

第八条 褫职丧失现职。褫职得并将其官。

受褫职处分者，不得复任为审计官协审官，但自受处分之日起，经过二年得任他职。

第九条 降官降为该职初叙官以下官者，并降其职。

第十条 受降等处分者，自受处分之日起，非经过一年不得再叙进。

受降等处分，无等可降者，得罚半俸，其期间为二年以下一年以上。

第十一条 减俸期间为一年以下一月以上，其额数为月俸三分之一以下十分之一以上。

第十二条 记过至三次者应受降等处分。

第三章 惩戒委员会

第十三条 审计官惩戒委员会以委员长一人委员八人，于有惩戒事件时组织之。

第十四条 惩戒委员会由大总统于左列各职中遴选任命之：

一、司法总长；

二、平政院长；

三、大理院长。

第十五条 惩戒委员由大总统于左列各职中遴选任命之：

一、平政院评事；

二、大理院推事；

三、检察厅检察长及检察官；

四、其他三等荐任文官。

第十六条 关于审计惩戒委员会之预备或补助事宜，由审计院办理。

第十七条 审计个惩戒委员会非合委员长、委员七人以上列席，不得开议，非有列席委员三分二以上之同意不得议决。

委员长有事故不能列席时，得由首席委员临时代理。

第十八条 被任为惩戒委员长或委员者，与惩戒事件有关系时应声明回避。

第四章 惩戒程序

第十九条 审计院长认为审计官有第一条之行为时，得胪举事实呈请大总统交审计官惩戒委员会审查之。

第二十条 肃政厅对于审计官协审官提起纠弹，经大总统认为应付惩戒或由大总统交平政院审理后呈明应付惩戒者，由大总统特交审计官惩戒委员会审查之。

第二十一条 审计官惩戒委员会奉大总统交议惩戒事件，应将原呈及原纠弹或裁决之文件抄交被付惩戒人指定期日令其申辩。

第二十二条 审计官惩戒委员会于接受惩戒事件后，得指定委员二人以上调查。

第二十三条 审计官惩戒委员会于经过被付惩戒人申辩日期间后，应指定期日令被付惩戒人到会面加询问。

第二十四条 依前条规定询问被付惩戒人后，或被付惩戒人已逾指定期日，并未到会者，审计官惩戒委员会得为惩戒之议决。

第二十五条 审计官惩戒委员会依前条之规定，为惩戒之议决后，应具惩戒议决报告书呈复大总统。

第二十六条 审计官惩戒委员会之惩戒议决报告书，经大总统核准后，由大总统交由审计院长依法定程序执行之。

附　　则

第二十七条 本法自公布日施行。

21.《平政院裁决执行条例》

（1914年6月8日大总统申令）

第一条 行政诉讼事件之执行，对于主管官署违法之命令或处分，得取消或变更之。

第二条 行政诉讼事件经评事审理裁决后，由平政院长呈报大总统批令主管官署按照执行。

第三条 主管官署对于行政诉讼事件不按照平政院裁决执行者，肃政史得提起纠弹，请付惩戒。

第四条 纠弹事件之执行涉于刑律者，由平政院长呈请大总令，交司法官署执行。

第五条 本条例自公布之日施行。

22.《修正平政院裁决执行条例》

（1919年12月17日 教令第二十三号）

第三条修正如左：

第三条 主管官署对于行政诉讼事件不按照平政院裁决者，平政院长得督促该官署执行并呈报大总统。

第四条 删。

第五条 修正为第四条。

23.《官吏服务令》

（1913年1月9日临时大总统教令第十一号）

第一条 凡官吏应竭尽忠勤，从法律命令所定以行职务。

第二条 长官就其监督范围以内所发命令属官有服从之义务。

但有左列各项情形不在此限：

一、所发命令有违法令之规定者；

二、命令形式不完具者；

三、非属官职守所应为者。

第三条 于两级长官同时所命令，以上级长官之命令为准，主管长官与兼长官同时所发命令，以主管长官之命令为准。

第四条 属官对于长官所发命令如有意见，得随时陈述。

其遇有长官以第二条所列各项，强属官以执行者，属官得依据法令拒绝。

第五条 官吏对于官署机密事件，无论署内署外及是否本管事件，均不得泄露，退职后亦同。

官吏在审判官厅为证人鉴定人时，如涉及职务上之秘密事件，非经本管长官许可，不得陈述。

第六条 官吏于该管事件不得以未发之文书通知该事件有关系之人。

第七条 官署报告文件未经发刊者，非得该管长官许可，不得私自宣示。

第八条 官吏厅于法定时间到署，但有特别职务得长官许可者，不在此限。

各官署办事事件以国务院令定之。

第九条 官吏除左列假期外不得请假：

一、年节；

二、星期；

三、病假；

四、其他法令所定休假日期；

五、遇有特别事故，经该管长官批准给假者。

前项假期内，应分半轮值者，依该官署所定班次到署，其有特别职务不能使用前项假期者，依该官署办事章程办理。

第十条 遇有紧要事件，除病假外，虽在假期内，如奉长官命令，仍应到署。

第十一条 凡属官于所管档册文卷器物财产，均有典守之责，不得遗失弃毁。

第十二条 凡官吏除法定外，不得兼充他官厅之职。

第十三条 官吏非经本管长官许可，不得擅离职守。

第十四条 官吏在住所，应以每日能依办事时间到官署为限。

第十五条 凡官吏有统属关系者，无论涉及职务与否，不得馈受财务，其因家族或用别项名义及其他方法间接馈受者亦同。

第十六条 长官对于属吏该管事件，不得为其亲故关说请托。

第十七条 官吏遇有关涉本身或其家族之事件应行回避。

一、自请回避；

二、由上级长官饬令回避；

三、由与该事件有关系之人请求回避。

第十九条 他人对于官吏所办事件，有馈遗者，无论用何名称均不得领受。

第二十条 官吏不得兼充公私商业执事人员。

第二十一条 凡左列各项之人，与官吏所管职务，有直接关系者，不得私相借贷：

一、包办官署工程者；

二、经管官署来往款项之银行庄号；

三、承办官署应用物品之商号；

四、受有官署补助费者。

第二十二条 官吏于该管事件不得滥用职权。

第二十三条 官吏不得假用权力以图本身或他人之便利。

第二十四条 凡他项职业与官吏所管事件有利害关系者，官吏本身及其家族均不得为之。

第二十五条 官吏除惯例所许外，不得有嘱托公事之酬宴。

第二十六条 官吏应恪守官箴，不得狎妓聚赌及一切非法之举动。

第二十七条 官吏不得兼充报馆之执事人员。

第二十八条 官吏有得外国政府赠与之勋章及其他赠送者，应经国务总理呈请大总统认可，始得领受。

第二十九条 凡官吏有违上开各条者，该管长官依其情节轻重，分别训告或付惩戒。

第三十条 本令于官吏均适用之。

特别官吏依其他法令另有规定者，应各依其本法令。

第三十一条 本令自公布日施行。

24.《官吏犯赃治罪条例》

（1914年6月5日大总统申令）

第一条 官吏犯赃依左列分别之：

一、枉法；

二、不枉法。

第二条 枉法赃至五百元以上者处死刑。

第三条 不枉法赃至一千元以上者处无期徒刑。

第四条 卷携公款潜逃至五千元以上者处死刑。

第五条 官吏犯赃未逮前三条所揭之数者，依常律。

第六条 惩戒事件审议中发现有本条例事实者，由各该省移送该管法院审讯。

第七条 死刑得用枪毙。

第八条 徒刑得遣赴新疆及极边远烟瘴等省。

第九条 本条例施行之期为三年。

自公布之日起，其他法律条例以与本条例抵触者为限，失其效力。

第十条 本条例自公布之日施行。